当代外国语言文学学术文库

当代外国语言文学学术文库

基于语料库的法律翻译可见性研究

The Visibility in Legal Translation: A Corpus-based Study

宫明玉 著

对外经济贸易大学出版社
中国・北京

图书在版编目（CIP）数据

基于语料库的法律翻译可见性研究 / 宫明玉著. —
北京：对外经济贸易大学出版社，2021.6
（当代外国语言文学学术文库）
ISBN 978-7-5663-2290-6

Ⅰ. ①基… Ⅱ. ①宫… Ⅲ. ①法律–英语–翻译
Ⅳ. ①D9

中国版本图书馆 CIP 数据核字（2021）第 124822 号

基于语料库的法律翻译可见性研究
The Visibility in Legal Translation: A Corpus-based Study

宫明玉 著
责任编辑：陈培凤
助理编辑：杨娇娇

出版发行：对外经济贸易大学出版社
社　　址：北京市朝阳区惠新东街 10 号
网　　址：www.uibep.com
资源网址：www.uibepresources.com
邮政编码：100029
邮购电话：010－64492338
发行部电话：010－64492342
E-mail：uibep@126.com

成品尺寸：170mm×240mm
印　　张：19
字　　数：351 千字
ISBN 978-7-5663-2290-6
印　　刷：北京九州迅驰传媒文化有限公司
版　　次：2021 年 6 月北京第 1 版
印　　次：2021 年 6 月第 1 次印刷
定　　价：59.00 元

本书为国家社科基金一般项目（项目批准号：15BYY012）阶段性成果。

本书由对外经济贸易大学中央高校基本科研业务费专项资金资助
（项目批准号：CXTD11-02）出版。

特此鸣谢。

总　　序

对外经济贸易大学出版社最新推出了大型外语学术专著系列——《当代外国语言文学学术文库》，请我为文库写序。借此机会，谈谈我个人对外国语言文学研究的一些认识和感受。

综观21世纪的外国语言文学，就其语言学研究而言，形式语言学理论和功能语言学理论继续对抗和对话，认知语言学理论和社会文化理论发展迅速，各种语言学的理论思潮试图从不同的角度解释语言事实；在应用方面，语言学更加广泛地与多学科交叉，运用和借鉴包括数理逻辑、计算机科学、心理学、神经科学、认知科学、生态科学、经济学等各学科在内的研究成果和方法，不断凸显语言学作为人文科学和自然科学交叉学科的地位。就其文学研究而言，英美文学研究受经济全球化浪潮的冲击，文学及文论研究引发了文学现代性、后现代性和后殖民性的思考，文学和语言学研究的相互影响和交融日益明显，文学研究越来越多地引入语言学研究的方法，如话语分析等，反之亦然。我国的外国语言文学研究在全球化和中国入世以后与国际学术界的交流更加密切，发展更加迅速。

同时，我们仍清楚地看到，国内的外国语言文学研究依然存在“三张皮”现象：第一张皮是“汉语与外语”研究的合作与交流不够；第二张皮是“语言与文学”研究的沟通与对话不够；第三张皮是“英语与其他外语”研究的来往和交叉不够。这“三张皮”极大地阻碍着外国语言文学学科的发展。

这套文库的设计体现了兼收并蓄、博采众长、学科融通的思想，是一个开放和创新的学术平台，是各种研究的阵地和各方学者的家园，而进入文库的研究成果都经过精心挑选，出自学有专长的博士和学者。我衷心地祝愿这朵“原创的小花”在繁花似锦的学术花园里开得绚丽多姿，并愿有更多的学者去关心和呵护它。

北京语言大学高级翻译学院
教授、博士生导师
王立非
2021年3月

前　言

法律翻译是翻译学的重要研究领域。由于法律翻译的特殊性，早期学者认为法律翻译中不应揉入译者的个人色彩，一切法律翻译工作应以原文为依据。但现在人们逐渐认识到法律翻译是一种交际行为（Cheng & Sin，2008；Cheng，Sin & Cheng，2014），与其他翻译领域一样，法律翻译应该是以受众为导向的（Šarčević，2000）。这种以原文为依据到以受众为导向的转向，反映了学者对法律翻译文本与原文和目的语文本之间关系的思考。但实践中的法律翻译文本与原文和目的语文本之间关系如何，在已有文献中少有系统性探讨，这构成了本书的出发点。

Venuti（1995，2008）采用“隐身”（invisibility）描述译者在翻译活动中的角色及翻译文本与目的语原创文本之间的关系，译文越是流畅、可读性强，译文和译者越是不可见，呈现透明之感，而这种透明之感恰恰反映了译者对原文的干预（intervention）和操控（manipulation）（1995：1，2008：1）。笔者基于此提出“可见性”（visibility）的概念，即翻译文本与目的语原创文本之间的差异，以及因不同程度翻译干预或操控产生的不同翻译文本之间的差异。如果法律翻译不容许译者干预或操控原文，各个维度皆以原文为依据，那么对于目的语受众而言，译文和译者必然是可见的。相反，如果法律翻译以受众为导向，允许译者对原文进行干预或操控，那么译者创造性的或偏好性的干预或操控也会带来可见性特征。

语料库翻译学以真实语料为基础，借助数据统计的方法，可以系统地分析翻译现象、翻译本质及译者行为偏好。本书结合语料库翻译学的理论框架，利用自建汉英立法文本平行语料库以及英语立法可比语料库，从宏观统计层面、微观词汇层面、句法层面探讨法律翻译语言特征、翻译规范及翻译可见性的理论框架。本书尝试回答以下几个问题：（1）法律英语翻译文本与法律源语文本、法律目的语原创文本相比，所表现的语言特征在宏观统计层面、词汇层面及句法层面有何差异？不同的法律翻译译本之间是否存在可见性差异？（2）汉语法律源语文本中的固定表达及其对等翻译在英语翻译文本中的分布特征如何，不同法律翻译译本的分布特征是否相同？（3）以上翻译现象所产生的原因是什么？对现有法律翻译研究、法律翻译原则有何启示？

本书研究结果包括以下几个方面。在宏观统计层面：（1）法律英语翻译文本的词长、词频曲线回归拟合优度低于原创文本。（2）法律英语翻译文本的词汇密度低于汉语源语文本，但高于英语原创文本，介于两者之间。（3）法律英语翻译文本中的高频词观察数目高于英语原创文本，但低于汉语源语文本；法律英语翻译文本中的高频词分布比例均高于汉语源语文本及英语原创文本，呈现简化趋势。（4）法律英语翻译文本中的2—3词词簇分布比例低于法律英语原创文本，但4—7词词簇显著高于英语原创文本，整体呈现简化趋势；不同法律翻译译本的词簇分布存在差异。（5）法律英语翻译文本的词类分布与英语原创文本存在差异，其中限定词、介词、数词、连词、否定词等显著低于原创文本，而形容词、名词、动词、代词、从句前标记、冠词显著高于英语原创文本。在微观词汇层面，本书对关键词、语义趋向及具有文化特征成语翻译展开探讨，研究结果显示存在以下可见性特征：（1）部分相同上位词实词在翻译过程中呈现简化、整齐化趋势，简化后保留的语言形式的语义倾向也会发生变化。（2）语言形式呈现简化趋势，但相应的语义趋向可能呈现丰富化趋势。（3）法律英语翻译文本中成语翻译对等呈现显著的概率性分布特征，不同翻译文本的对等形式分布不同，同一文本内部也存在差异。在句法层面上，本书采用以依存关系标注的语料库，探索法律翻译文本的句法特征，结果表明存在以下可见性特征：（1）法律英语翻译文本中依存距离分布与英语原创文本不同；英语翻译文本依存距离存在最小化趋势，呈现句法层面简化趋势。（2）法律英语翻译文本中的邻近词依存关系分布高于英语原创文本；不同法律翻译译本的邻近词依存关系分布比例存在差异。（3）语言类型（language typology）是决定依存方向的主要因素；翻译过程对整体依存方向的影响较弱，但对支配词居前的邻近词依存分布产生影响，呈现句法层面的简化趋势。（4）语言类型决定了依存类型分布的总体情况，但语类（genre）对具体依存类型的分布也产生一定影响；不同法律英语翻译译本之间依存类型分布存在差异。（5）与英语原创文本相比，法律英语翻译文本中决定语序依存类型的主导依存方向比例显著升高，依存方向上存在范化趋势。综合上述可见性特征，本书进一步探讨了法律翻译原则、翻译共性、翻译规范与翻译认知过程之间的联系。

全书共由九章组成。第一章是绪论，介绍了研究背景，阐述本书的研究问题、研究设计及创新之处，简述从描写视角量化分析法律翻译可见性的意义。第二章讨论了语料库翻译研究的核心问题及发展现状，并将语料库翻译研究核心概念由文学翻译领域拓展到非文学翻译领域。第三章综述了法律翻译的发展与研究，追溯法律翻译的历史，廓清不同时期法律翻译的原则，借助文献可视化分析软件CiteSpace梳理探讨当代法律翻译研究的核心问题。第四章重点讨论了基于语料库的法律翻译的研究现状，廓清现有研究的长处与不足。第五章是研究方法部分，介绍了语料建设原则、研究步骤、标注实例及数据的准备情况。第六章从抽象宏观层面探讨法律翻译可见性特征并对特征展开探讨。第七章聚焦于微观词汇层面，从源语“对等”的视角分析法律翻译可见性特征。第八章介绍了依存语法的核心概念，基于依存关系树库探讨了法律翻译句法层面的可见性特征。第九章为结论，该部分结合主要发现对法律翻译原则与翻译事实、翻译共性、翻译规范等层面进行理论阐释，总结了本书的突破及意义，并对未来研究提出展望。

在本书的撰写过程中，得到了诸多老师的指导与帮助。首先，我要感谢导师程乐教授给予的耐心教导和鼓励。其次，我要感谢浙江大学刘海涛教授和庞继贤教授、香港中文大学（深圳）朱纯深教授、阿拉巴马大学刘迪麟教授在笔者撰写本书初稿时提供的帮助和宝贵的修改意见。同时，还要感谢香港理工大学 Winnie Cheng 教授为我解答诸多学术研究方面的困惑。

由于笔者水平有限，本书难免有疏漏不妥之处，恳请各位读者不吝赐教，批评指正。

宫明玉
2021 年春于惠园

目　录

图示目录

表格目录

第 1 章

绪　论

1.1　研究背景

随着全球化不断深入，世界贸易组织（World Trade Organization，WTO）、欧盟（European Union，EU）等国际组织加快了全球政治、经济、文化交流速度。我国加入 WTO 后，陆续展开法律法规翻译工作。中国的法律法规译文不具有法律约束力（香港地区、澳门地区除外），以宣传、交流为主要目的，作为宣传我国法治发展的载体，具有重要意义。法律法规译文也是国内外法学教育、法律翻译教学、其他英文法律文件撰写的重要参照，具有重要的语言和翻译研究价值。鉴于法律文本的语篇特征，传统观点在翻译过程中倾向于采取直译的方法。近年来，法律翻译研究不断深化，处在法学、语言学、翻译学的接口（Prieto Ramos，2014a），研究范式呈现跨学科、多元化趋势（Langer，2004；Stolze，2013；Künnecke，2013）。科技发展以及法律文本电子化使得批量研究法律翻译成为可能，语料库的方法开始应用于法律翻译实践与教学（Castillo，2009；Biel，2010，2014；Borja Albi & Garcia-Izquierdo，2016 等）。Castillo（2009）指出应根据欧盟法律平行语料库建立法律翻译记忆和术语库，这可以提高职业译者翻译效率与翻译一致性。Biel（2010）尝试采用语料库的研究方法探索法律翻译研究与教学，借助统计手段的法律翻译研究有助于法律翻译学家和译者确定术语内涵及用词情景。但目前法律翻译研究仍以规定性研究为主，少有研究从描写视角出发、从大量真实的法律翻译语料出发，关注法律翻译的本体特征。鉴于此，本书尝试建立法律翻译平行及可比语料库，量化分析法律翻译语言，探讨法律翻译的现实样貌，法律翻译原则与规范。

上述想法的提出主要基于语料库翻译研究的理论框架以及实证探索（Baker，1993；Tymoczko，1998；Chesterman，2004a，2004b；王克非，2006；胡开宝，2011；肖忠华，2012 等）。语料库翻译学是指“以真实的翻译语料或双语语料为研究对象，以数据统计和理论分析为研究方法，系统分析翻译本质、翻译过程和翻译现象等内容的研究”（胡开宝，2011：1；2017：1）。20 世纪 90 年代初，语料库翻译研究快速发展，Tymoczko（1998）首次提出“语料库翻译学”（Corpus Translation Studies）的概念，界定了该领域的跨时代意义，“语料库翻译学脱胎于语料库语言学，采用语言学的路径研究翻译，标志着翻译研究范式从规定转为描写”（Tymoczko，1998：652）。王克非、黄立波认为“大规模语料库可以帮助翻译研究者重新审视研究对象，同时探索指导翻译行为的原则以及制约翻译运作的因素”（王克非、黄立波，2008：10）。但从研究层面来看，目前实证性探索以不同的角度的词汇层面研究为主，语料库翻译学框架下的其他量化指标有待进一步加深；句法层面研究涉猎较少，考察内容较为单一，主要以被动句、把字句等局部特征为主，缺少对宏观涌现的句法特征的考察。该研究领域主要集中于文学翻译，还缺乏将描写翻译学、语料库翻译学理论框架系统地用于专门用途语言翻译，尤其是专业性较强的法律翻译研究。

本书利用自建的汉英立法文本平行语料库以及英语立法可比语料库，进行对比研究与量化分析，探讨法律翻译语言概率性特征，法律翻译语言的可见性维度，量化翻译文本与源语文本、目的语原创文本的差异，思考法律翻译规范，探索法律语境下翻译语言特征背后的原因，从法律翻译事实考察法律翻译理论，并为法律翻译实践提供参考。

1.2 研究对象与研究设计

1.2.1 研究对象及问题

对法律翻译事实，即法律翻译文本的实际样貌的描写可以丰富法律翻译理论研究，重新审视法律翻译原则，探索法律语境下语言转换机制。法律翻译本文范畴广阔，不仅包括立法翻译，也包括非规范性法律文书及法学专著教材翻译。不同类型的法律翻译之间，既存在共同点，也存在差异性。立法语言是法律语言的重要组成部分，具有鲜明的语言特征，具有较好的代表性。因此，本书的研究对象确定为立法文本翻译。本书自建立法语言平行语料库以及可比语料库，旨在探讨法律翻译语言的可见性，以期厘清翻译共性、译者风格以及翻译规范之间的联系。本书尝试回答以下几个问题：

（1）法律翻译文本与法律源语文本、目的语原创法律文本相比，所表现的语言特征在抽象宏观层面有何差异？不同的法律翻译文本之间是否存在差异？

（2）法律翻译文本与法律源语文本、目的语原创法律文本相比，所表现的语言特征在具体词汇层面有何差异？不同的法律翻译文本之间是否存在差异？

（3）法律翻译文本与法律源语文本、目的语原创法律文本相比，所表现的语言特征在句法层面有何差异？不同的法律翻译文本之间是否存在差异？

（4）源语文本中的固定表达及其对等翻译在翻译文本中的分布特征如何？不同法律翻译文本的分布特征是否相同？

（5）以上翻译现象所产生的原因是什么？在法律翻译领域下，能否验证翻译共性、译者风格等假设，对现有法律翻译研究、法律翻译原则有何理论启示？

1.2.2 研究设计

为实现研究目的、回答上述研究问题，本书收集语料建立汉英立法平行语料库以及英语立法可比语料库。其中，汉英立法平行语料库采取一对二的形式，由一个汉语源语语料库及两个平行英语翻译语料库构成。同时，本书在汉英立法文本平行语料库及英语可比语料库基础上，建立由依存关系标注的平行树库和可比树库。研究步骤将按照以下思路依次展开：

（1）本书选取语料库翻译学中经典翻译语言特征参数进行分析，归纳总结两个英语翻译语料库与汉语源语语料库、英语可比语料库的差异，考察翻译文本的宏观语言特征，分析译文在具体词汇层面中所体现的语言现象，探索语言转化过程中翻译共性及个性特征。

（2）本书借助语言学的前沿研究范式，从依存关系视角出发，比较两个英语翻译树库与汉语源语树库、英语可比树库在句法层面表现的语言差异，探讨认知机制对语言转换过程的限制和影响。

（3）同时比较两个平行英语翻译语料库在词汇层面、句法层面所表现的语言差异，从译者风格的视角出发，探讨翻译的可见性，进一步探讨翻译规范与翻译原则。

（4）根据我国立法文本的个性特征，本书从原文与译文关系出发，以法律文本的成语翻译为例，考察法律翻译的对等问题，审视现有法律翻译原则，勾勒词汇层面法律翻译对等概率性特征。

（5）讨论基于自建的英语立法平行语料库以及可比语料库在词汇、句法层面的量化结果，对比分析法律翻译中翻译可见性的特点，探索背后的原因，结合翻译共性、译者风格、翻译规范的基本概念，探讨翻译可见性框架，为翻译实践提供借鉴。

1.3 创新之处

本书在对国内外相关文献整理和归纳的基础上，采用语料库翻译学的研究视角，从多个层面对法律翻译的可见性特征进行解析。本书主要有以下创新之处：

首先，本书以平行语料库、可比语料库及树库为基础，将描写翻译学视角应用于法律翻译研究，分析法律翻译事实，探索规范性翻译的概率特征，探讨法律翻译过程，分析法律翻译本质。这一研究视角突破了传统的法律翻译对等理论框架，关注翻译对等的动态性以及翻译规范的动态性。

其次，本书尝试将译者风格引入法律翻译研究，译者风格这一概念是文学翻译研究中一个重要范畴，本书以法律翻译语料为基础探讨非文学翻译视域下的译者风格，拓展了译者风格内涵和外延。本书探讨现有法律翻译原则与翻译事实之间的关系，探索法律翻译过程中的认知转换机制，将法律翻译原则理解为研究法律翻译的一种手段，为译者的能动性提供事实依据和理论支撑。

再次，本书充分利用语料库方法的优势，对法律翻译语言差异进行实证研究，对语料进行词类标注及依存关系标注。基于依存树库的语言研究是语言学的前沿研究领域。借助依存关系标注的树库对法律翻译语言进行特征描写，扩展了现有语料库翻译学中以词汇为基础的量化参数。前人研究表明依存距离与人类大脑认知机制有关，句法层面的语言特征研究真正地将翻译过程、认知机制以及翻译共性联系起来。

另外，本书在梳理前人文献基础上，结合研究翻译语言特征提出“翻译可见性”框架，统筹语料库翻译学视域下的翻译共性、翻译规范以及译者风格等概念。本书在大量语料考察的基础上，亦为动态性法律翻译规范提供描述性框架，以期为非文学翻译规范研究提供参考。

最后，本书采用科学图谱可视化技术与语料库 N 元分析结合的方式，对当代法律翻译文献进行梳理，探讨了法律翻译的发展进程，对研究内容以及研究范式进行了历时梳理，为法律翻译学发展及学科建设提供借鉴。

1.4 本书结构

全书共由九章组成。第一章是绪论，该部分介绍了研究背景，阐述本书的研究对象、研究问题、研究设计及创新之处，简述从描写视角量化分析法律翻译可见性的意义。

第二章讨论了语料库翻译研究发展现状，梳理了语料库翻译学的理论框架。这一章探讨了翻译共性、译者风格、翻译规范的理论概念及发展沿革，并将语料库翻译研究核心概念由文学翻译领域拓展到非文学翻译领域，提出翻译可见性框架。

第三章和第四章详细探讨了法律翻译研究与发展。第三章追溯法律翻译的历史，综述法律翻译发展脉络，廓清不同时期法律翻译的原则。第三章同时借助文献可视化分析软件 CiteSpace 梳理了当代国内外法律翻译研究现状，法律翻译研究与发展可总结为两条路径：一是法律翻译实践与翻译原则的相互作用；二是法律翻译观从一般到特殊再到一般的嬗变。第四章重点讨论了基于语料库/语料库驱动的法律翻译的研究现状，廓清现有研究的长处与不足。

第五章是研究方法部分，介绍了语料建设原则、研究步骤、标注实例及数据的准备情况。第六章、第七章和第八章是本书的核心内容，对法律翻译可见性进行了全面的描写。第六章从抽象宏观层面探讨法律翻译可见性特征并对特征展开探讨，涉及对词长、词汇密度、高频词、罕用词、词簇、词类的分析与验证。第七章聚焦于微观词汇层面，探讨了关键词、语义趋向、成语翻译的可见性特征，并从源语“对等”的视角分析法律翻译事实与翻译法律原则。第八章介绍了依存语法的核心概念，基于依存关系树库探讨了法律翻译句法层面可见性特征。

第九章为结论，该部分结合研究结论对法律翻译原则与翻译事实、翻译共性、翻译规范与认知机制等层面进行阐释，总结了本书在理论方面、方法方面、实践方面的突破及意义，并对未来研究提出展望。

第 2 章

语料库翻译学视域下的翻译可见性

2.1 引言

以源文为中心的翻译观历史悠久，Benjamin 于 1923 年在“译者的任务”（The Task of the Translator）一文中强调语词层面上的忠实（fidelity）（Benjamin，2000［1923］：20），并指出“真正的翻译是透明的，不能掩盖或阻挡源文的光辉，而只能通过纯语言来表达，并以此为媒介，得以让源文的光辉毫无阻碍地透过”（2000［1923］：21）。Norman Shapiro 也认为“翻译应力图产生透明（transparent）的文本，译文应当是透明的，似乎看不出它是被翻译过来的，认为好的译文犹如一块玻璃，人们注意到它的原因是因为玻璃上面的瑕疵——划痕或气泡。而理想状态下应当什么也没有，玻璃本身应永远不为人所关注”（Venuti，1995：1）。20 世纪 60 年代以后，“系统论”“文化转向”相继成为翻译研究的热点，解构主义、阐释学等理论也为翻译研究注入新鲜血液，这为译文地位确定及译者主体性研究奠定了理论基础。Holmes（2000［1972］）指出翻译作为纯学理研究的领域，即对翻译本身的研究，主要包含两个目标：一方面在于描述现实世界中呈现出的翻译过程和翻译现象；另一方面则在于制定一般翻译原则用来预测和解释这些翻译现象。基于以上两个目标，翻译学理研究可以分作两支：一是描写翻译研究（Descriptive Translation Studies，DTS）或翻译描写（Translation Description，TD）；一是理论翻译研究（Theoretical Translation Studies，ThTS）或翻译理论（Translation Theory，TTh）（Holmes，2000［1972］：176）。描写翻译研究作为翻译学理研究的一个重要分支，其研究目的与实证性研究密切相关。Holmes（2000［1972］）将描写翻译研究进一步分为翻译产物为导向（product-oriented），翻译功能为导向（function-oriented），以及翻译过程为导向（process-oriented）三个方面，提出可针对特定时期、语言或语篇类型采用语料进行独立描述或比较描述研究（Holmes，2000［1972］：177）。Itamar Even-Zohar（2000［1978］）、Gideon Toury（2000［1978］）倡导以译语为中心，突破了对等理论框架，进一步丰富了描写翻译理论。以上翻译思想为系统的翻译描写建立了研究空间，也为基于语料库的翻译研究提供了理论基础。20 世纪 80 年代中期，语料库语言学发展迅速，这引起了大量翻译研究者的兴趣，语料库语言学为描述性、系统性研究翻译特征提供了方法，这一方法能够揭示语言的事实规律，探讨翻译的可见性。肖忠华（2012：3）认为三大因素促使语料库研究与翻译研究结合：第一，翻译共性假设可以通过语料库得到验证；第二，语料库语言学，尤其是 20 世纪 90 年代初多语种语料库的研究发展迅速；第三，描写翻译研究兴趣日益高涨。本章将梳理语料库翻译学的主要内容及研究方法，探讨基于语料库视域下的翻译可见性框架。

2.2 语料库翻译学概述

20 世纪 50 年代以来，翻译研究者逐渐尝试运用语言学理论和方法去分析翻译中的语言现象，为传统翻译研究注入活力。美国翻译理论家 Nida 在《论圣经翻译的原则和程序以及对土著语言的探讨》（*Bible Translating: An Analysis of Principles and Procedures, with Special Reference to Aboriginal Languages*）中，运用现代语言学手段，首次系统地对翻译过程加以阐述，提出“翻译即科学”的观点（Nida，1947）。Nida & Taber 认为“应采用处理语言结构的语义分析和信息理论等科学途径”（Nida & Taber，1969：vii）来进行翻译。20 世纪下半叶，翻译研究经历了多元发展，已经超越了单一学科的局限，形成了一门交叉学科（胡显耀，2004）。20 世纪五六十年代，以语言学导向的翻译路径逐渐形成了较为系统的理论框架，学者们汲取语言学中具体研究领域的理论和方法，展开翻译研究，如话语分析（Hatim & Mason，1990；Nord，1991；Cacchiani，2015）、批评话语分析（Kuo & Nakamura，2005；Calzada Pérez，2007）、认知语言学（Jakobsen，1999；Jensen，2008；O’Brien，2007；Angelone & Shreve，2011）、语料库语言学（Baker，1993，1995；Tymoczko，1998；Olohan，2004；Kruger，Wallmach & Munday，2011；Huang，2015）、语用学（Hickey，1998；Heltai，2016；Guillot，2016）、社会语言学（Ramos Pinto，2012；Gerbault，2010；Simon，2016）等，极大地推进了翻译理论框架的完善。

20 世纪 90 年代以来，语料库翻译研究发展尤为瞩目，取得了不小的成绩。“语料库翻译学”是指“以语料库为基础，以真实的双语语料或翻译语料为研究对象，以数据统计和理论分析为研究方法，依据语言学、文学和文化理论及翻译学理论，系统分析翻译本质、翻译过程和翻译现象等内容的研究”（胡开宝，2011：1；2017：1）。1993 年，英国学者 Mona Baker 发表论文，题为“语料库语言学与翻译研究：启示与应用”（Corpus Linguistics and Translation Studies: Implications and Applications），是语料库翻译学之滥觞（王克非、胡开宝，2008: 9）。该文详细阐述了语料库在翻译研究中的意义，强调翻译本体的重要性。1995年，英国曼彻斯特大学首次建立了翻译语料库，即翻译英语语料库（Translational English Corpus，TEC）（胡开宝、毛鹏飞，2012）。该语料库收集了译自其他语言的英语文本，体裁包括小说、自传、新闻等，Baker 在此基础上成立了语言工程系的翻译研究中心。“语料库翻译学”首次由 Tymoczko（1998）提出，我国学者王克非将“基于语料库的翻译研究”改称为“语料库翻译学”（王克非，2006: 8－9）。

语料库翻译学的理论来自描写翻译学。描写翻译学代表学者 Even-Zohar（2000[1978]）反对将翻译活动视为一种衍生活动。他阐述了翻译文学（Translated Literature）在文学多元系统中的地位，对翻译文学给予与原创文学同样的重视（Even-Zohar，2000 [1978]: 193）。在多元系统理论框架下，翻译文学摆脱了对源语文学的附属地位，在目的语文学及目的语文化体系中自成系统。换言之，翻译作品脱离源语作品的桎梏，从幕后走到了台前，而翻译学研究的重心也从单一翻译作品与原文的关系转向多部翻译作品的整体研究。Even-Zohar（2000 [1978]）对传统“对等”（equivalence）和“充分”（adequacy）原则赋予非规定性定义，初步概括了翻译文学特征的描述性框架（Gentzler，2001）。在总结多元系统理论的基础上，Toury（2000 [1978]）提出了系统的翻译描写框架，旨在构建翻译基本理论，替换以往孤立的案例研究（Toury，1995，2000 [1978]，2004，2012）。Toury 提出翻译规范（translation norms）的概念，取代传统翻译理论中的“对等”，以期分析和预测翻译行为的变化趋势，认为“翻译规范是考察某翻译情形后做出的不同翻译行为”（Toury，2012: 64）。换言之，翻译规范是对多种潜在翻译行为的选择，这种选择呈现一定规律性、是可预测的。翻译规范的本质是描述性的，而非“完全统一的”（monolithic）（Toury，2012: 65），其有效性受时空限制：一方面，翻译规范的有效性是相对的，是一个连续统，连续统两端分别为普遍规则和个体习惯，两者没有绝对的界限，表现为某一翻译群体偏好的翻译习惯；另一方面，翻译规范会随着时间的推移不断变化发展（Toury，1995: 53－69；2012: 61－92）。Toury（1995）提出了两条翻译法则：渐进标准化法则（the law of growing standardization）和干扰法则（the law of interference）。Toury 明确指出这两条法则不是决定性的命题，而是概率性的、附有条件的概率解释，可以将翻译行为模式、社会文化、认知等影响翻译行为的变量结合起来（Toury，2004: 15）。Gentzler（2001）认为描写翻译理论摒弃了“一一对应”（one-to-one notions of correspondence）或“文学或语言学上对等”（literary/linguistic equivalence）观念，转而从目的语文化系统中探索译文的性质，这将翻译文本及其背后原创文本在具有符号特征的目的语文化系统中关联起来（Gentzler，2001：131）。语料库翻译学突破了以“对等”为核心的源语文本中心主义（Baker，1993），标志着规范性翻译研究向描写性翻译研究的转变（Holmes，2000［1972］；Even-Zohar，1990；Toury，1995；Tymoczko，1998）。

Chesterman（2004a）总结了三种探讨源语、目的语之间关系及其语言特征的路径：规定性路径（the prescriptive route）、指摘性路径（the pejorative route）和描写性路径（the descriptive route）。相比较基于个别案例而过度概括的规定性路径和指摘性路径，描写性路径关注具体情境下的语言特征。语料库翻译学是语料库语言学与描写翻译学相结合的产物，所采用的研究范式倾向于Chesterman（2000）提出的比较研究方法（comparative modals），以及Saldanha & O'Brien（2013）提出的以翻译产物为导向的研究方法（product-oriented methodology）。在Baker（1993）的基础上，Chesterman（2004a）指出语料库翻译研究的描写路径可分为自上而下和自下而上两条路径。从自上而下的角度来看，翻译主要研究两个维度的关系：一是译文与源语的对等关系（the equivalence relation with the source text），一是译文与目的语原创文本的文本合适关系（the relation of textual fit with comparable non-translated texts in the target language），并分别将其概括为源语翻译共性（S-universals）和目的语翻译共性（T-universals）（Chesterman，2004a：39）；从自下而上的角度来看，描写性翻译假设是在实证研究的基础上不断归纳总结出来的（Chesterman，2004a）。

语料库翻译学的最大特点是注重定量分析与理论研究相结合，强调数据统计在提出假设和验证假设方面的重要性（胡开宝，2012：1）。王克非、黄立波（2008）认为，一方面“大规模语料库可以帮助翻译研究者重新审视其研究对象特征，探索指导翻译行为的原则以及制约翻译运作的因素”；另一方面，“摒弃了内省法，描写翻译研究从真实语料出发，达到对翻译现象的解释和预测，探索翻译的本质”（2008：10）。语料库翻译学研究历经近三十年的发展，其研究领域不断呈现多元化趋势，学者们的研究主要集中在翻译共性（Toury，1995，2004；Olohan，2003）、译者风格（Kenny，2001；Bosseaux，2007）、语体语域特征（Borja Albi，Izquierdo & Montalt，2009；胡显耀，2010）、翻译过程（Baker，1999）等，对语境文化（Baker，2000）、意识形态（Kemppanen，2004）以及民族志分析（House，2011）也有所研究。结合本书研究目的，以下小节将对翻译共性、译者风格和翻译规范进行进一步探讨。

2.3　第三语码与翻译共性

翻译语言曾被称为“第三语码”（the third code）、“次语码”（sub-code）（Frawley，1984），是一种客观存在的语言变体，既不同于源语，又有别于目的语母语（Frawley，1984：186）。但在描写翻译学的视域下，学界对翻译语言态度逐渐转向描写与中立，倡导客观地考察翻译现象（Øverås，1998：588）。Baker（1993：243）认为这种区别的特征是“翻译共性与翻译过程的本质相关，而非某一语言系统影响的结果”。翻译共性是“翻译交际目的对翻译行为产生了影响，使翻译文本呈现特有的语言模式”（Toury，1991：50）。换言之，这些涌现的语言模式并不是目的语干扰的结果。Baker 将翻译共性概括为以下六个方面：第一，译文显化（explicitation）程度高于源语文本（source texts）、原创文本（original texts）；第二，译文出现消除歧义（disambiguation）和简化（simplification）倾向；第三，译文出现传统性语法化（grammaticality）倾向；第四，译文回避了源语中的重复表达；第五，译文扩大了目的语语言特征；第六，翻译过程会引起具体语言特征的特定分布，出现第三语码的特征（Baker，1993：243－245）。Baker（1996）进一步阐释了范化（normalization）/传统化（conservatism）及整齐化（leveling-out）等翻译普遍性特征。Øverås（1998）将隐化（implicitation）与显化比较，探讨了译文中的隐化趋势。除此之外，学者们也提炼了其他语言特征，如方言标准化（dialect normalization）（Englund Dimitrova，1997）、净化（sanitization）（Kenny，1998）、非典型词汇模式（untypical lexical patterning）（Mauranen，2000）、独特项假设（unique items hypothesis）（Chesterman，2004b）等。与 Baker（1993）完全冲破源语中心的范式相比，Chesterman（2004a）将翻译共性分为两类：源语型共性（potential S-universals）和目的语型共性（potential T-universals），完善了翻译共性的理论框架。综上可见，前人研究集中在显化、简化和范化等方面。

显化方面，黄立波（2008）认为显化可以分为语际显化（interlingual explicitation）和语内显化（intralingual explicitation）：语际显化指的是明示源语文本中的隐含信息；语内显化指的是与同一语言原创文本相比，翻译文本的显化程度。而与显化相对的概念学界将其定义为隐化（implicitation），指的是隐去原文中部分语言信息的过程（黄立波，2007：3）。Klaudy & Károly（2005）进一步探讨了显化与隐化程度不同的原因，提出强制性显化（obligatory explicitation）和非强制性隐化（optional implicitation）假设，指出由于语言系统的差异性，译者必须通过显化手段才能使语义通顺，但隐化却并非必要的翻译策略（Klaudy & Károly，2005：16）。Buyse（2007）探讨了以往翻译文本和原创文本的有关语法方面的显化特征，认为显化倾向是一个连续统。Øverås（1998）通过对英语—挪威语平行语料库观察发现，源语与目的语语言形态丰富程度会影响显化的趋势：目的语形态丰富程度低，隐化趋势更为明显。另外，Øverås（1998）也认为译文隐化程度均低于其显化程度。

在语料库应用于翻译研究之前，学者对翻译简化现象已经有所涉及，语料库应用于翻译研究之后，简化趋势的研究主要借助于统计分析手段，在类符/形符比、句长、高频词等方面对翻译文本和目的语原创文本进行比较（胡开宝，2011：93－94）。Baker将简化定义为译文呈现使读者更容易阅读的倾向（但并不意味着将信息明朗化）（Baker，1996：181－182）。简化的显著特征包括将长句以短句的形式呈现（Laviosa，1998a；Laviosa，2002），以及词汇丰富程度降低（Laviosa，1998b）。Grabowski（2012）基于对波兰文学翻译语料库的分析，验证了翻译语句呈现简单化、简洁化趋势的假设。与之相反，秦洪武、王克非（2009）指出，汉语翻译语言呈现句子结构容量扩增、句子偏长的特征，不能完全支持简化假设。Kajzer-Wietrzny，Whyatt & Stachowiak结合键盘记录及眼动技术，对职业译员和学生译员的语际、语内翻译过程及翻译句长变化展开研究，结果表明，学生译员在语际翻译过程中更倾向产出比原创文本更长的句子，并且在初步翻译构想的阶段就已经确定翻译句子长度，其后续修改对翻译句子长度只有轻微的影响（Kajzer-Wietrzny，Whyatt & Stachowiak，2016：262－263）。Bernardini，Ferraresi & Miličević（2016）以欧洲议会英语—意大利语双向笔译口译语料库为基础，对笔译、口译的简化现象的研究显示，英语—意大利语互译过程中均存在简化现象，口译译文的简化程度高于笔译译文，从而说明译文类型会影响译文的简化程度。

范化是指译者在翻译过程中存在“遵从甚至夸大目的语典型特征的趋势”（Baker，1996：183），这一特征在单语可比语料库和双语平行语料库中均有出现（Kenny，2001：64），即译者遣词行文，对翻译语言进行符合目的语文本规范调整（汪晓莉、李晓倩，2016）。范化这一概念也与Venuti（1995）提出的归化（domestication）和异化（foreignization）二元对立的操作范式中归化的内涵相一致，归化是指削弱原文的作者风格，对原文采用保守同化手段，遵守目的语文化的主流价值观（Venuti，1995：21－23）。胡开宝（2011）认为范化的特征可以体现在以下几个方面：修正源语文本中使用不规范的标点符号；将源语文本中口语翻译成标准书面语；归化处理源语文本中异域意义的词汇；重新安排文本语句使译文符合目的语语言传统规范；降低使用外来词和创造性词汇的频率；采用简单句式翻译源语文本中的特殊句式（胡开宝，2011：95）。例如Øverås（1998）

发现英语和挪威语源语文本中的异常搭配（unusual collocation）被翻译成保守的词汇搭配。Malmkjær（1998）对比分析了丹麦小说 *The steadfast tin soldier* 的八个英译版本，发现有七个译本将异常丹麦语搭配翻译成传统英语搭配。Kenny（2001）基于自建的德英文学平行语料库（German-English Parallel Corpus of Literary Texts，GEPCOLT），分析了德语文学中创造性词汇和异常搭配的英译情况，发现这些词汇的英译文本出现了范化趋势，但 Kenny（2001）也认为范化并不是对源语文本中创造性词汇的自发反应，而是译者在处理部分创造性词汇时，创造性地运用翻译方法的结果。汪晓莉、李晓倩（2016）分析了三部莎士比亚戏剧汉译本的罕用词和高频词、四字词组和创造性搭配情况，认为三部译本均表现出对汉语传统语言规范的归化处理，各个汉译本均呈现程度较高的范化特征（2016：109）。毛文伟（2016）探讨了日语翻译语言的词汇选用、使用频率、搭配特征，认为相比原创语言，日语翻译语言的词汇构成趋同、生动性降低，更接近于书面语，呈现范化倾向。

2.4　译者风格与翻译规范

译者风格研究是语料库翻译学研究的重要内容之一，传统翻译学理论框架倡导译者的隐身，但 Venuti（1995，2008）提出译者的自觉，提倡在翻译实践中凸显自己的民族身份，选择异化翻译策略。Baker（2000）则关注译者无意识的语言使用习惯（Baker，2000：241－266），倾向于将译者风格研究定位为司法文体学（forensic stylistics）。基于实证的译者风格研究可定位译者反复出现的语言行为，并勾勒出译者的语言使用习惯（Baker，2000：245）。译者风格包括译者的声音（translator's voice）（May，1994；Hermans，1996；Schiavi，1996；Munday，2008），也包括译者对翻译作品选择，翻译策略偏好，对前言、后记、脚注、注释的选用、行文方式等（Baker，2000）。对译者风格的考察可采用文体计量学（stylometry）或统计文体学（statistical stylistics）中作者身份归属（authorship attribution）方法（Baker，2000；Ji，2009）。在研究模式上，译者风格可分为单语类比和双语平行两大类（黄立波、朱志瑜，2012a）。在研究角度上，可分为翻译语言特征和翻译策略运用两个方面：前者包括词语层面、句法层面、语义搭配、篇章组织等；后者涉及不同译者在具体词句所采用的翻译策略的比较（胡开宝，2011：115）。

Baker（2000）采用英语翻译语料库对 Peter Bush 以及 Peter Clark 两位文学翻译者的语言偏好进行研究，通过类符/形符比、平均句长、转述动词"say"的分布三个方面来考察两位译者的风格，结果显示 Bush 译文的类符/形符比略高，词汇量丰富；平均句长（23.76）较长，平均句长波动幅度较大，译文中“say”的变化形式更为丰富；而 Clark 的句长较短（8.07），波动较小，使用“said”频率较高。但黄立波、朱志瑜（2012b）采用 Baker（2000）方法，对葛浩文和戴乃迭的翻译作品进行对比分析，结果表明标准形比、平均句长、转述动词“say”分布并不能有效区分译者风格，研究译者风格也不宜将源语文本完全排斥在外（2012：71）。Munday（2008）系统地分析了英译拉丁美洲作品，研究表明译文的语言模式可以反映译者风格，但译者的语言模式也是动态发展的。Ji（2009）以统计学视角法对比分析了西班牙小说《堂吉诃德》（*Don Quixote*）原著与杨绛、刘京胜两部中文译本的古体语分布，统计结果表明，杨绛译本与原著存在显著性差异，刘京胜译本更贴近原著。Saldanha（2011）在 Baker（2000）及 Munday（2008）基础上，进一步界定了译者风格的定义，将译者风格与翻译文体（translation stylistics）（Malmkjær，2003；Boase-Beier，2014）区别开来，前者指的是译者的语言习惯、选择偏好，即可以区别其他译者的个性特征；而后者指的是译者对原文文体的重构（reproduction）。卢静（2013a，2013b，2014）从历时和共时双重角度考察《聊斋志异》翟理斯、闵福德两部英译本的译者风格特点，指出独有词、句长、特殊句式、“曰”转述动词等方面可以体现两位译者不同的语言偏好。张丹丹、刘泽权（2014）从作者归属视角出发，对比分析了乔利《红楼梦》英译本的前 24 回、后 32 回在韵式层面、句子层面、语境层面的翻译语言特征，发现乔利英译本前后部分在译者风格上呈现明显差异，推测该译本由不同译者所译。Lee（2015）探讨了五位译者的 34 部韩语小说英文译本，研究采用主成分分析、多维尺度分析、聚类分析等多元统计的方法对其中 300 个高频词进行分析，结果表明，这些统计分析量化维度可以较好地区别译者风格。

翻译规范与译者风格既相互区别，又相互联系。我们在考量译者风格的同时，需要注意到在翻译活动中译者始终受到社会文化、语言传统、读者接受能力等多方面规范的制约。译者一方面必须适应主流规范，另一方面也通过自己的翻译作品创造新的规范（胡开宝，2011：134）。Toury（2000［1978］）重新定义了翻译规范（norms）的内涵，以翻译活动构建翻译规范，指出翻译规范并不能直接被观察到，人们观察到的是翻译行为的个案（2000［1978］：206）。译者的选择实质上是对翻译规范的选择（朱志瑜，2007：x）。Hermans（2014［1985］，1991，1995，1999）系统地探讨了翻译规范，认为科学的翻译研究应该是描述性和系统性的。Hermans 对翻译规范的界定取代了传统翻译观中“对等”概念，将翻译研究对象从个体译本扩展到连贯的语料库（Baker，1993：240；Baker，2001：165）。翻译研究不仅考虑当下的翻译事实，也“指导未来的翻译活动、译者可能遇到的问题，具有规定性，直接影响翻译实践”（廖七一，2001：305）。翻译规范具有社会性和动态性，在某些语境下表现为规范的约束性，在另一情况下，则表现为译者的个人风格和语言特点，即译者对翻译策略的选择，这反映了译者主体性与翻译规范之间的调节（胡开宝，2012：1）。廖七一（2001）认为翻译规范的有效性是相对的，是译者在特定翻译情景下而做出的“规律性的和习惯性的选择”（2001：315）。朱志瑜（2007：ix）认为通过语料分析，可以重构某一群体、某个历史时期的翻译规范。换言之，译者风格与翻译规范构成了整体与部分、个性与共性的辩证关系。

与译者风格研究方法类似，目前基于语料库的翻译规范研究也主要采用文本分析的方法，从词汇、句法和语篇等层面，对译文特征进行描写与分析（胡开宝，2011：137）。对译者风格、翻译规范的描写，实际上是对翻译个体、某一时期翻译群体对翻译方法及翻译策略的刻画。部分学者也借用翻译共性中的“显化”“隐化”等概念，将其理解为译者主动采取的操作策略（胡显耀，2006；Prior，MacWhinney & Kroll，2007 等）。Prior，MacWhinney & Kroll（2007）选取了 80 位英语—西班牙语双语被试者对 670 个英语和 760 个西班牙语名词、动词和词类模糊词语进行翻译，并以此为基础探讨了译者所遵循的翻译规范。研究结果显示，一半词汇在被翻译成另一种语言时出现了一个以上的翻译结果，词类的不同会影响翻译结果的数量，词类模糊词语的翻译结果最多，动词的翻译结果次之，名词的翻译结果最少，（由母语译成其他语言的）翻译结果也与被试者的二语水平相关。胡开宝、陶庆（2012）以记者招待会汉英口译语料库为基础，对汉语偏正复句、程度副词、套语等句法操作规范进行考察，结果显示显化规范程度超过隐化规范。卢静（2013b，2014）对《聊斋志异》翟理斯、闵福德两部英译本中的超长句与同一时期原创作品（《苔丝》《双城记》）以及闵福德的其他译作（《红楼梦》后 40 回）进行比较，结果显示，同一时期的作品的超长句分布相当，这既反映了历时视角下译者风格的差异，也折射出不同时期的翻译规范对译者风格的影响。

2.5　文学翻译与非文学翻译：翻译可见性

20 世纪 90 年代，语篇分析研究范式（Beaugrande & Dressler，2002；Schäffner & Kelly-Holmes，1996；van Dijk，2006 等）进入翻译学视野，翻译研究者汲取语篇分析理论对翻译现象展开研究（Hatim & Mason，1990，1997；Fowler，1991；Baker，1992；House，1997；Schäffner，1999 等）。非文学翻译研究结合篇章的类型，采用语料库的研究方法，探讨翻译语言特征。如 Baker（1992）将主题结

构与信息结构纳入翻译分析框架，认为对源语语篇的主位、述位分析可以帮助提高译者对作者选词的敏感性。Shlesinger（1998）勾勒了将语料库应用于口译语篇研究的路径，初步探讨了区别于笔译语篇的口译副语言特征。Marais & Naudé（2007）从专门用途语言视角出发，探讨了南非荷兰语宗教原创文本和译自英语的南非荷兰语宗教翻译文本中的搭配问题，结果显示专门用途语言翻译遵从不同的翻译规范。陶源（2015）基于人文社科类学术文本俄汉平行语料库，探讨了俄语 чтобы 从句的翻译规范，发现 чтобы 从句翻译的隐化程度强于显化程度，简化程度强于复杂化程度，习语化趋势突出。

西班牙海梅一世大学（Universitat Jaume Ⅰ，另有译名为汉姆一世大学）翻译与传播系设立了翻译文本类型研究组（Textual Genres for Translation，GENTT）（www.gentt.uji.es），现已建立以法律、医药、科技为主的专门用途语言多语语料库。GENTT 研究组采用语料库翻译学的描写—实证的方法，从多语言—篇章分析的视角（Borja Albi，Izquierdo & Montalt，2009）考察专门用途翻译。目前，该多语语料库已经用于专门用途语言学习与翻译培训、专门用途语言翻译与机器翻译等（Izquierdo & Borja Albi，2008；Borja Albi，2008；Ordóñez-López，2009）。Borja Albi，Izquierdo & Montalt（2009）提出了基于语料库的语篇翻译模型，认为应从语言形式、交际、认知三个方面理解翻译中的语类，注重多层次多视角的描写与解释。胡显耀（2010）采用 Biber（1991）多维分析方法（Multi-dimensional Analysis），以“通用汉英对应语料库”为基础，分析了汉语翻译与原创本文的跨语体（文学与非文学）特征。胡显耀（2010）基于现有翻译共性研究，提取 32 个语言特征作为因子分析的参数，其中包括类符形符比、平均词长、平均句长、虚词比例、“的”“着”等标准化词频。研究结果显示，经因子分析后得到的三个因子可以用于区别文学文本与非文学文本、翻译文本与原创文本。杨晓琳、程乐（2016）对比考察了英汉两种翻译语言的新闻、通用、学术、小说四种语类的被动标记形式（“be”“被”）及其语义韵特征。研究表明，两种语言经翻译后，被动标记在新闻、通用、学术和小说四种语类下均呈现范化倾向，但不同语类的具体特征又有所区别，在小说语类下，英语译文、汉语译文的被动标记在语言形式上呈传统化、范化趋势；在学术语类下，译文在语言形式上传统化特征不明显，似乎受到源语干扰，换言之，“越是口语化的语体越容易出现传统化的倾向，而越是正式的语体越容易受到源语的影响”（2016：10－11）。

学者们基于语料库翻译学的理论框架，从不同语料库探讨翻译事实，不断总结归纳出翻译共性、译者风格以及翻译规范。现有研究中探讨的语言参数主要集中在两个方面：一是语言形式或宏观语言特征（如类符形符比、标准化类符形符比、词频、句长、词汇密度等），一是具体语言项或微观语言特征（如“被”字句、转述结构等）。对这些语言参数的探讨表明，翻译不是透明的玻璃，而是可见的。通过对前人研究的梳理，笔者发现一些语言检验维度，概念的界定有模糊重叠之处，部分研究结果相互矛盾。学界也注意到了这些问题，例如黄立波（2014）基于中国现当代小说平行语料库研究对翻译文本进行研究，认为很难剥离出纯粹的“翻译共性”或“译者风格”，建议提出翻译文体方法论，将翻译共性和译者文体纳入翻译文体研究中。但笔者认为对于非文学翻译而言，不同语类（如法律文本、科技文本等专用语言文本）具有其特有的语类特征，译者需要考察源语特征、目的语特征以及语类规范特征，语类或文体的概念应与“翻译共性”“译者风格”相区别。笔者建议将翻译共性、译者风格的范围扩大，以“翻译可见性”囊括翻译共性、译者风格、翻译规范以及其他具体情境下的翻译语言特征，兼顾共性与个性的差异。

另一方面，与文学翻译不同的是，非文学翻译更注重传统意义上翻译规范对翻译实践的指导。脱胎于文学翻译研究的“译者风格”在非文学翻译中没有显著的地位，非文学翻译似乎更受制于具体领域的专门用途语言规范及其翻译规范。然而，在上文已有探讨，译者风格与翻译规范的关系是一个连续统（图 2.1），特定群体的译者风格的共同特征构成了翻译规范。译者在翻译活动中始终受到社会文化、读者接受能力、目的语文化因素等多方面规范的制约，译者一方面必须适应主流规范，另一方面也通过翻译作品更新规范（胡开宝，2011：134）。也就是说，不同的译者风格集合在一起，构成翻译的总体面貌，而在集合之中，共性特征构成了为社会认可的翻译规范（图 2.2）。

图 2.1　译者风格与翻译规范连续统示意图

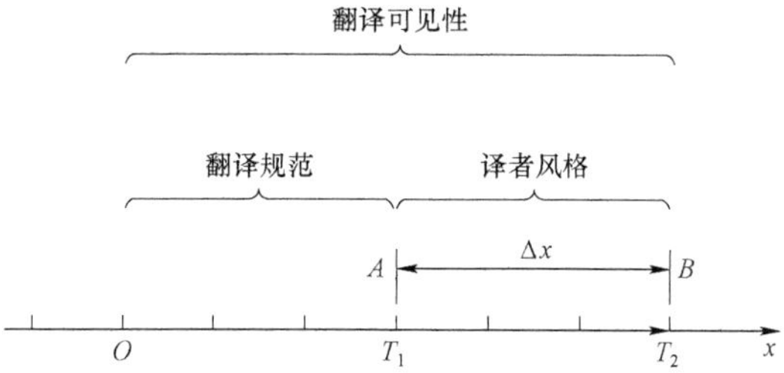

图 2.2　翻译文本、译者风格与翻译规范

从 Baker（2000）对文学翻译作品中译者风格这一假设出发，本研究在翻译可见性框架下对译者风格与翻译规范关系进行了进一步探讨（图 2.2）。

如图 2.2 所示，O 代表目的语原创文本的参考语言特征，T_1、T_2 分别表示翻译文本 1、翻译文本 2。T_1、T_2表示不同译者（机构）基于同一源语文本产出的翻译文本，A 表示翻译文本 1（T_1）的语言特征，B 表示翻译文本 2（T_2）的语言特征。OA、OB 分别表示两种译文与目的语原创文本的偏离程度。在目的语原创文本的参照下，共性的部分构成了该时期的翻译规范，而 AB 之间的差异，即 Δx 构成了译者风格。我们将以译者风格与翻译规范为两端的连续统纳入文学翻译与非文学翻译两个不同的翻译类型，可以看到翻译语类与译者风格、翻译规范相互作用下的翻译可见性（如图 2.3）。

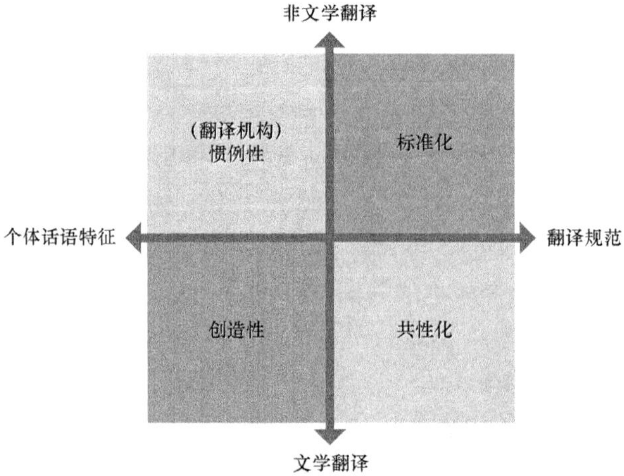

图 2.3　翻译可见性内涵

翻译可见性内涵超出了个体译者可见性的内涵而扩展到翻译团队、翻译机构。以往语料库翻译学研究领域中以文学翻译研究为主，探讨了富有创造性的译者个性话语与翻译规范之间的区别和联系。而对于非文学翻译，特别是专门用途语言翻译，学界强调翻译的规范性、一致性以及翻译的标准化操作，淡化译者可见性与创造性。但从描写翻译学视角出发，翻译规范是译者“规律性和习惯性的选择”（廖七一，2001：315），那么专门用途语言翻译规范本身也是具有概率性属性的。翻译语言具有语言的基本特征，也是复杂的自适应系统。翻译文本与源语文本、目的语原创文本相比，其可见性就表现在概率性的涌现特征。相较文学翻译研究中的译者风格研究，非文学翻译研究中特定翻译团队或翻译机构会对同一文本的翻译的选择呈现特定的偏好和惯例表达，翻译机构之间偏好差异则构成了翻译主体维度的翻译可见性差异。翻译可见性也包括对翻译共性的探讨，在图 2.3 的基础上，翻译共性可理解为不同时期、不同语言类型、不同翻译类型在接近翻译规范的一端所体现共同的语言特征。换言之，从无数个具体翻译规范中有意识的主动选择，我们可以总结出翻译思维、翻译认知机制的必然趋势，即翻译共性，但我们也要意识到翻译共性假设的验证仍需要依靠对具体翻译现象不断的归纳总结。

2.6　本章小结

本章探讨了翻译共性、译者风格及翻译规范的内涵。我们可以看到翻译作品/文本作为目的语语言系统的一部分，具有区别于目的语原创文本的特征。学界从不同的角度阐述造成这种现象的原因，但翻译共性、译者风格及翻译规范似乎难以割裂开来。我们不妨理解为译者在使用语言从事翻译活动时受到的作为人本身不可避免的制约、具体条件的制约以及译者为达成翻译目的做出的种种努力。Venuti（1995：1）认为，产生译者隐身的错觉在于译文行文流畅，而译文行文流畅则恰恰源于译者为保持译文的可读性，在语言使用、句法通顺、意义确定等方面所做的种种努力，这本质上就是译者对源语文本的干涉。Frawley 将翻译语言视为处于母语以及目的语双重考虑下的“第三语码”（the third code）（Frawley，1984：168）。换言之，翻译语言的特征是可见的。在这里，笔者想以英国翻译理论家 Theo Hermans 的观点总结本章内容。Hermans 认为，“翻译研究不是为完美或理想的翻译提供指导或对现存的翻译进行批判，而是关注译文本身，就译文论译文，尽量去确定说明特定译文性质的原因”（Hermans，2014［1985］：13）。科学的翻译研究方法应该是描述性和系统性的，研究对象应该“超越个别的现象和文本”（beyond isolated occurrences or texts），去考察更大的整体（如集体性规范、读者规范、时代准则等）（2014［1985］：13），并发现“大规模和长期的模式和趋势”（large-scale and long-term patterns and trends）（2014［1985］：14）。综上所述，翻译研究并不止于以传统的“规定性”“指摘性”的路径培养优秀的译者，提供“好译文”或最大程度上实现译文与原文的对等（当然这是翻译研究重要的实践意义）；翻译研究也应着眼于语言转化时处理文本的内在机制以及影响译者做出选择的社会文化因素。

第 3 章

法律翻译研究与发展

3.1 引言

随着世界各国在经济、政治、科技、人文等方面的交往不断深入，法律翻译为各项国际交往事务的有序进行提供了有力保障。法律是由国家制定或认可、规定人们的权利及义务，并由国家强制力保证实施的、具有普遍约束力的规范。法律本身包蕴着秩序，在社会进程中意味着一致性、连续性和确定性。法律文本用词严谨、精确，法律句式结构往往复杂、冗长，法律文本也涉及抽象的法律概念。法律文本及法律活动的特殊性在很大程度上影响了法律翻译的性质，使其区别于一般的文学作品翻译。法律的发展进程往往承载着一个国家的历史文明、社会生活，因此法律也具有厚重的文化属性。任何文本都有交际行为及意图，了解法律文本也为法律翻译提供了借鉴（李克兴、张新红，2006）。目前法律翻译研究不断深化，其探索视角多从法律翻译的特殊性入手。克罗地亚学者 Susan Šarčević 的专著《法律翻译新探》（*New Approach to Legal Translation*）（1997）全面论述了法律翻译的机制，对法律翻译的目的、译者功能、术语翻译等方面进行深入的探讨，影响深远。后有其他专著不断问世，拓展了法律翻译的研究范畴，如 Alcaraz & Hughes（2002）、Borja Albi（2007）、李克兴、张新红（2006）、Cao（2007）的专著等。法律翻译是非文学翻译、专门用途语言翻译的一个重要分支，具有跨学科的属性。法律翻译任务艰巨，法律翻译的产出涉及译者语言能力、译者的法律知识储备、交际目的、法律体系等诸多方面。目前，法律翻译研究主要涵盖以下几个方面：法律术语翻译（Cheng & Sin，2008，2016；刘法公，2013；张平华，2013；董晓波，2015 等），翻译效力（Leung，2013；刘宪权、李振林，2013；Prieto Ramos，2013；Prieto Ramos，2014b；杨敏、徐文斌，2019 等），法律翻译策略及原则（Carmen África Vidal Claramonte，2005；杜金榜，2005；李克兴、张新红，2006；宋雷，2007；李克兴，2010），法律翻译史（屈文生、石伟，2007；屈文生，2017；屈文生、万立，2019a，2019b），法律文化与法律翻译（林巍，2006；张法连，2009b，2019；曲艳红等，2014），语言权利（Langer，2004），法律翻译人才培养（Monzó Nebot，2008；许多、屈文生，2014；Way，2016；张法连，2018），法律翻译研究方法（Biel，2010；Biel & Engberg，2013；Borja Albi，2013）等方面。本章追溯法律翻译的历史，梳理法律翻译研究的脉络，廓清不同时期法律翻译的原则，并梳理当代法律翻译研究的核心问题。以下小节分别从早期[①]—当代，西方—中国两条路径出发进行阐述。

3.2 早期法律翻译发展与研究

3.2.1 西方早期法律翻译发展与研究

法律翻译具有古老的历史，最早的法律翻译主要是以国与国之间签署的条约作为载体。其中最为有名的是《卡迭石条约》（*Treaty of Kadesh*），该条约是由穆瓦塔里二世（Muwatalli Ⅱ）统治下的赫梯帝国（Hittite）与拉美西斯二世（Ramesse Ⅱ）统治下的埃及帝国签订的。两国之间发生了卡迭石之战（Battle of Kadesh，1274 B.C.）（Grimal，1992：256－257），为了结束两国之间的长期战争，两国签订了该条约（Wilson，1969：199）。该条约又被称为《埃及—赫梯和平条约》（*Egyptian-Hittite Peace Treaty*）、《永恒条约》（*Eternal Treaty*）或《银条约》（*Silver Treaty*）（Mynářová，2014：3）。因此，条约有两个语言版本，埃及版本和赫梯版本。埃及版本由埃及象形文字写成，刻在位于埃及古城底比斯（Thebes）拉美西斯二世的两座寺庙的墙壁上，而赫梯版本则由楔形文字写成，现部分陈列于伊斯坦布尔考古博物馆（Istanbul Archaeology Museums）（Breasted，1906：163）。

由于法律翻译与圣经翻译都属于规范性文本翻译，早期的法律翻译操作与圣经翻译紧紧相连（Šarčević，1997：23）。尽管法律翻译历史悠久，但是与圣经翻译相比，法律翻译研究的进程甚为缓慢。西方早期法律翻译已经出现直译（literal translation）与意译（free translation）的探讨，Šarčević 在其专著《法律翻译新探》（*New Approach to Legal Translation*）中对西方法律翻译发展历程做了较为全面的梳理，Šarčević（1997：24）认为法律翻译由严格直译（strict literal）

① 本章中早期的法律翻译以 1950 年为分界点，有以下两个原因：其一，西方应用语言学研究将法律语言作为研究主体正在兴起；其二，新中国于 1949 年成立，我国也展开社会主义法治建设，便于统一国内、国际的时代划分，凸显本书的研究问题。

逐渐发展到符合语言习惯翻译或意译以及当代法律翻译中以加拿大为代表的共同起草（co-drafting）阶段（如图 3.1）。

严格直译	直译	适当直译	近似意译	意译	共同起草
strict literal	literal	moderately literal	near idiomatic	idiomatic	co-drafting

图 3.1 法律翻译发展阶段

东罗马帝国的查士丁尼（Justinian）罗马民法大全（Justinian Code，亦作 Corpus Juris Civilis）翻译，及中世纪各封建国家在立法和司法实践中的法律翻译均参照圣经的字字对应法（Šarčević，1997：25），属于严格直译的阶段。宗教改革时期，马丁 • 路德（Martin Luther，1483 – 1546）使用简明通俗的德语方言进行圣经翻译，他强调翻译通俗易懂，并系统地总结了“调换词序”“使用情态动词”“添加必要的转折词”“必要情况下采用短语翻译原文中的单独词”等一系列的翻译原则（Nida，1964：15），但这些原则并未对法律翻译产生实质性的影响（Šarčević，1997：30）。启蒙运动时期，民族主义兴起，本民族语言的使用与发展得到重视（Clifford-Vaughan，1963；Palmer，1940），西欧国家开始采用本民族语言编纂法典，这极大地促进了法律翻译的发展。在法律实践的过程中，尽管直译与意译依然是法律翻译策略争论的焦点，但是翻译语言关注的重心逐渐从源语转到目的语，提倡用符合目的语语言习惯的方式来表达源语的法律概念，强调“效果的一致性”（effect be the same）（Rossel，1911 转引自 Šarčević，1997：39）。Paivarinne（2012）认为，早在启蒙运动时期，法律翻译已经转向功能性翻译。例如，胡果 • 格劳秀斯（Hugo Grotius，1583—1645）的《战争与和平法》（*Law of War and Peace*，*De jure belli ac pacis*）除了直译版本（Courtin（1687）译本）之外，也存在大量采用“评论翻译”（commentary translation）（Paivarinne，2012：37）的评论性译本（Barbeyrac（1724）译本）。这两部风格迥异的《战争与和平法》译本反映了 18 世纪法国两种截然不同的法律翻译策略：Courtin（1687）译本注重对源语“词义的直接转换”（straight semantic transfer），而 Barbeyrac（1724）译本重现了源语的意思、风格，同时兼具评论解释功能（Paivarinne，2012：36），Barbeyrac（1724）译本附有详细的笔记，注重对源语的核心内容的阐述。相比 Courtin（1687）译本，Barbeyrac（1724）译本大众接受性更强，也让目的语读者对《战争与和平法》有了新的认识与了解（Paivarinne，2012：42），起到了一定的译介作用。

纵观早期西方法律翻译的发展，可以将其特征概括为以下几个方面。第一，法律翻译的发展与社会的发展息息相关，不同阶段的翻译原则反映了源语和目的语之间社会地位的较量；第二，早期的法律翻译与其他类型翻译的发展过程不同，尽管受到其他类型文本的翻译策略影响，相比人文社科翻译、圣经翻译等，法律翻译由严格直译、直译，到符合目的语语言习惯的翻译、意译的演变进程尤为缓慢，翻译策略相较同时期其他类型翻译更为保守；第三，符合目的语语言习惯的法律翻译，特别是在多官方语言区域，是语言权利作为法律权利的凸显，如1849年奥地利民法典（1811）被译成10国语言，其与法语版本具有同等效力，体现了加拿大在双层法律制度下对法语平等权利的争取（Šarčević，1997：31，42）；第四，便于理解的、符合目的语习惯的翻译方法在早期法律翻译实践中被逐步接受。

3.2.2 我国早期法律翻译发展与研究

鸦片战争之后，封建秩序面临巨大的打击与威胁（刘毅，2012：117），鉴于社会现状和改革需要，我国早期法律翻译实践与研究以译入为主。外国法律、法学作品大量的译介也推动了我国的法制近代化进程（屈文生、石伟，2007：58）。在中国法律外译方面，有西方汉学家译介成西方语言。俄国汉学家阿列克谢·列昂季耶维奇·列昂季耶夫（Алексей Леонтьевич Леонтиев，1716—1786）翻译了《大清律例》和《大清会典》，他节选翻译《大清律例》部分内容在俄国出版，是已知的西方人首次将中国法律原典译为西方文字（侯毅，2009：97）。英国汉学家乔治·托马斯·斯当东（George Thomas Staunton，1781—1859），将《大清律例》完整地翻译成英文，这是西方比较完整、准确地认识中国传统法律制度的第一部书（王健，2001；赵长江，2012）。斯当东认为法律翻译须"用合适易懂的语言传达出每条每段的完整含义。说明对象是法律的性质和原则，而非中国人的语言。在必要情况下，他会改动文字顺序和句子结构，缺乏对应的英文表达时会毫不犹豫地补上定义"（小斯当东、屈文生、靳璐茜，2015：89－102）。

我国早期的法律翻译实践中，外国法律以及法学文献的译入主要由西方传教士，林则徐、魏源等中国近代第一批"睁眼望世界"的知识分子牵动完成（何勤华，2014：196）。英语世界法律名词主要由外国传教士介绍到中国，因此早期法律翻译一定程度上受宗教活动的影响。如林则徐（1785—1850）请美国传教士伯驾（Peter Parker，1804—1889）等人翻译了瑞士法学家瓦特尔（Emmerich de Vattel，1714—1767）的《国际法》（*le Droit des Gens*）的部分内容（屈文生、石伟，2007：58）。德国传教士郭士力（Karl Friedlich August Gutzlaff，1803—1851）通过创办《东西洋考每月统记传》（*Eastern and Western Monthly Magazine*）将法律名词"国会""公司""有罪""罪犯""无罪""公会尚书""统领"等介绍进入了中国法学界（屈文生，2012a：42），这为近代以来西方法律的概念、术语和思想在中国的传播提供了途径（王健，2001；何勤华，2014）。另一方面，清政府设立专门的翻译出版机构，对促进法律翻译发展发挥了重要作用（何勤华，2014；宋艳玲、汤建华，2015）。1862 年，清政府设立北京同文馆；1868 年，上海江南制造总局组建翻译馆，组织翻译事务（何勤华，2014），但晚清时期的法律翻译由于缺少双语人才，多采用“西译中述”的方式，傅兰雅记载：“将所欲译者，西人先熟览胸中而书理已明，则与华士同译，乃以西书之义，逐句读成华语，华士以笔述之。”（傅兰雅，1984 [1880]：211－225）这一时期的法律翻译策略包括描述法、音译法、严格的直译法、直译法、适度的直译法、半意译法等，如在众多音译的词语中，以下几例保留了由英文最初译成中文的状态。如“托拉斯/托辣斯”为“trust”的音译（屈文生，2011：53）。中日甲午战争失败后，向西方学习的渠道由直接改为间接，转向日本学习西学（张增一，1996：223）。因此，早期中文法律翻译中的术语亦来源于日本法律翻译，大多直接借用和制汉语的书写形式，词语“在内容上较为真实客观地反映了西方法律词语传入中国时的最初汉语形态”（屈文生，2012b：122），这也反映了当时西方法律词语间接翻译成中文的实践过程（屈文生，2012b：128）。基于当时国内缺乏通晓英文、法律人才的现实情况，清政府开始重视翻译人才培养，设立了专门翻译机构（倪庆饩，1988：12）。例如，冯桂芬的“翻译公所”（1861）、张之洞的“译书局”（1898）、康有为的“京师译书局”（1898）等，其目的都在于能够有效培养翻译人才（黄立波、朱志瑜，2012c：28）。同时，政府积极推进法律学科留学活动的开展，在法学领域，留学生则成为译书的骨干力量。法学留学生在留学期间和回国之后积极从事翻译外国法学著作、教材和论文的事业（何勤华，2004：86）。

晚清时期，译者通过翻译实践对翻译原则已有初步的探索，法律翻译也遵循此原则。严复于 1903 年拟定的《京师大学堂译书章程》中强调：“一曰开渝民智，不主故常；二曰敦崇朴学，以棣贫弱；三曰借鉴他山，力求进步；四曰正名定义，以杜庞杂”（王栻，1986a：130），展现了翻译立场和以读者为中心的思想，其中不难看出其翻译宗旨与当代翻译的功能论是契合的。译名确定及统一是我国早期法律翻译的核心问题（吴苌弘，2013）。例如，严复曾在《宪法大义演说》中指出：“宪即是法，二词连用，于词为赘……今译文‘宪法’二字，可用于国家之法制，至于官司局社尚可用之，独至人身草木，言其形干，必不能犹称‘宪法’。以此推堪，即见原译此名，不为精审。译事之难，即在此等。但其名自输入以来，流传已广，且屡见朝廷诏书，殆无由改，只得言而用之。”（王栻，1986b：238－239）傅兰雅认为在译书中要特别注意专用名词名目的翻译，

“译西书第一要事为名目，若所用名目必为华字典内之字义，不可另有解释”（傅兰雅，1984［1880］：217）。同时，傅兰雅认为应优先采用意译来解决外来词汇翻译的问题（胡照青，2007：80），并总结了译名目的方法，第一，找出中文对应的名目。第二，中文中无相应的名目，须另设新名目，方法有三种：（1）加偏旁构成新名，但保留原音；（2）用多个字意译，介绍新名；（3）采用音译，以北京官话为主，所用汉字须承袭前人的音译。第三，做中文英文译名对照表，把译书所设新名附于书末，以便读者查阅或询问，在各书内所有译名的基础上，编成专用名词词典（傅兰雅，1984［1880］：218）。在此基础上，随着变法修律运动的开展和近代西方法律制度、法学术语的大规模传入，近代中国第一批法律辞书应时而生（屈文生，2012b：70），以西方法律文明为蓝本的中国现代法律制度终于初具规模，而“罪刑法定”等这些新名词逐渐从译著的文本，落实到制度里，为人民群众所了解（刘毅，2012：117，120，122）。

可以说，对西方法律政治制度的探索促进了我国早期法律翻译的发展，而早期法律翻译又为近代法学的建立提供了基础。总体来看，我国早期法律翻译的发展可以概括为以下几个方面：第一，外国传教士在介绍西方法律概念中发挥了重要作用，政府设立专门化的翻译出版机构，注重翻译人才的培养，促进了法律翻译的进步；第二，我国早期法律翻译以译入西方法律中文为主，法律翻译与民族自强、国家命运紧紧相连；第三，从具体翻译策略来看，我国早期法律翻译没有从直译逐渐过渡意译的区分，无论是西方语言译入中文，还是中文译入西方语言，译者出于有效的交流目的、对翻译目的语环境接受效果，倾向于使用符合目的语表达习惯的翻译策略；第四，从翻译策略以及译者培养角度来看，我国早期法律翻译并未与其他类型的翻译明显区分；第五，我国早期的法律翻译与法律现代化进程密不可分，促进了我国近代法学的产生，因此中国近代法学又被称为“翻译法学”（何勤华，2004：88）。

3.3 当代法律翻译发展与研究

3.3.1 当代法律翻译发展与研究概述

法律翻译历史悠久，然而对法律翻译展开系统研究在近几十年才开始。传统翻译理论认为，翻译不同于创造性写作，译者必须基于原文产出译文，没有创造文本的自由，法律翻译是逐字逐义转换而非交际性行为（van Hoecke，2002），法律翻译最高原则是完全忠实于原文（李克兴，2007：43－65）。但学界也从不同角度论证，认为翻译不可避免地带有创造性特征。当我们溯流而上一窥早期法律翻译的模样，不难看出早期法律翻译的发展是顺应需要的翻译发展史，法律翻译需要结合翻译目的，从实际出发，调整翻译策略。翻译虽与源语文本相关联，但这种关联会因交流目的不同呈现“不同程度的松动”（谭业升，2012：22）。上一小节我们了解到，早期的法律翻译的确出现了顺应需要的“松动”。近年来，随着翻译研究不断深入，采取符合目的语习惯的策略进行法律翻译已获得认同。国际翻译期刊 *Meta: journal des traducteurs/Meta: Translators' Journal* 在 1979 年第 24 卷第 1 期，以“法律翻译”（La traduction juridique）为主题，刊登了 18 篇学术论文，首次将法律翻译与其他类型的翻译区别开来，对法律翻译的特殊性展开研究，系统地探讨了法律翻译研究方法（Mounin，1979）、法律语言（Darbelnet，1979；Dubuc，1979；Legault，1979）、法律术语（De Plaen，1979；Lauzière，1979）、法律翻译原则（Meredith，1979）、法律翻译文化（Sparer，1979）、法律翻译理论与教学（Gémar，1979）、加拿大法律体系下法律翻译的挑战（Reed，1979；Russell，1979；Covacs，1979）等诸多问题。其中 Covacs（1979）已经提出了“共同起草”翻译策略（la corédaction/co-drafting），以期解决加拿大双语制度下法律翻译的问题。1986 年第 12 届“国际比较法大会”（International Congress of Comparative Law）在悉尼召开，法律翻译与法学研究方法相交汇，逐渐形成了跨学科研究的视角（Glanert，2014：257）。20 世纪 90 年代，Bocquet（1994）《法律翻译方法》（*Pour une méthode de traduction juridique*），Gémar（1995a，1995b）《翻译或解释的艺术》（*Traduire ou l'art d'interpréter*）及 Šarčević（1997）《法律翻译新探》（*New Approach to Legal Translation*）是首批专门探讨法律翻译的著作（Prieto Ramos，2014a：269）。其中，Šarčević 的《法律翻译新探》作为首部英文法律翻译专著，从理论与实践的角度全面、系统地探讨法律翻译，影响力较大。Šarčević（1997）指出，翻译学者仅将法律翻译视为专门用途翻译之一，将一般翻译理论用于法律翻译，忽视了法律翻译的法律性质。另一方面，律师认为法律翻译只是术语替换，将一种语言的字符替换另一种语言的字符，忽视了法律翻译的功能性（Šarčević，1997：5）。Šarčević（1997）认为法律翻译是“法律机制下的交流行为”（an act of communication within the mechanism of the law）（1997：55）。Šarčević（1997）强调法律翻译跨学科属性，将法律知识与翻译理论结合起来，提出一个全面的法律翻译理论框架（Kjær，2014：432）。后有其他专著不断问世，拓展了法律翻译的研究范畴。如西班牙语专著《英语—西班牙语法律翻译策略、材料以及资源》（*Estrategias, materiales y recursos para la traducción jurídica inglés-español*）（Borja Albi，2007）从法律翻译实践，课堂活动等角度，探讨了当代法律翻译路径，结合法律体系与法律文本类型阐释了法律翻译策略，并提出了课堂法律翻译教学活动方案。专著如 Alcaraz & Hughes

（2002）及 Cao（2007）等均从法律英语的性质出发，从语言学、翻译学、法学角度针对不同题材的法律文本，对翻译原则以及翻译理论的适用等进行了探讨。法律翻译研究体系的建立强调法律翻译有别于其他类型翻译（Garzone，2000；Harvey，2002 等）。目前，法律翻译成为发展最快的专门用途翻译领域之一，学界借助于翻译学、比较法学、法律语言学等研究方法，不断从跨学科视角从事法律翻译研究（Gémar，1982；Gémar & Kasirer，2005；Prieto Ramos，2014a；Glanert，2014）。

从国内的研究来看，我国法律翻译肇始于新中国成立之初苏联法学著作翻译。1956 年 1 月《政法译丛》创刊，该刊为学习、借鉴苏联在政治、法律科学以及在实践中的先进经验提供平台（法学研究编后记，1955：55），主要刊载内容是苏联法译文或与苏联法有关的文章（吴大英，1958a：40）。1959 年《政法译丛》改刊为《政法研究资料选择》，根据我国政法工作的需要，一般采用摘译或者编译的翻译策略（法学研究动态栏，1959：38）译载国外政治、法律理论和实践经验。陈忠绳（1956）最早对法律翻译的忠实原则、译名统一的原则进行探讨。吴大英（1958b）指出早期法律译文整体通顺可读，但存在句子过长，术语不统一等情况。2001 年，中国加入世界贸易组织，WTO 透明度原则（transparency）（方洁、杨国华，2001；邓大鸣、何军，2003）加速了我国法律法规外译和对外法律制度宣传的进程。21 世纪以来，我国法律翻译的成果不断增加，在翻译实践与理论研究两个方面不断推进。目前，我国法律翻译研究在法律术语翻译（刘法公，2013；董晓波，2015；程乐、宫明玉、李俭，2016；李克兴，2017）、法律翻译策略及原则（杜金榜，2005；宋雷，2007；张法连，2009a；李克兴，2010）、法律翻译与文化（林巍，2006；张法连，2009b；曲艳红、娄琦、马成慧，2014）、法律翻译观（屈文生，2010）、法律翻译人才培养（许多、屈文生，2014；许多，2017）等都有深入研究。

总体而言，法律翻译的发展受到现实需要和理论研究双向驱动，其研究方法不断从法学、语言学等其他学科汲取养分，研究视角更为多元，研究内容更为细化。Prieto Ramos（2014a）认为法律翻译可以在专门用途翻译中自成一体，他将法律翻译作为翻译学下面的一个交叉学科，提出“法律翻译学”（Legal Translation Studies，LTS）的概念（2014a：260），探讨了法律翻译学作为独立学科的要素：一方面，研究对象、学界地位、历史发展、研究方法等，构成了法律翻译群体的共同研究基础；另一方面，学术培养机制与科研项目进一步促进了法律翻译作为交叉学科的发展（Prieto Ramos，2014a：266）（如图 3.2）。

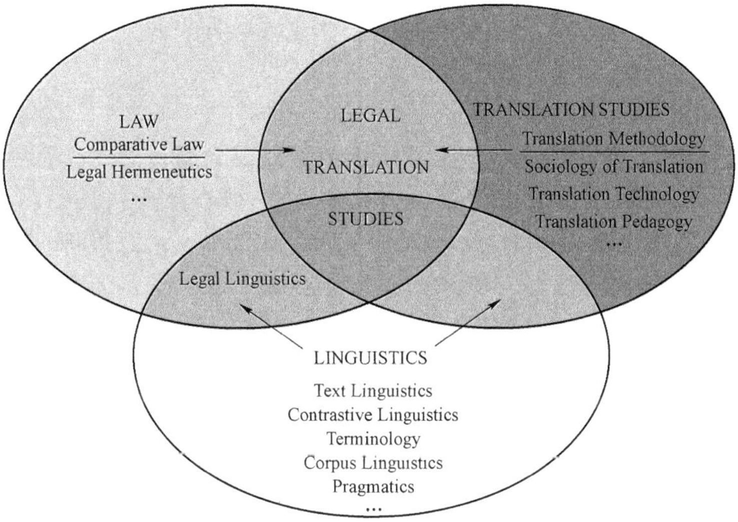

图 3.2　法律翻译学的学科划分

如图 3.2 所示，法律翻译学建立在翻译学的核心理论基础之上，涵盖翻译方法、翻译过程、翻译教学等内容。由于翻译学本身汲养于语言学，语言学中篇章语言学、比较语言学、语料库语言学、语用学等分析方法也可应用于法律翻译研究。另外，比较法学和法律解释学可为法律翻译中的法律概念解析提供理论支持（Prieto Ramos，2014a：266，267）。法律翻译的交叉学科属性促使该领域以及相关领域学者不断从理论和实践两个方面探索法律翻译的深度和广度（Cheng，Sin & Wagner，2014），促使法律翻译学亦不断细化，如 Borja Albi & Prieto Ramos（2013）从私营经济、国家机关、国际组织中的法律翻译实践出发，探讨行业规范、技能技巧、培训需求等。可以说，法律翻译研究展现了蓬勃的生命力，正在不断发展成为一个成熟的、与其他相关学术领域互动逐渐深入的交叉学科。

3.3.2　法律翻译研究可视化分析

为厘清法律翻译发展的脉络，本节借助文献可视化分析软件 CiteSpace 以及语料库语言学词簇（N-gram）分析方法，梳理现有文献，探索国内外法律翻译研究的发展情况、研究重点与热点。CiteSpace 是一款在科学计量学（scientometrics）、数据和信息可视化（data and information visualization）背景下逐渐发展起来的，着眼于分析学科中潜在知识的可视化分析软件（Chen，2006）。该软件可考察某一领域的基本情况、知识结构、发展趋势，采用这种分析方法得到的图形称为“科学知识图谱”（李杰、陈超美，2016：3）。本研究以 Web of Science ™ 核心合集中 SSCI、A&HCI 及 ESCI 数据库、国际主要翻译学期刊，以及中国知网中 CSSCI、核心数据库等作为主要数据来源，采用定量与定性相结合的方法展开分析。

3.3.2.1 国际法律翻译研究发展

为保证所采集数据的质量，笔者所选数据只限于期刊论文，不包括书评、编者按语等其他文献类型。在 Web of Science ™ 核心合集中 SSCI、A&HCI 及 ESCI 数据库中通过主题（topic）检索“legal translation”，获得 490 篇文献，并通过人工手段对题目不包含“legal translation”或摘要、关键词不涉及相近意义的文献进行除噪处理，获得 1999 到 2017 年间 152 条数据，共计 5 612 条引文，数据最后更新时间为 2017 年 12 月 9 日。笔者进一步对西文过刊全文库（Journal Storage，JSTOR）以及 1999 年之前主要翻译学期刊中有关法律翻译期刊文章进行梳理，新增 38 条文献。该 38 条新增文献不用作 CiteSpace 引文文献分析，但将其与之前收集的 152 条数据一同（共计 190 条数据）用于基于语料库的国际法律翻译发展研究。

共被引分析（Co-citation analysis）是指当两篇文献同时出现于第三篇施引文献的参考目录中，这两篇文献形成共被引关系（Small，1973：265－269）。引证前人研究成果，反映了被引文献与所研究论文在内容与主题的相关性以及知识主题的动态变化（Weinstock，1971）。对文献数据的共被引关系挖掘，可以揭示某一研究领域的发展脉络（李杰、陈超美，2016：143）。由于之前已对数据进行人工除噪处理，分析过程中没有对网络进行裁剪（Pruning）（李杰、陈超美，2016：81）。本研究以 2 年为一个时间分区（#Years per slice），将连接保留因数（Link retaining factor）设置为 5，将回顾年份（Look back years）设置为 10，旨在检测经典共被引文献。运行 CiteSpace 软件，得到如图 3.3（Network：N＝88，E＝406；Labeling threshold＝5）。

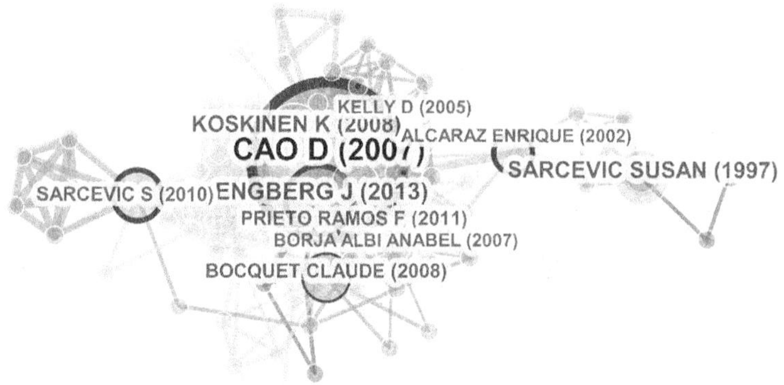

图 3.3 国际法律翻译文献共被引网络

科学知识图谱由彩色节点和节点间连线组成。节点代表共被引文献，节点的大小代表该文献被引频次的高低，被引频次越高，节点越大。节点的引文年轮（Tree ring history）代表共被引文献的被引历史，年轮由不同颜色构成，代表引文时间（李杰、陈超美，2016：90），早期时间分区为冷色调蓝色，逐渐过渡到黄色，近期时间分区为暖色调橙色（冯佳、王克非、刘霞，2014：12）。图中最为显著的节点是专著《翻译法律》（*Translating Law*）（Cao，2007），该节点引证频次最高，其次为专著《法律翻译新探》（*New Approach to Legal Translation*）（Šarčević，1997）、《翻译构建机构：欧盟翻译民族志研究》（*Translating Institutions: An Ethnographic Study of EU Translation*）（Koskinen，2008）以及期刊论文“法律翻译能力发展：以过程为导向的综合路径”（Developing Legal Translation Competence: An Integrative Process-Oriented Approach）（Prieto Ramos，2011）、编著章节“比较法之于翻译：成功对接不同法系的关键”（Comparative Law for Translation: The Key to Successful Mediation between Legal Systems）（Engberg，2013）。

《翻译法律》（Cao，2007）从法律、语言以及翻译三个角度，对法律语言特征、翻译类型、法律术语、译者能力、法律文化、翻译过程等方面做了全面的阐释。《法律翻译新探》（Šarčević，1997）是最早由英语撰写的专门探索法律翻译的专著。克罗地亚邓卡大学（Rijeka University）法律系 Šarčević 教授，是欧盟—克罗地亚官方法律翻译项目负责人，她在著作中详细阐述了法律翻译功能、法律翻译标准、法律等值、欧盟翻译立法实践等方面的问题，国内许多学者已有充分讨论（屈文生，2009；赵军峰，2015）。《翻译构建机构：欧盟翻译民族志研究》（Koskinen，2008）以欧洲委员会芬兰语翻译为例，采用民族志研究的视角，分析了欧盟因翻译而产生的文化中介属性。尽管该专著没有涉及法律翻译，但其探讨了欧盟机构多语言翻译机制，构建了机构翻译结构框架，为欧盟法律翻译研究提供参考，是法律翻译标志性文献之一。Prieto Ramos（2011）结合法律翻译实践论述了法律翻译能力培养及评价框架。Engberg（2013）借助比较法学中的研究方法和研究成果，指出译者理解法律系统差异是做好法律翻译的前提。

本研究进一步采用 CiteSpace 进行自动聚类，对检索出的共引文献分析，并以时空布局（timezone）的形式呈现（Modularity Q=0.4522；Mean silhouette=0.6788），依次得到图 3.4 和图 3.5。

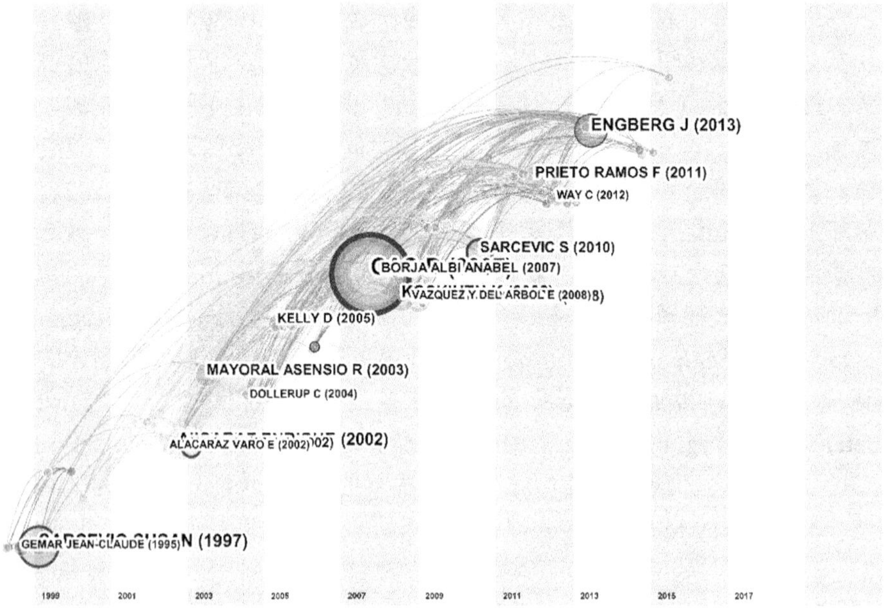

图 3.4　国际法律翻译文献共被引网络时空分布

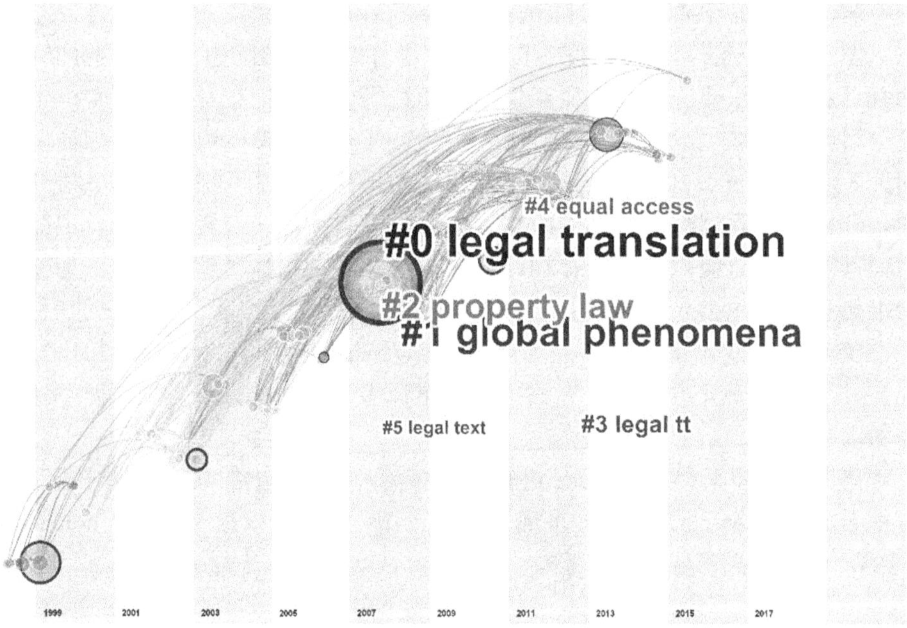

图 3.5　国际法律翻译文献共被引网络聚类主体时空分布

图 3.4 和图 3.5 展示了国际法律翻译文献共被引网络及其聚类主题时空分布情况。CiteSpace 依据网络结构和聚类的清晰程度，提供了模块值（Modularity Q，Q 值）和平均轮廓值（Mean silhouette，S 值）两个指标，一般而言，Q 值一般在［0，1］区间内，Q 大于 0.3 就意味着划分出来的社团结构是显著的，当 S 值在 0.5 以上，我们一般认为聚类是合理的（陈悦、陈超美、刘则渊等，2015：249）。如图 3.4 和图 3.5 所示，国际法律翻译共被引文献网络社团结构非常显著，同时也呈现了较好聚类结果。如图 3.4 所示，该网络在 2007 年之后包含五个较大紫色①外圆圈节点，节点的位置表示共被引的首次出现的时间。紫色外圈节点表示具有高度中介中心性节点，是共被引网络中重要的转折点，其节点外圈的紫色年轮越厚，在网络结构中重要性越高，该文献越具有革新性影响（Chen，2006）。除了《翻译法律》（Cao，2007）之外，法律翻译研究中的新生力量包括西班牙语专著《英语—西班牙语法律翻译策略、材料以及资源》（*Estrategias, materiales y recursos para la traducción jurídica inglés-español*）（Borja Albi，2007）、西班牙语专著《英文遗嘱及相关法律文件翻译（英语—西班牙语）：从理论到实践》（*La traducción [inglés-español] de testamentos británicos y documentos relacionados. De la teoría a la práctica*）（Vázquez y del Árbol，2008）、法语专著《法律翻译：基础与方法》（*La Traduction juridique. Fondement et methode*）（Bocquet，2008）以及期刊论文"法律翻译能力发展：以过程为导向的综合路径"（Developing Legal Translation Competence: An Integrative Process-Oriented Approach）（Prieto Ramos，2011）。以上文献也反映出欧盟一直是法律翻译研究中心之一。另外，2007 年以后节点间连线增加，节点间关系加强，共被引文献在数量和频次上均有增加。

根据聚类结果，本研究采用对数最大然似率（Log-likelihood ratio，LLR）算法从摘要中提取关键词命名聚类，LLR 算法提取研究术语的优势在于能够突出聚类的研究特点（李杰、陈超美，2016：106）。LLR 算法的基本原理是：假设对于类别 C_j，词 w_i 的频度（α）、集中度（β）以及分散度（γ）等指标组成向量 V_{ij}（α，β，γ）。选取聚类命名根据 V_{ij} 来判断 w_i 是否可以作为类别 C_j 的特征词，式中 LLR 为词 w_i 对于类别 Cj 的对数然似比，p（$C_j \backslash V_{ij}$）和 p（$\bar{C_j} \backslash V_{ij}$）分别为在 C_j *和* $\bar{C_j}$ 的密度函数，算法如下（1）（李杰、陈超美，2016：106－107）。

$$LLR = \log \frac{p(C_j \backslash V_{ij})}{p(\bar{C}_j \backslash V_{ij})} \quad (1)$$

① 因本书印刷工艺，紫色显示为深灰色。

如图 3.5 所示，聚类编号为#0、#1 等，聚类规模越大，则编号越小。该网络聚类排名前五位分别为：#0 法律翻译（legal translation）（Silhouette＝0.730）、#1 全球现象（global phenomena）（Silhouette＝0.715）、#2 物权法（property law）（Silhouette＝0.599）、#3 法律目的语文本（legal tt）（Silhouette＝0.974），以及#4 平等机会（equal access）（Silhouette＝0.957）。笔者对共被引文献进行聚类和命名，可看出目前国际法律翻译文献的核心议题，结果显示，当代法律翻译研究已由源语中心转为目的语中心。另外，部门法翻译研究、法律翻译与语言权利也是学者们关注的热点。

进一步采用 CiteSpace 对文献共被引作者分析，以探究国际法律翻译文献的理论框架。笔者以 2 年为一个时间分区，将连接保留因数设置为 2，将回顾年份设置为 8，得到共被引作者网络，如图 3.6（Network：N＝263，E＝669；Labeling threshold＝6）。

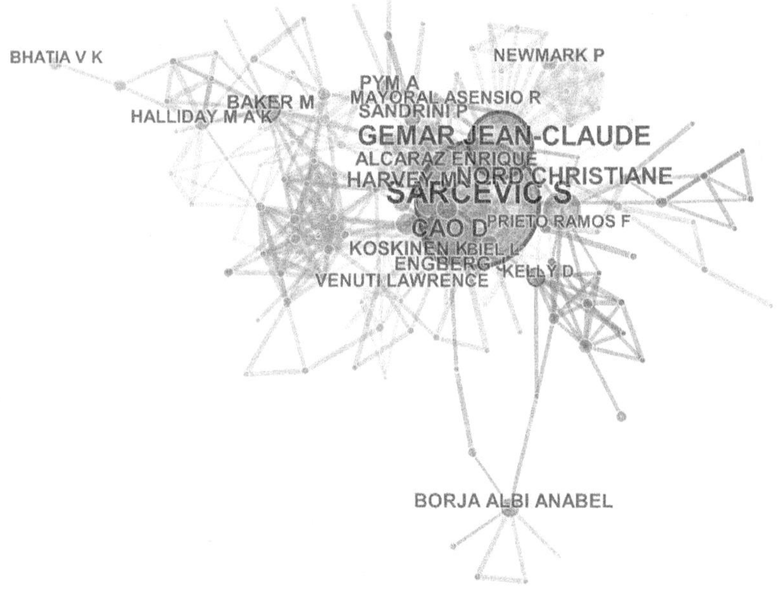

图 3.6 国际法律翻译文献共被引作者网络

如图 3.6 所示，Sarcevic S 是该网络的中心节点（Hub node），共引频次为 58 次，次之为 Gemar Jean-Claude，共引频次为 28 次，再次为 Cao D、Nord、Christiane，共引频次各为 22 次，可以推测这四位学者的理论观点构成了法律翻译的经典性论述。图 3.6 也显示了法律翻译领域的其他主要学者，如 Prieto Ramos F、Harvey M、Borja Albi A、Biel L、Engberg J、Alcaraz Enrique 等。其中代表 Borja Albi A

的节点与其他网络关系较为疏离，可以初步推断学者 Borja Albi Anabel 研究视角与其他学者研究视角稍有不同。对网络进一步观察可以发现，网络节点也包括机构话语翻译或专门用途翻译学者，如 Koskinen K、Mayoral Asensio R. 等；一般翻译理论研究学者，如 Nord Christiane、Newmark P、Venuti L、Pym A、Baker M、Sandrini P、Kelly D；以及两位语言学领域学者：系统功能语言学大家 Halliday M A K 及语篇分析、语类分析大家 Bhatia V K。Halliday M A K 和 Bhatia V K 作为高频节点出现在共被引作者网络，这反映了法律翻译研究积极吸收语言学研究中的有益元素构建自身的理论体系。

分析结果显示 Nord Christiane 的共被引频次为 22 次，与法律翻译研究学者 Cao D 相当，反映了 Nord Christiane 在法律翻译研究领域的重要性。Christiane Nord 是德国翻译研究界的领袖人物，Nord（1997）全面介绍了德国功能翻译学派的理论，提出“功能加忠诚”理论模式，倡导基于原文和目的语译文的功能开展翻译实践与研究（Nord，1997：14）。可以推测法律翻译研究架构主要以功能派理论为依托。Nord Christiane（共被引频词＝22）、Newmark Peter（共被引频词＝10）、Venuti Lawrence（共被引频词＝5）均出现在共被引作者中，三位翻译学者的理论既有关联又有区别。在直译和意译争论不休的背景下，为解决翻译实践中出现的问题，他们都分别提出了二分法的翻译理论框架：纪实性翻译（documentary translation）与工具性翻译（instrumental translation）（Nord，1997：47），语义翻译（semantic translation）与交际翻译（communicative translation）（Newmark，1981：39）以及归化和异化（Venuti，1995：6，24）。这三位高频共被引作者呼应了共被引文献中研究领域聚类“#3 法律目的语文本”（legal tt），可以推断出法律翻译研究理论构建集中在目的性的、交际性的、功能性的研究框架之中。

另一方面，研究发现节点 Baker M（共被引频次＝9），外环为紫色，是网络中具有高度中心性的节点。英国翻译学教授 Mona Baker 以叙事理论研究翻译，也是语料库翻译学的领军人物。Baker（1993）指出语料库翻译方法以数据调查与实证性分析为基础，可以客观、系统性地揭示语言真实面貌（1993：233－250）。Baker M 作为转折节点出现在网络中，反映了法律翻译研究者开始借鉴语料库翻译学理论深化法律翻译研究。如图 3.6 所示，Pym A（共被引频次＝12）也是网络中具有中心性的节点。西班牙翻译学教授 Anthomy Pym 主要从事翻译和跨文化研究，提出翻译“本土化”（localization）（Pym，2010：120）、“动态文本”（moving text）（Pym，2004）等观点，倡导 Toury（1995）提出的描写翻译理论，关注翻译技术对翻译过程及翻译认知的影响，是近年来翻译学界非常活跃的翻译理论家。基于共被引作者的分析结果表明，法律文本有其自身特点，法律文本特征和功能决定了法律原则和策略，这表现在法律共被引作者主要以经典法律翻译学者的经典论述为主要阵地，以了解法律翻译自身的研究范式。另外，法律文本的特有属性并未妨碍法律翻译研究借鉴翻译学、语言学中的其他研究范式，技术的革新和大量可获得法律翻译数据也拓展了法律翻译理论研究视角。

笔者以 1 年为一个时间分区，对文献共被引作者网络以时空布局的形式呈现，以便具体观察共被引作者的时间分布（Network：N＝121，E＝234；Labeling threshold＝7）（如图 3.7）

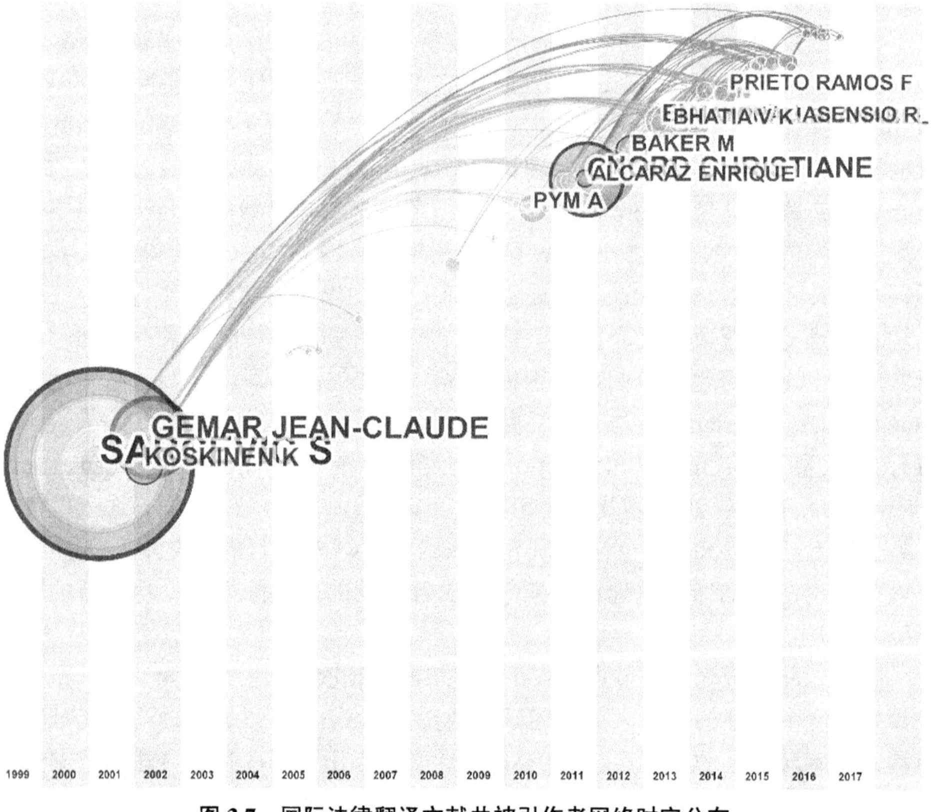

图 3.7　国际法律翻译文献共被引作者网络时空分布

网络时空分布图中节点的位置是共被引作者第一次出现的时间，图 3.7 较好地反映了法律翻译学者以及其他学者的观点对法律翻译研究发展贡献的时序分布。Sarcevic S 节点出现于 2001 年，其引文年环逐渐由冷色过渡到暖色，说明该作者持续被引；Pym A 节点首次出现于 2010 年，Nord Christiane 节点首次出现时间为 2011 年，Baker M 节点首次出现于 2012 年。可以初步推测，从 2010 年起，法律翻译大量借鉴其他翻译领域的研究范式，探索法律翻译本质。Baker

于 1993 年发表论文“语料库语言学与翻译研究：启示与应用”（Corpus Linguistics and Translation Studies: Implications and Applications）（Baker，1993），提出“翻译共性”（universal features of translation）（Baker，1993：243）等观点，详细阐述语料库在翻译研究中的意义。该文献发表时间早于《法律翻译新探》（Šarčević，1997）以及《翻译或解释的艺术》（Gémar，1995a，1995b）。Baker（1993）详述了语料库翻译研究的潜力和前景，但并未在同一时期引起法律翻译学界的关注。20 世纪 90 年代，法律翻译研究主要发力于阐明法律翻译特殊性，建立法律翻译自身研究范式上。

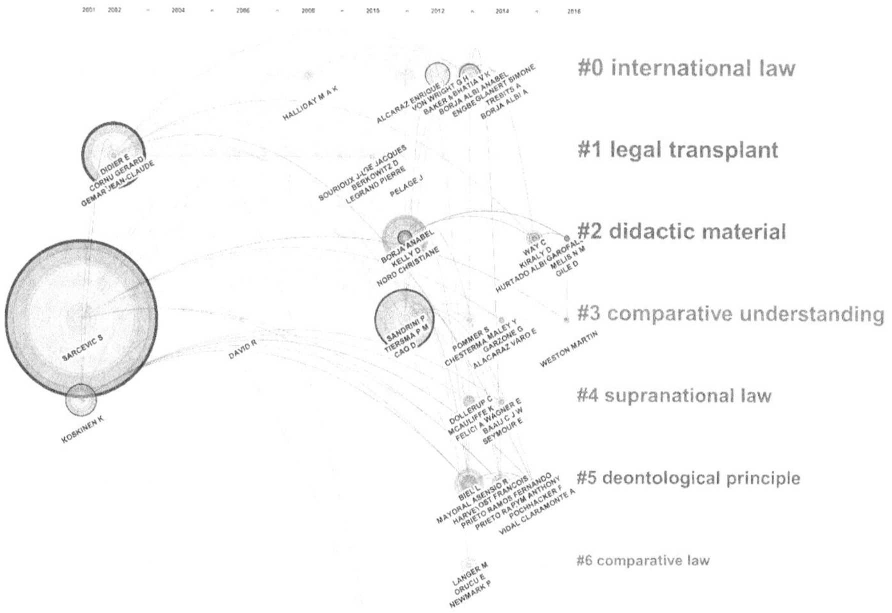

图 3.8　国际法律翻译文献共被引作者网络聚类时间线分布

在此基础上，本研究对共被引作者进行聚类分析，从摘要中提取关键词命名聚类，并采用对数最大似然率算法提取聚类命名。该聚类以时间线（timeline）布局呈现（如图 3.8）（Modularity Q = 0.6149；Mean silhouette = 0.4852）。布局方式以聚类编号作为 Y 轴，年份作为 X 轴，以便观测核心共被引作者与研究主题之间的联系。结果显示，聚类网络社团结构非常显著，但聚类并不显著。如图 3.8 所示，聚类排名分别为：#0 国际法（international law）（Silhouette = 0.675）、#1 法律移植（legal transplant）（Silhouette = 0.902）、#2 教学材料（didactic material）（Silhouette = 0.744）、#3 比较解读（comparative understanding）（Silhouette = 0.777）、#4 超国家法律（supranational law）（Silhouette = 0.777）、#5 义务论原则

（deontological principle）（Silhouette = 0.774）以及 #6 比较法（comparative law）（Silhouette = 0.916），反映了法律翻译与法律移植、国际法、比较法的紧密联系，充分揭示了法律翻译跨学科的属性。图 3.8 也揭示了法律翻译热点研究议题及该议题被引研究学者："#5 义务论原则"表明法律翻译中的权利和义务（情态意义）是法律翻译问题研究的热点问题，代表性节点为有 Biel L；"#2 教学材料"表明翻译教学也是法律翻译研究的核心问题，代表性节点为有 Gile D。Daniel Gile 教授是国际口译界的代表性学者，其研究兴趣包括科学计量分析、概念分析、与认知相关联的实证口译研究等，是"自然科学派"的代表，这反映了国际法律翻译文献中所涉及的教学内容包括笔译和口译，也在一定程度上体现了国际法律翻译教学的研究范式。

本研究以 2 年为一个时间分区，将连接保留因数设置为 2，将回顾年份设置为 8，采用 term 功能对文献主题共现词（co-terms）分析。共现词分析有助于厘清国际法律翻译文献的研究主题及热点内容。CiteSpace 中的名词术语（noun phrase）共现词分析功能，依托 Stanford NLP Group Part-of-speech tagger 从文献标题、关键词、辅助关键词及摘要中提取名词性术语共现词，可获得熵值曲线（如图 3.9）。

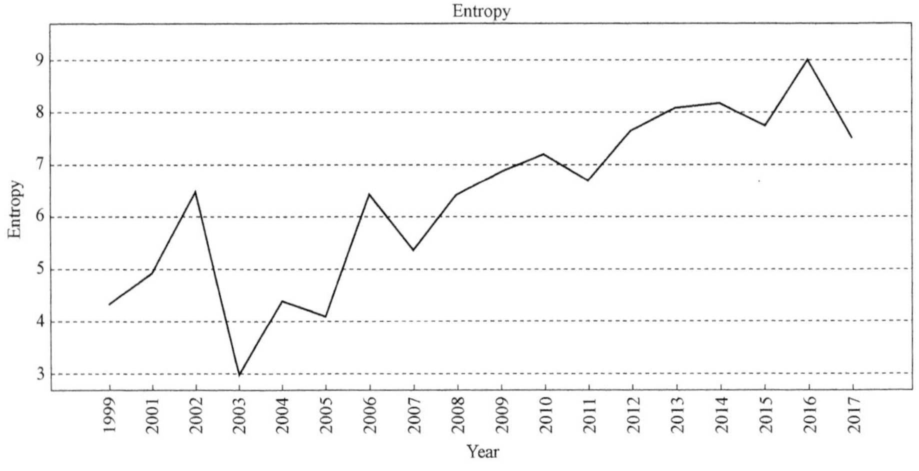

图 3.9 国际法律翻译文献共现词信息熵折线图

信息熵折线反映了语言/文化复杂程度历时演变情况（Juola，2013），共现词的信息熵折线可反映法律翻译研究历时发展情况，如图 3.9 所示，1999—2017 年间，共现词信息熵折线整体上呈波动性上升的趋势，但在 2002—2003 年间出现明显下降，反映了法律翻译研究热度波动情况。国际法律翻译文献共现词网络图（Network：N = 56，E = 127；Labeling threshold = 3）如图 3.10 所示。

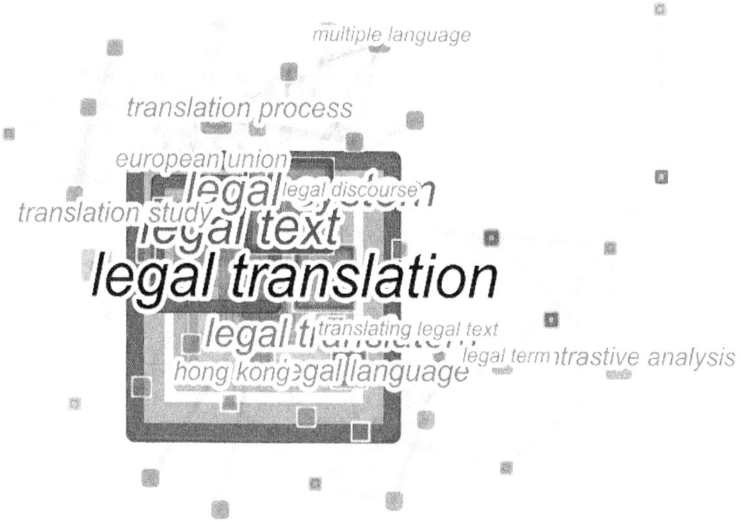

图 3.10　国际法律翻译文献共现关键词网络

如图 3.10 所示，“legal translation”是该网络的核心，中心性为 0.75，其次分别为“legal text”“legal system”“legal translators”“legal language”“translation process”“translation study”“European Union”“Hong Kong”以及“contrastive analysis”，这些共现词反映了法律翻译研究的中心内容，揭示了欧盟和香港是法律翻译研究的核心地区。

本研究对国际法律翻译文献共现词网络进行聚类分析（Modularity Q＝0.4905；Mean Silhouette＝0.5017），并采用对数最大似然率算法提取聚类命名，并以时间线布局呈现（如图 3.11）。

如图 3.11 所示，国际法律翻译文献共现词网络聚类将共现词呈现九大聚类，该聚类网络社团结构显著，聚类结果基本合理，图中所示聚类排名分别为：#0 法律翻译（legal translation）（Silhouette＝0.621）、#1 法律术语（legal term）（Silhouette＝0.736）、#2 具体语言限制（specific linguistic constraint）（Silhouette＝0.699）、#3 未来职业（future professional）（Silhouette＝0.662）、#4 官方语言（official language）（Silhouette＝0.865）、#5 目的语文本（target text）（Silhouette＝0.932）。另外，#6 可比语料库（comparable corpora）、#7 翻译成本（translation cost）、#8 介入标记语（engagement marker）这三组的聚类大小为 1，表明这三个聚类代表性有限，但也反映出法律翻译关注的热点问题。图 3.11 展示了法律翻译基本发展脉络。其中，法律翻译困境、普通法系、法律文本是法律翻译最早关注的问题，法律制度、法律语言、法律术语是法律翻译的核心议题，法律翻译研究主要借鉴比较法以及语类分析的研究方法，这反映了法律翻译的跨学科属性。值得注意的是，聚类“#6 可比语料库”显示可比语料库已用于法律翻译研究，但主要用于法律文本中的义务情态（deontic modality）研究，可比语料库的研究方法并未广泛用于其他法律翻译语言特征研究。

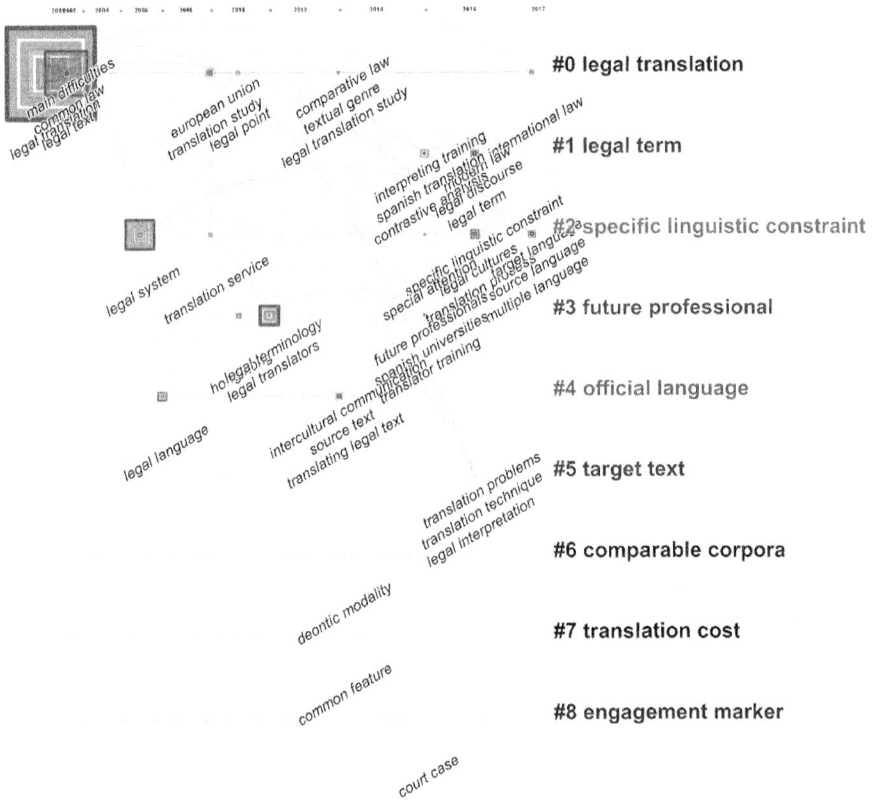

图 3.11　国际法律翻译文献共现关键词网络时间线分布

运用 CiteSpace 对 Web of Science 国际权威期刊文献的引文数据进行分析，可以厘清其中最具影响力的核心文献、学者及研究热点。下面本研究从语料库的视角，以 190 条期刊文献（1979—2017）为基础，进一步探索法律翻译不同发展阶段的核心问题。

图 3.12（左）为国际法律翻译文献年度发表数量，图 3.12（右）为五年为一个时间分区的发表数量，鉴于文献的具体分布情况，1979—1985 为一个时间分区，2016—2017 年为一个时间分区。如图 3.12（左）所示，国际法律期刊文章在 1979 年首创高峰，翻译期刊 *Meta* 于 1979 年第 24 卷第 1 期刊登了 18 篇学术论文，将法律翻译作为单独的研究领域。1981—2000 年期刊发文量较少，2002 年迎来法律翻译文献第二次发表高峰，这是由于 *Meta* 在 2002 年第 47 卷第 2

期对法律翻译文献再度组稿。2003 年以后，法律文献发表数量呈波动性上升趋势，与图 3.9 文献共现词信息熵折现词趋势相呼应。

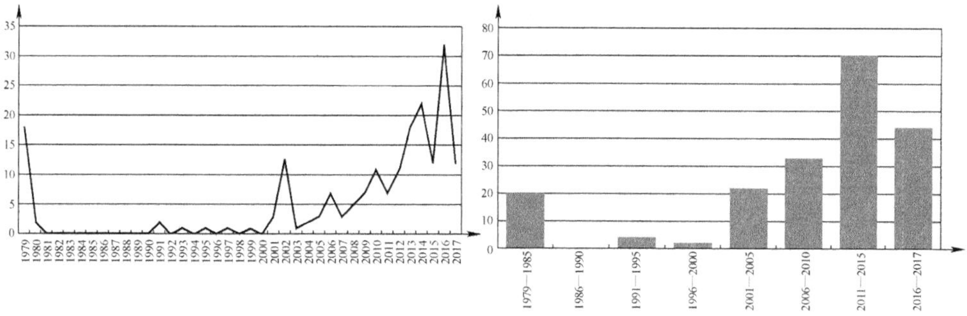

图 3.12　国际法律翻译文献发表数量

图 3.13 为国际法律翻译文献发表期刊及研究领域分布情况，图 3.13（左）为文献发表所在期刊，图 3.13（右）为期刊所属的学科领域。190 篇国际法律翻译文献分布于 62 种学术期刊，其中文献发表所在期刊排行前五位的，分别为 *Meta*、*Semiotica*、*Perspectives: Studies in Translation Theory and Practice*①、*Linguistica Antverpienia, New Series-Themes in Translation Studies*，以及 *Translator*，所占比例共计 52.63%。62 种期刊分布在九个学科领域，其中语言学（Linguistics）占第一位，比例高达 51.61%，其他领域为法学（Law）、区域研究（Area studies）、科学史和科学哲学（History & philosophy of science）、犯罪学与刑法学（Criminology & penology）、历史学（History）、交际学（Communication）、信息科学（Information science）以及国际关系（International relations），期刊所属领域直接体现了法律翻译的跨学科内涵属性及研究视角。

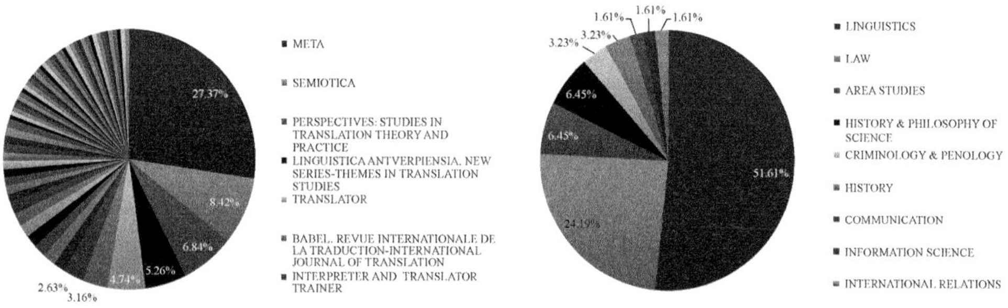

图 3.13　国际法律翻译文献期刊分布及研究领域分布

① 翻译学期刊 *Perspectives: Studies in Translatology* 于 2017 年第 1 期更名为 *Perspectives: Studies in Translation Theory and Practice*。

为了进一步研究法律翻译的发展历程，本研究采用 AntConc 3.4.4w 对文献的题目、关键词以及摘要进行 N 元分析（N-gram size：2—5），以五年为一个时间分区，分别筛选出热点研究内容，前一时间分区出现过的、完全相同的词语在后一时间分区不再列出，以便详细梳理法律翻译的发展进程，括号内为出现的频次（如表 3.1）。

表 3.1　　国际法律翻译研究内容历时发展

时间分区	N 元
1979—1985	legal language（2）；legal translation（2）；bilingual（2）；co-drafting（1）；cultural dimension（1）；dilemma of translators（1）；legal discourse（1）；terminology（1）
1986—1990	—
1991—1995	activity of interpretation（2）；court interpreters（2）；court interpreting（2）；legal interpreting（2）；moral dilemmas（2）；professional status（1）；legal dictionaries（1）
1996—2000	English-Chinese（3）；university（2）；legal translation in Spain（2）；cultural barriers（1）；international arena（1）；judicial translation（1）；legal concepts（1）；legal tradition（1）；professional associations（1）
2001—2005	common law（9）；equivalence（3）；civil law（3）；legal terminology（3）；translator training（3）；legal concepts（2）；legal documents（2）；legal system（2）；legal terms（2）；legal text（2）；legal translators（2）；legal vocabulary（2）；constitutional law（2）；constitutional norm（2）；language equality（2）；simplification（2）；specialist（2）；translation strategies（2）；legislative bilingualism（2）；standardization（2）；official languages（2）；cultural load（2）；environmental law（1）；functional style（1）；pragmatic specificities（1）；semantic compatibilities（1）；specialized translation（1）；statutory interpretation（1）；target audience（1）；undergraduate translation courses（1）；accreditation of court interpreters（1）；adequate translation strategies（1）；ambiguity（1）
2006—2010	corpus（15）；machine translation（9）；corpus-based（8）；legal transplant（6）；trainee（5）；cultural transfer（5）；babel fish（4）；bilingual corpora（3）；courtroom translation（3）；language minority（3）；semiotic approach（3）；legal purposes（3）；minority communities（3）；multilingual law（3）；online machine（3）；parallel texts（3）；terminological equivalence（3）；terminology teaching（3）；legal tts（3）；corpus-driven activities（3）；inter-lingual uncertainty（3）；translation services（3）；explicitation and implicitation（2）；foreignization（2）；linguistic uncertainty（2）；syntactic differences（2）；textual organization（2） substantive law（2）；translation of judgments（2）；thematic structure（2）；translations as evidence（1）；corpus-based teaching（1）；interdisciplinary studies（1）；Bourdieu's economy of practice（1）；ambiguity and vagueness（1）；language manoeuvrability and translation accuracy（1）；legal genre（1）；plain language approach（1）；semantic equivalence（1）；parallel corpora（1）

续表

时间分区	N 元
2011—2015	comparative law（9）；witness testimony（9）；intralingual translation（8）；gender equality（7）；international law（7）；copyright law（6）；refugee status determination procedures（6）；language use（6）；translation competence（6）；deontic modality（6）；intercultural communication（5）；international arbitration（4）；non-sexist language（4）；WTO legal texts（3）；agreements and contracts（3）；legal translation classroom（3）；professional realism；property laws（3）；sociosemiotic approach（3）；obligation and permission（3）；static equivalence（3）；supranational law（3）；terminological entries（3）；textual fit（3）；terminology management（2）；corpus-based phraseological（2）；multilingual lawmaking（2）；arbitral proceedings（2）；comparative legal analysis（2）；conjunctive cohesion（2）；lexical and morpho syntactic variability（2）；target law（2）；translation process（2）
2016—2017	cultural discrepancies（7）；ottoman code（6）；expert knowledge management（4）；translator's notes（4）；phraseological variation（4）；judicial thinking（3）；knowledge management systems(3)；lawmaking through translation(3)；contrastive analysis（2）；culture specific challenges（2）；didactic materials（2）；empirical literature（2）；empirical study（2）；legal polysystem（2）；linguistic constraints（2）；linguistic features（2）；penal code（2）；terminology and phraseology（2）；ideational function（2）；translated law（2）；trilingual parallel corpus（2）；on-line training（1）；web-based tools

1979—1985 年文献主要集中在 *Meta* 第 24 卷第 1 期，根据加拿大法律翻译的现实需要，从法律语言、法律词汇等角度分析了法律翻译的特殊性，并探讨了双语制度、共同立法等机制的可行性。如 Covacs（1979）提出“共同起草”策略（la corédaction/co-drafting），以期解决加拿大双语制度下法律翻译的问题。1991—1995 年的文献对法律翻译研究不断深入，新兴研究热点主要有两个方面：一是翻译研究拓展到口译领域；如法庭口译及口译道德等相关研究，一是对双语/多语法律词典的探讨，如 Šarčević（1991）提倡通过语境判断、描述对等翻译、借用新词等方法，重新定义法律辞典中的意义。1996—2000 年法律翻译文献开始转向法律传统、法律文化方面的研究，探讨社会文化因素对法律翻译的影响。2001—2005 年期间，法律翻译的研究内容不断细化，如法律术语（Gémar，2002）、文化载体（Terral，2004）、功能语用翻译等。另一方面，学者对具体的部门法翻译展开研究，如 Krieger（2002）研究了环境法律词汇及词典制定的方法，认为语篇、语用及具体的知识领域会影响术语的认定以及术语翻译问题的解决。

2006—2010 年期间的文献出现了新的特点。研究方法方面，语料库开始进入法律研究的视野，在法律翻译教学（Monzó Nebot，2008）、术语挖掘（Biel，2008）、翻译语言特征（Trebits，2009）、翻译记忆与语料库（Castillo，2009）等方面均有探讨。理论方面，法律翻译研究探索的角度更为多元。Cheng & Sin（2008）基于对香港法律文本的研究，从符号学视角提出翻译语义三角模型，从理论角度解决了法律对等困难；Fishman（2006）从证据科学的视角，探讨了对话录音、对话转写中的翻译问题，认为翻译过程掺杂一定主观因素，因此 Fishman 建议将这类录音、转写的翻译认定为“专家意见证言”（expert opinion testimony）（Fishman，2006：503）。Monzó Nebot（2019）从社会学角度探讨了法庭口译员的职业困境。

2011—2015 年法律翻译文献反映了该研究领域不断细化，翻译理论的学科交叉属性凸显。Felici & Pal（2012）从信息理论视角探讨了欧盟平行法律文本的构建规范，结果表明，尽管从理论上来说欧盟平行立法文本具有相同的意义和效力，但语言规范程度却不相同。Zitawi & Abdel Wahab（2014）探讨了国际仲裁程序中证人证言的翻译问题，进一步阐释了将翻译作为语言证据的理论框架。另一方面，学者们对法律翻译研究体系进行反思，如 Prieto Ramos（2014a）在梳理法律翻译研究范畴的基础上，建议明确法律翻译研究地位，提出建立法律翻译学科。2016—2017 年国际法律翻译文献在已有研究基础上进一步拓展，通过语料库、知识库等数据密集型的方法，对法律翻译对等研究等进行新的探索。Bestue（2016）探讨了数字化多语语料库对法律翻译的影响，并阐述了译者利用互联网资源确定法律术语的方法。Borja Albi & Garcia-Izquierdo（2016）介绍了法律翻译专业知识管理系统、基于语料库的术语提取方法、刑事法庭电子资源对翻译实务的作用，认为基于网络的专业信息管理系统，可为译员提供概念、语篇等方面的综合翻译信息。Cheng，Gong & Li（2017）从文化差异的角度探讨了法律术语的对等问题，并结合语料库的方法，探讨了刑法术语翻译的概率性特征。综上所述，自 1979 年 *Meta* 首次设专刊探讨法律翻译研究范畴及研究问题以来，法律翻译研究已初现学科体系。法律翻译研究肇始于双语制法律体系下的现实翻译需求，不断吸收借鉴比较法学、翻译学、语言学、法理学等研究方法与研究视角，充实本研究视角。

3.3.2.2 国内法律翻译研究发展

为保证研究所用数据质量，笔者将数据来源限于中国知网 CSSCI、核心数据库期刊等文章。首先在中国知网数据库中 CSSCI、核心数据库以主题“法律翻译”“法律口译”进行模糊检索，获得 271 条数据，并通过人工手段对文献进一步筛选，并剔除会议通知、节选翻译等与研究内容无关信息，对文献进行除噪处理，获得 1992—2017 年数据共计 259 条。为研究新中国成立以来我国法律翻译的总体面貌，笔者对 1991 年以前的文献，以“法律翻译”“法律口译”为主题进行模糊检索，数据库条件设为不限，获得 117 条数据，并对数据进行除噪，获得数据 31 条。共计获得文献时间跨度为 1956—2017 年的数据 290 条，最后更新时间为 2017 年 12 月 16 日。

由于 CNKI 数据库中没有提供被引文献信息，因此不能进行共被引文献、共被引作者等分析。采用 CiteSpace 对国内法律翻译文献进行共现词分析，得到共现词网络（Network：N＝581，E＝1358），图 3.14 为共现词网络最集中的部分。

图 3.14　国内法律翻译文献共现关键词网络

如图 3.14 所示，国内法律翻译研究主要集中在法律翻译、翻译、法律语言、法律术语、法律文件等方面，对该共现词网络进行聚类分析（Modularity Q＝0.9033；Mean silhouette＝0.7717），该网络社团结构显著，聚类合理。这表明国内法律翻译文献共现词网络组块性较好，热点研究问题之间相互联系。图 3.14 中的节点颜色和连线颜色可区分不同时期的研究重点。例如，早期法律翻译集中在近义词辨析（李文阳，1994；杨颖浩，1998）；近期国内法律翻译文献涉及法庭口译与权力（赵军峰、张锦，2011）、法律史（屈文生，2014）、平行语料库（王子颖，2013；蒋婷、杨炳钧，2013）等方面。为了进一步厘清国内法律翻译文献，笔者从语料库的视角对数据进行进一步分析，以探索国内法律翻译研究的发展历程。

图 3.15（左）为国内法律翻译文献年度期刊发表数量，图 3.15（右）为以五年为一个时间分区的发表期刊的数量，鉴于文献的具体分布情况，1956—1980 为一个时间分区，2016—2017 年为一个时间分区。

从图 3.15（左）中可以看出国内法律翻译文献呈波动性上升的趋势，但与国际的数据情况相比，国内有关期刊并没有专刊对法律语言进行集中探讨。国内法律期刊文献于 1998 年出现第一次高峰，并于 2003 年后呈现波动性上升趋势，2013 年达到顶峰。图 3.15（右）显示，2005 年之前每个阶段法律文献数量增长较为缓慢，2006—2010 年、2011—2015 年两个阶段较前一段均有显著增长，从 2006 年起，我国法律翻译研究已经逐渐形成规模。

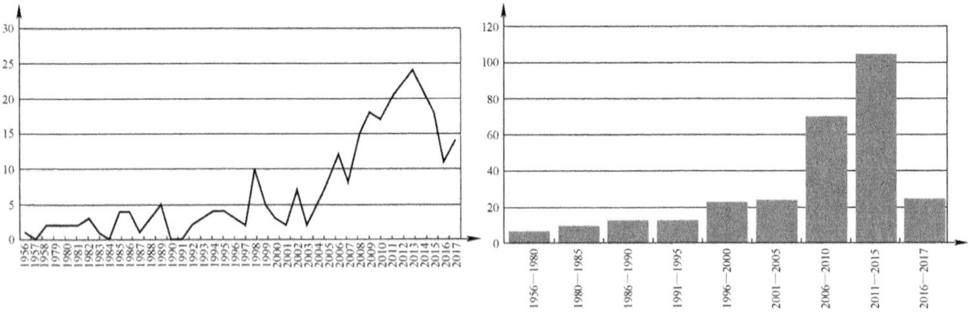

图 3.15　国内法律翻译文献发表数量

图 3.16 为国内法律翻译文献发表期刊及研究领域的分布情况，图 3.16（左）为文献发表所在期刊，图 3.16（右）为国内法律期刊文献所属的学科领域。本节考察的 290 条文献分布于 106 种学术期刊，并分布于语言学、法学、高校综合性学报等 11 个门类。文献发表所在期刊排行前五位的，分别为《中国翻译》《上海翻译》（原名《上海科技翻译》）、《外语学刊》《语言与翻译》以及《河北法学》，所占比例为 43.79%；期刊所在研究领域中，语言学占第一位，比重达到 54.13%，其他为高校综合性学报，法学，综合性社科期刊，图书馆、情报与文献学，教育学，历史学等，总体分布情况与国际法律翻译文献相当，一定程度上体现了国内外法律翻译研究的跨学科属性。

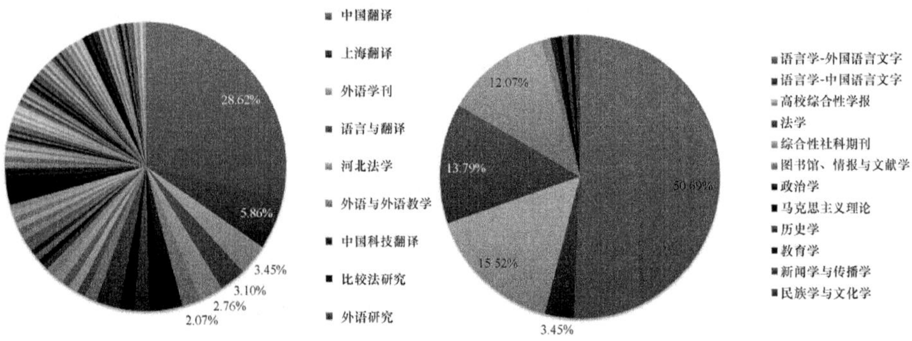

图 3.16　国内法律翻译文献期刊分布及研究领域分布

本研究采用 Sagtag 软件对文献标题、关键词及摘要进行分词处理，仍以五年为一个时间分区，采用 AntConc 3.4.4w 对分词后的数据进行 N-gram 分析（N-gram size：2—5），分别筛选出热点研究区域和研究内容，前一时间分区出现过的、完全相同的词语在后一时间分区不再列出（如表 3.2）。

表 3.2　　国内法律翻译研究内容历时发展

时间分区	N 元
1956—1980	法学 翻译（3）；法学 著作（3）；东南亚 国家（2）；法学 词典（2）；社会主义 国家（2）；译名 统一（2）；苏联 法学 著作（2）；字面 翻译（1）
1981—1985	法律 词汇（6）；法律 文件（5）；法律 翻译（4）；传教士（2）；万国 公法（4）；罗马法系（1）；英 美 法 系（2）；大陆 法 系（2）；英国 法（2）；美国 法（2）；丁韪良（2）；音译 法（1）；翻译 人员（1）
1986—1990	专利 文摘（6）；法律 英语（4）；hereto thereto（4）；法律 词典（4）；少数民族 当事人（3）；贸易 合同（3）；香港 翻译 界（2）；译文 质量（2）；翻译 问题（2）；宪法 英译（2）；诉讼 参与人（2）；曲译（1）；死译（1）；对应 词（1）；法律 术语（1）
1991—1995	司法 翻译（3）；自治区 人民 代表大会（3）；国际 形象（2）原文 不符（2）；国际 公约（2）；地方性 法规（2）；对外开放 政策（2）；法律 权利（2）；香港 基本法（2）；民族 语言 文字（2）；法律 英 译（2）；口译 工作（2）；对等 翻译（1）；可 译 性 限度（1）
1996—2000	知识 产权（7）；澳门 法律（4）；修辞 手段（3）；澳门 法律 本地化（3）；合同 翻译（3）；国际 标准（3）；法律 文体 翻译（3）；法律 本地化（3）；法律 用语（3）；西塞罗（4）；固定 词组（2）；国际 惯例（2）；非正式 法律 语言（2）；国际 法规（2）；戒 望文生义（2）；法律 文化 差异（2）；术语 翻译（2）；民族 色彩（2）；汉语 习惯（2）；汉语 成语（2）；翻译 失真（2）；翻译 方法（2）；语法 关系（2）；语言 修养（2）；语言 特征（2）；语言 规范（2）；省 译（1）；增 译（1）；并列 结构（1）；翻译 原则（1）
2001—2005	法律 文本（12）；物 权（10）；文本 类型（6）；新 词语（6）；涉外 民事 诉讼（6）；翻译 理论（5）；陈忠诚（5）；中国 近代 法学（4）；法制 近代化（4）；功能 翻译 理论（3）；条 款 项 目（3）；近义 和 同义词（3）；词源（3）；德国 民 法典（2）；交际 行为（2）；文本 功能（2）；创造性 法律 翻译（1）；上下文（1）；WTO 法律（1）；债权（1）；晚 清（1）；主动性 和 自由度（1）；共同 起草者（1）；法律 概念（1）；翻译 策略（1）

续表

时间分区	N 元
2006—2010	语用 充实（8）；公 示 语（7）；古代 法律（7）；法律 语 篇（5）；人称 指示 语（6）；法律 语言 研究（6）；情态 动词（6）；法律 意识（6）；精确性（6）；法务 翻译（5）；法学 研究（5）；法律 翻译者（5）；法律 翻译 教学（5）；唐律（5）；专利 说明书（4）；中国 法律（4）；翻译 实践（4）；Susan Sarcevic（4）；言语 行为 理论（4）；模糊性 法律 语言（3）；翻译 职业化（3）；翻译 过程（3）；静态 对等（3）；法律 英语 专业（3）；法律 言语 行为（3）；海事 法律 法规（3）；源 语 语义（3）；法律 平行 文本（2）；法律 专业 意义（2）；专业 行话（2）；司法 公正（2）；司法 审查（2）；语用 翻译（2）；法律 文化 融合（2）：语 篇 翻译（2）；法律 论证 原理（2）；法律 移植（2）；简明 作文 原则（1）；shall must 和 may（1）；人才 培养（2）：立法 语言（1）
2011—2015	法律 翻译 教材（13）；法律 渊源（12）；隐喻（11）；法庭 翻译（10）；平行 语料库（9）；翻译 史 研究（9）；统一 与 规范化（8）；共同 起草（7）；司法 改革（7）；大 清 律 例（7）：不可 译（5）；南京 条约（5）；地方性 法规 规章（5）；对比 研究（5）；英语 增强 语（5）；语 域（5）；语 际（5）；功能 语言学（4）；双 语 法律（4）；少数民族 语言 庭审 翻译（4）；我国 法庭 口译（4）；法庭 口译员（4）；法庭 口译 机制（4）；法律 翻译 职业 准入 制度（4）；地方性 法规 规章 翻译（3）；增强 语 的 语义 属性（3）；平行 文本（3）；文化 强国 战略（3）；程式 语 搭配 特征（3）；翻译 教材 编写（3）；蒙古国 卫拉特 法典（3）；译介 与 传播（3）；语用 修辞（3）；语用 功能（3）；where 和 if（2）；关联 论（2）；刑事 判决书（2）：我国 法庭 翻译 制度（2）；深层 语义（2）；目的 法律 语言（2）；套语 词（2）；英国 成文法 语料库（2）；英译 显 化（2）；解释性 翻译（2）
2016—2017	翻译 能力（12）；互 文 性（10）；翻译 硕士（7）；多义性 普通 词语（6）MTI 法律 翻译（3）；概念 迁移（3）；社会 符号学（3）；语义 三角（3）；仲裁 法（2）可比 语料库（2）；望 厦 条约（2）；的 字 结构（2）；误 译（2）；多维度分析（2）

表 3.2 显示了国内法律翻译研究的发展历程。可以看到 1956—1980 年间的文献已经对法律翻译有了初步探讨。这一阶段文献以引进介绍法律著作翻译为主（陈中绳，1956；康树华，1980），并对译名统一有了初步探讨（杨祖希，1980）。1981—1985 年，法律翻译研究主要集中在汉语译名翻译，如陈中绳（1983）提出用音译法解决法律概念缺失问题；杨祖希（1982）结合大陆法系与英美法系的差异探讨法律译名翻译。1986—1990 年，法律翻译研究有了进一步扩展，文献对香港译界、法律词典编纂（陈毅光，1989；陈中绳，1989），部门法翻译（陈忠诚，1986，1988；李世斌，1988）、诉讼过程中少数民族语言翻译（赵子明，

1989；王祺国，1986）等问题有了初步探讨。1991—1995 年期间的文献对香港双语立法（张学仁，1992），法律翻译现状与问题（陈中绳，1993）、可译性及其限度（但汉源，1995）做了进一步探讨，并对少数民族语言法律口译和语言权利（杨春富，1995）展开研究。1996—2000 年国内法律翻译文献逐渐增多，法律翻译问题研究进一步细化，文献对法律语言（朱定初，2000；李德渊，1999）、法律术语（金朝武、胡爱平，2000）、汉语特征（赵德玉，1998）、法律翻译原则（熊德米、陈常青，2000；陆汶逊，1998）等都有探讨，但该阶段研究方法未见明显突破，仍主要停留在以个别词汇案例为基础的内省式研究。

2001—2005 年法律翻译文献又涌现出新的特征，对词义辨析（傅伟良，2003）、交际行为（杜金榜、张福、袁亮，2004）、"主动性和自由度"，以及"共同起草者"（黄巍，2002）等方面的探讨，反映了译者能动性在法律翻译中的作用；文献进一步从法学角度对部门法法律概念探索（傅伟良，2002；董万程，2004）。蒋婷（2005）首次阐述了法律平行语料库的作用，认为语料库可用于法律翻译及法律语言研究。

2006—2010 年、2011—2015 年及 2016—2017 年法律翻译文献的研究领域更加多元，与国际文献的情况相近，呈现出学科交叉的属性，体现了法学、语言学及翻译学相互交织的特点。在法律翻译史（屈文生、石伟，2007；屈文生，2013；王骞，2015）、法律翻译理论创新（李克兴，2010；董晓波，2014）、法律移植（谢耿亮，2009）、文体特征（王岩、吴丽萍，2010；孙钰岫、Matulewska，2017；牛洁珍、王素英，2010）、法律术语翻译（刘法公，2013；张平华，2013）、法律翻译人才培养与规范（梁丽、李丽辉，2014；李晋、董晓波，2015；马庆林，2017）、法律口译（朱波、高虹，2015；吴远宁，2016）、语料库法律翻译研究（秦平新，2011；王子颖，2013；张美芳、潘韩婷，2014）等方面都取得一定进展，如王骞（2015）考察了法律英语隐喻，认为隐喻在法学中的创制、阐释和推理功能以及法律隐喻和一般隐喻的区别。邱能生、王青梅（2016）以我国合同法及其英译本为例，从文化互文性、构成互文性和显著互文性三方面对立法文本的互文性进行分析。但研究范式主要以内省式的、规定性的探讨为主。部分学者虽借鉴语料库的研究方法，但多以规定性研究为主，少有文献借鉴描写语言学的理论框架研究法律翻译语言的本体特征。如秦平新（2011）运用语料库方法对法律英语增强语的语义属性和词语搭配进行调查，区分了不同增强语的搭配特点。孙钰岫、Matulewska（2017）基于英译立法文本语料库和立法文本原创语料库，采用 Biber（1991）多维度分析法探讨了英译立法文本和美国立法文本的语言特征差异。

3.4 本章小结

回顾早期法律翻译发展情况，我们可以了解到通晓顺畅的翻译已在法律翻译实践中受到认可，这为我们进一步展开法律研究与实践提供了启示。通过梳理国内外法律翻译文献，我们可以看到法律翻译的研究阵地主要以 Šarčević（1997）、Cao（2007）为基础，翻译方法上主要体现在两个方面：一是 Nord（1997）翻译功能理论；一是 Engberg（2013）比较法思想。借助 CiteSpace 可视化技术及语料库的研究方法探讨当代中外法律翻译研究情况，我们了解了法律翻译的主要研究议题及发展脉络。从文献梳理的情况来看，法律翻译作为专门用途翻译的一个重要的组成部分，现已逐渐发展为具有学科体系特征的研究领域。本研究认为法律翻译研究与发展可总结为两条路径：一是法律翻译实践与翻译原则的相互作用；一是法律翻译观从一般到特殊再到一般的转变。

第一条路径表现为，法律翻译是从翻译实践出发的，从实践中归纳出翻译原则，再由翻译原则指导翻译实践，翻译实践不断修正翻译原则的过程。国内外法律翻译研究皆肇始于现实需要：国际文献研究始于解决加拿大双语法律体系所涉及的语言和翻译问题，国内当代法律翻译研究的起点是介绍苏联法律制度，促进我国法律制度发展。法律翻译基于具体的翻译实践问题，总结归纳出法律翻译原则，指导法律翻译实践。随着社会经济的发展需要，法律翻译的研究范畴不断扩大，研究内容不断细化，如难民语言权利（Gibb & Good，2014：385）、超国家法律体系构建（Prieto Ramos，2014b：313）等，法律翻译原则及其理论也随着具体翻译情景会不断分化、细化、更新、发展。

另一条路径表现为，法律翻译的翻译观及研究方法的发展是一个从一般走向特殊，又从特殊走向一般的过程。众所周知，法律翻译是专门用途翻译的一个领域。但是，早期法律翻译的发展历程表明法律翻译并没有与其他类型翻译区分开来：从国际情况来看，法律翻译最初与《圣经》翻译紧密相关；从国内情况来看，我国法律翻译的实践路径与自然科学等其他非文学翻译尚无明显区分，践行着相同的翻译原则。随着法律翻译不断发展，学界从法律文本的特点和功能出发，强调法律翻译的特殊性，如 Šarčević 指出法律翻译是“法律机制范畴内的交际行为”（Šarčević，1997：viii），学者相继围绕法律语言特点、法律术语专业性、法律文件与社会制度相关等方面，将法律翻译的方法、原则等与其他翻译类型区分开来，借鉴法律解释学、比较法学的研究方法树立自己的研究范式，法律翻译因此也逐渐成为专门用途翻译中最具代表性的领域之一。但法律翻译的研究路径又不断借鉴语言学、社会学、翻译学的研究方法，在研究路径上并未完全区分其专有特征。随着科学技术的发展，语料库语言学、认知语言学逐渐进入翻译学的视野，翻译研究学者也采用语料库、心理学实验等研究方法，研究翻译语言特征，讨论翻译过程。法律翻译学界也尝试其他翻译领域的研究方法探讨翻译问题，如 Hjort-Pedersen & Faber（2010）基于有声思维法（think-aloud protocols）考察母语为丹麦语学生的法律翻译过程。Mellinger（2017）采用语料库的方法探讨了美国各州辩护律师弃权书的翻译情况，评价了法律语境下英语—西班牙语的语言差异对辩护律师弃权书翻译的影响。

总而言之，法律翻译研究的发展与其相关学科语言学、翻译学的研究发展紧密相关。法律文本的特殊性并未使得法律翻译研究成为孤立的殿坛，相反，法律翻译研究不断借鉴其他研究，更新、充实自身研究体系。近十年来，语料库的研究方法逐渐走入法律翻译研究视野，相比起最初内省式的法律原则的探讨，语料库可以更好地呈现法律翻译的实际情况，下一章将着重阐述基于语料库/语料库驱动的法律翻译研究。

第 4 章

基于语料库/语料库驱动的法律翻译研究

4.1 引言

语料库翻译学发端于 20 世纪 90 年代初，但由于当时法律语言、翻译研究学者大多延续传统的直觉和内省法进行法律翻译研究，法律翻译语料库研究及语料库建设起步较晚，在最近十年才为国内外学界所关注。三部影响力较大的法律翻译英文专著《法律翻译新探》（*New Approach to Legal Translation*）（Šarčević，1997）、《法律翻译解析》（*Legal Translation Explained*）（Alcaraz & Hughes，2002）、《翻译法律》（*Translating Law*）（Cao，2007）并没有对语料库的研究方法进行深入探讨，而 Cao（2007）只用了一个章节简短地介绍了计算机辅助翻译工具（Biel，2010：6）。基于语料库的法律翻译研究最早集中在法律翻译教学与实践。1999 年，西班牙海梅一世大学法律翻译研究小组（Grup d'Investigació en Traducció Jurídica，GITRAD）首次建立面向翻译实践的英语—西班牙语法律语料库，旨在方便学生认识法律文本，提升翻译技巧（Monzó Nebot，2008：226），该语料库逐渐发展为西班牙语—加泰罗尼亚语—英语法律语料库（Corpus de Documents Jurídics，CDJ；the CDJ-GITRAD），这为译员了解源语、目的语法律文本类型及不同语言之间的差异提供了诸多参考（Borja Albi，2000，转引自 Borja Albi，2008：262），该语料库后发展为 GENTT 专门用途多语语料库的法律子语料库。

根据 Web of Science™ 核心合集以及 CSSCI 数据库中可检索到的文献，蒋婷（2005）最早以研究为目的提出建立法律平行语料库，认为语料库可用于法律语义学、法律句法学、法律篇章分析、法律翻译等研究。蒋婷认为在法律术语选用、习惯搭配方面，借助平行语料库比依赖传统资源（如只靠词典）更可靠（2005：97）。Monzó Nebot 讨论了语料库驱动的学习活动，详细阐述了源语语料库、目的语料库、平行语料库驱动的翻译课堂教学活动设计（2008：231－243），认为基于语料库的训练有助于学员了解法律文本特征和法律体系差异。2010 年以后，语料库法律翻译研究在语言特征、法律概念辨析、翻译规范、翻译实践与教学等方面均有初步探讨。Biel（2010）讨论了将语料库的方法用于法律译员培训和翻译研究的可能性，梳理了单语语料库、可比语料库、平行语料库在法律语言研究中的应用，借助 Baker（1993，1996）关于翻译共性的框架，分析了显化、简化、范化、消歧等假设在法律翻译中印证的可能性，并结合翻译共性提出法律翻译中的“文本适合性”（textual fit）假设。Biel & Engberg（2013）梳理了法律翻译研究方法，指出基于语料库法律翻译研究是该领域最重要的变化趋势之一。目前，基于语料库的/语料库驱动的法律翻译研究主要集中在法律翻译实践与原则、法律翻译语言特征及翻译共性等方面。

4.2 法律翻译实践与原则

基于语料库的法律翻译的探索的重心之一是翻译实践与人才培养。Monzó Nebot（2008）研究在市场压力推动下，法律翻译专业人员借助计算机辅助工具和其他专用电子资源展开翻译实务的情况。该研究基于语料库的翻译培训方法的调查，系统讨论了语料库驱动的活动和基于电子语料库的工具对于法律翻译培训的有效性，研究结果表明，基于语料库的法律翻译培训对于受训人员识别文字形式及如何跨语言和法律体系进行转移有帮助。该研究提出了一个语料库驱动的翻译教学活动框架，可促使学生积极进行自我学习管理。孙鸿仁、杨坚定（2010）介绍了中国法律法规汉英平行语料库（Parallel Corpus of China’s Law Documents，PCCLD）创建过程，该语料库可以为法律语言研究、翻译实践和翻译教学提供内容丰富的研究资源。吴苌弘（2014）在总结法律翻译教学实践困境的基础上，结合翻译教学的发展趋势，认为可以借鉴中国法律法规语料库（PCCLD）和法律检索数据库等信息化手段，为法律翻译教学困境提供解决方案。Garcia-Izquierdo & Conde（2012）初步调查了法律翻译译员等职业译者使用语料库等电子文件资源的情况，结果表明，相比较纸质资源、专家咨询两种参考方案，职业译者倾向于选择电子文件资源，然而法律职业译员在术语数据库、同义词以及翻译记忆资源的使用频率略低于其他译员（2012：145）。Borja Albi（2013）、Borja Albi & Garcia-Izquierdo（2016）介绍了法律翻译专业知识管理库“JudGENTT 平台”（the JudGENTT platform）的建设和使用，该库由西班牙语、法语、英语以及德语四种语言的刑事法庭程序文件构成，旨在提高翻译准确性和翻译效率。鉴于传统确定翻译对等的复杂性和不确定性，Borja Albi（2013）介绍了由 GENTT 研究小组开发的一项关于多语言管理法律文件翻译的行动研究项目，该研究认为“语类”“语类系统”和“元语类”等概念可以用来构建获取和访问文本的有力工具。该研究从法律概念、话语文本及术语的角度分析和描述了四个国家（德国、西班牙、法国和英国）的刑事法院体裁系统，除了法律翻译研究，该系统也用于翻译人才培养，助力法律翻译实践，其数据结果已被用作创建法律翻译资源（包括法律概念和法律语言特征），供法律翻译人员使用。Borja Albi & Garcia-Izquierdo 探讨了通过“基于数据库的比较分析法”（Borja Albi & Garcia-Izquierdo，2016：229）解决法律翻译的术语概念对等问题。

语料库为法律翻译实践提供了充实的语言资源，学者们在分析语料的基础上讨论法律翻译原则，为翻译实践提供参考。例如秦平新（2011）基于中国法律法规语料库（PCCLD），考察了增强语“absolutely”的语义属性及其搭配，认为法律英语中增强语的使用有别于通用英语，译者需要注意两种依存类型的差异。胡道华、蒋长刚（2016）基于中国法律法规语料库（PCCLD），区别了“的”字结构的“自指”意义和“转指”意义，探讨了立法条文中“的”字结构的翻译策略。Andrades（2016）自建英语—西班牙语双语可比语料库，分析了英国法律文本中惯用成对近义词（binomials）的特征，探讨了英语、西班牙语法律文本的短语翻译单位，提出法律文本短语结构对等分类及具体翻译方法。程乐、宫明玉、李俭（2016）从社会符号学视角出发，自建香港高等法院上诉法庭判决书中英平行语料库（HKJ），探讨了“threat/threaten”及其汉语源语中对应的法律概念，结果显示，源语中包括“恐吓”“威胁”“要挟”等不同对等词汇，存在法定意义与社会意义的区分。彭楚秋、陶友兰（2017）以“调解”（mediation）翻译为例，分析了该术语在作为名词、动词及其他术语构成成分的英译表达，针对中国法律英译过程中出现的术语译名不统一的问题，提出建立统一的中国法律术语管理系统。

4.3　法律翻译语言特征

基于语料库的法律翻译语言特征研究主要集中在局部语言特征辨析，其中包括被动语态、情态动词翻译形式等。Knežević & Brdar（2010）建立了 2.3 万词小规模法律语料库，对比研究了源语（克罗地亚语）和目的语（英语）法律文本中被动语态，认为句式结构的变化不一定会引起句子主题变化。Felici & Pal（2012）自建 86 万字英、法、德、意欧盟立法文本平行语料库，从信息熵角度探讨了四种法律次语类（法规、法令、决定、法律建议）情态动词的分布差异，结果表明英文“shall”“must”“may”译成其他语言时，可能出现多种语言形式，规定性语言特征因立法文本类型的不同而不同，法律强制性力越高的立法文本（如法规、法令）的语言标准化水平越高，其所包含的信息熵越低（2012：200）。

蒋婷、金雯（2012）自建 100 万词的中国立法语言平行语料库以及英国成文法对比语料库，对“shall”“may”等九个情态动词的使用频率进行分析，结果表明其分布情况区别于英国成文法语料库，认为我国英译法律文本过度强调“shall”的使用，过度凸显了法律的强制性，“may”的使用上有所欠缺，忽略了对法律法规的授权性。王子颖（2013）基于中国法律法规汉英平行语料库（PCCLD）的内地和香港汉英平行语料库分析了两个不同法域的“shall”“may”及其否定形式的分布，认为“shall”和“may not”被过度使用。蒋婷、杨炳钧（2013）基于中国法律法规汉英平行语料库（PCCLD），根据 Halliday 情态量值理论，对情态词进行人工标注，在实现词对齐的前提下探讨中国立法语篇情态操作语的英译问题，认为中国立法语篇翻译存在滥用“shall”及翻译不一致现象，指出译文应当以法律对等为首要原则，最大限度地传递法律法规的统一性。Goletiani（2015）探讨了乌克兰语欧盟法规的义务情态的分布情况，结果表明，乌克兰语的词汇、形态句法变化程度高，影响了义务情态动词翻译，而从历时角度来看，义务情态动词的翻译对等也逐渐固定，主要译为“povynen + 不定式”以及“maty + 不定式”。翻译语言特征研究也涉及其他方面，Saridakis（2013）自建英语—法语—希腊语平行语料库及英语—希腊语参考语料库，结合批评话语理论，阐述了国际法的概念演变与词汇形式变化的问题，基于语料库历时分析显示，在国际法领域内，希腊法律词汇出现英语化倾向（2013：209）。Pan（2014）对比自建招股章程翻译语料库及立法翻译语料库，发现不同语料库中连词分布不同，认为这主要源于社会文化因素、译者翻译策略等多重因素的影响。Gozdz-Roszkowski（2013）基于自建美国法律多语类语料库（语类包括期刊、教材、立法文本、合同、判决书、辩护状、通知等）探讨了近义术语“breach”“contravention”“infringement”和“violation”的搭配特征、语义的趋近程度，这些术语有重合使用的情况，但也存在区别，研究结果显示，基于语料库的语义搭配限制可以辨析有效近义词的歧义。Sun & Cheng（2017）借助自建可比语料库，采用多维度分析的方法，对中文立法英译本与美国立法文本相比较，分析两者在非叙事性、非语境性、说服性、信息密度方面的差异。

4.4 法律翻译中的翻译共性

翻译共性是语料库翻译学的核心议题，从“翻译共性”视角探讨法律翻译语言的研究，区别了一般意义上的语言特征对比。目前仅有少部分文献明确采用语料库翻译学框架对法律翻译文本展开研究。Biel（2010）讨论了将语料库翻译学的研究方法应用于译员培训和法律翻译研究的可能性，首次将翻译共性框架引入法律翻译研究。Hjort-Pedersen & Faber（2010）基于对法律翻译学习者翻译语料研究，认为法律翻译中均会出现的显化以及隐化特征，显化表现为添加信息、详细化倾向，隐化表现为信息减少的倾向。Biel（2014）探讨了波兰语欧盟法律与波兰原创法律的义务情态分布特征。结果表明，波兰语欧盟法律中义务情态分布直接反映了源语义务情态分布特征，不符合波兰立法惯例，研究认为波兰语欧盟法律没有出现范化趋势，反而是波兰语法中出现“欧化”语类，影响了本民族语的语体风格（Biel，2014：332）。张美芳、潘韩婷（2014）自建香港招股章程、香港立法文本两个小型平行语料库，从逻辑构建角度探讨了法律文本连词翻译，结果显示，招股章程翻译（汉译英）倾向于隐化原文连接关系，而立法文本翻译（英译汉）倾向于显化原文隐含的逻辑连接关系。宋丽珏（2015）基于自建 200 万法律翻译语料库和英国国家语料库法律子库（BNC Law），对法律翻译语言和原创语言的程式语搭配特征进行考察，通过词频分析和卡方检验发现，我国立法翻译文本类连接种类扩大，呈现复杂化特征，高频程式语出现非典型搭配，呈现异常化现象。Vesterager（2017）设计西班牙语译为丹麦语法律翻译的实验，研究西班牙语译成丹麦语的判决书是否呈现显化特征，专家译员与非专家非专家之间是否存在可见性差异。该研究涉及五位专家和五位非专家的十种丹麦语译本。从总体上来看，十位译员都采用了相对保守的翻译方式，有 14%的源语文本信息呈现显化特征，具体体现在名词化、被动、法律体系相关术语和短语省略等方面，该研究结果也表明，专家译员比非专家译员运用了更多的显化策略：专家译员对信息的显化处理占 61%，而非专家译员占 39%。以上有关法律翻译共性的研究为法律翻译领域注入了新鲜的血液，基于语料库的法律翻译研究可以更好地探讨法律翻译的现实情况，为现有法律翻译原则提供补充。

4.5　本章小结

本章梳理了基于语料库/语料库驱动的法律翻译研究现状，相关领域文献主要从法律翻译实践与原则、翻译语言特征研究两个方面展开，仅有少部分文献以描写翻译学的视角分析法律翻译事实。近十年来，语料库的研究方法逐渐走入法律翻译研究视野，相比起最初内省式的法律原则的探讨，语料库可以更好地呈现法律翻译的真实样貌。但国内部分研究的翻译观本质上依然沿用规定性路径或指摘式路径探讨法律翻译，主要依据现有翻译原则批评语料库中的翻译检索案例，或者采用检索到的案例，佐证现有翻译原则，缺少对法律翻译本体的探讨。换言之，部分学者只是将语料库作为传统翻译翻理论研究的辅助手段，研究重点更多地集中在法律术语、固定句式、翻译策略等方面，停留在为传统意义上翻译学研究提供例证支持。

毫无疑问，传统译学的研究视角为法律翻译研究与发展奠定了坚实的基础，同时为法律翻译实践、法律文化走出去提供了强有力的支持，但我们也需要看到，现有法律翻译研究主要集中于法律翻译文本的理想状态规定性展望及理论阐述。从 Holmes（2000［1972］）翻译学理框架出发，法律翻译理论构建也应涵盖对法律翻译文本的实际样貌，特别是对了解法律翻译原则、受过专业训练的译者或翻译团队的法律翻译文本特征的描写，这样有助于我们更好地了解法律翻译过程和其他翻译过程。本书以此为切入点，借鉴语料库翻译学的研究框架，系统地探讨法律翻译语言特征。

第 5 章

“法律翻译可见性”研究方法

5.1 总体原则

为了将语料库翻译学研究方法用于法律翻译研究，笔者建立汉英立法文本平行语料库及英语可比语料库，并在语料库的基础上建立树库，通过具体的语言描写及类比分析，全面讨论源语法律文本、法律翻译文本及目的语原创法律文本在宏观层面、词汇层面、句法层面差异，量化翻译可见性，以期开辟法律翻译研究的新路径。多层标注的平行可比语料资源也为完善语料库翻译学理论框架提供借鉴，为汉英法律翻译实践提供参考。基于语料库的翻译研究一般围绕双语语料库展开，所涉及的语料库主要有翻译语料库（translation corpus）、平行语料库（parallel corpus）、可比语料库（comparable corpus）（王克非，2012：5）。传统翻译研究途径是以原文为参照，探讨原文与译文之间的对应关系，将译文视为原文的衍生物，而语料库翻译学重构译文的地位，重视译文在目的语系统中的独立作用，突破了与原文“对等”的概念，探索抽离于具体翻译情景的翻译共性（universal features of translation）（王克非，2012：6–7）。Baker（1993）最早将译文与目的语原创文本进行比较，采用语内对比的形式，建立了翻译共性的基本概念。近年来，随着翻译共性研究的不断深入，学界为了弥补语内比较的局限性，尝试从语际、语内两个层面进行翻译共性研究（Chesterman，2011）。在译者风格研究中，Baker（2000）关注目的语文本的整体特征，对比分析不同译者多部翻译作品的宏观统计特征，考察译者习惯性的选择结果。结合前人研究，为客观反映法律翻译事实，考察翻译文本、源语文本及目的语原创文本在语言特征方面的差异，本研究建立英汉平行语料库，兼顾了语内、语际两个维度。同时，为控制译者风格的文本内容，平行语料库采取一对二的形式，以便在翻译可见性框架（参见第 2 章图 2.2）下考察译者风格及翻译规范，并配套建设了英语立法可比语料库。汉英立法文本平行语料库由三个子语料库构成：一个汉语源语立法语料库以及两个平行英语翻译语料库，其中两个平行英语翻译语料库的译本分别来自不同的法律法规数据库。英语立法可比语料库选取美国法典（United States Code，USC）及美国联邦条例，英语立法可比语料库的建库规模与英语翻译语料库相当。

在法律翻译研究中将量化描写与质性思辨相结合，充分发挥语料库语言学的优势，从现有法律翻译研究中汲养。参考以往语料库翻译学中考量的可见性指标，"法律翻译可见性"研究尝试从宏观层面、词汇层面、句法层面考察法律翻译可见性特征。宏观层面是从词本身出发，涵盖词汇宏观统计特征，如语料库翻译学的经典指标词汇密度、高频词、罕用词、词簇等。词汇层面主要探讨词汇微观变化特征，着眼于法律翻译文本的具体表述，包括关键词分布差异、语义倾向变化等。句法层面依托自建依存关系树库，考察翻译语言的词与词之间的关系，探讨法律翻译文本句子层面的涌现特征。该语料库也是首个以描写翻译事实为目的所建设的多层标注的法律翻译语料库，立体的建构视角也能为其他类型非文学翻译语料库建设提供借鉴。限于笔者建设语料库的客观条件，该语料库规模不能与国内外大型语料库相比，但该语料库的建立原则为法律翻译语言特征纵深对比提供条件，更为验证翻译共性、译者风格等假设，探索法律翻译规范提供基础。

5.2 语料搜集

建设法律翻译语料库、确定语料代表性及搜集语料是本书的基础之一。法律翻译文本范畴广阔，不仅包括立法翻译，也包括裁判文书、合同等非规范性法律文书以及法学翻译。不同类型的法律翻译之间既存在共同点也存在差异性。立法语言是法律语言的重要组成部分，也是其他法律文本的重要参照，具有鲜明的语言特征，具有较好的代表性。因此，本书的研究对象确定为立法文本翻译，展开语料的搜集与语料库的建设。

我国的立法文本包括宪法法律、行政法规、地方性法规、自治条例和单行条例、国务院部门规章和地方政府规章、司法解释、修正案以及法律解释。结合各类型立法文本的语篇特征及规范化程度，本书语料仅选取宪法法律这一类别作为语料库组建对象，不包含有关法律问题的决定、法律解释等。考虑到法律内容的相对平衡性，法律语料选取 166 部法律，兼顾多个部门法，包括宪法相关法、民法商法、行政法、经济法、社会法、刑法以及诉讼与非诉讼程序法，详细法律列表参见附录一。如上一节所述，该语料库包含三个子语料库：汉语源语立法文本语料库以及两个平行英语翻译语料库。本研究中，两个英语翻译立法文本语料库分别来自北大法宝和万律数据库。这两个数据库所提供的英文译本使用范围广，影响力大，具有较好的代表性。汉语立法文本语料库共计 740 318 词[①]，以下简称“汉语源语语料库（CHN）”，英语翻译立法文本语料库（北大法宝）共计 1 071 922 词，以下简称“英语翻译语料库（PKU）”；英语翻译立法文本语料库（万律）共计 1 124 580 词，以下简称“英语翻译语料库（WL）”。英语立法文本可比语料库选取美国法典以及美国联邦条例，共计 1 335 031 词，以下简称“英语可比语料库（USC）”。英语可比语料库（USC）所选成文法的内容与汉英立法平行语料库的内容相当，所选语料内容兼顾多个部门法，包括宪法、民法、商法、刑法、诉讼法等，具体文本信息参见附录二。汉英立法文本平行语料库以及英语立法文本可比语料库的构成信息以及语料来源如表 5.1。

表 5.1　　汉英立法文本平行及可比语料库构成信息

语料库名称	文本类型	语种	库容	语料来源
汉语源语语料库（CHN）	原创文本	汉语	740 318 词	http://law.npc.gov.cn/FLFG/ksjsCateGroup.action
英语翻译语料库（PKU）	翻译文本	英语	1 071 922 词	http://en.pkulaw.cn/
英语翻译语料库（WL）	翻译文本	英语	1 124 580 词	http://edu.westlawchina.com/
英语可比语料库（USC）	原创文本	英语	1 335 031 词	http://uscode.house.gov/ http://www.uscourts.gov/rules-policies

5.3 语料处理

5.3.1 语料清洁与分割

本研究在语料的预处理和加工过程中使用了多个软件。本研究选取的语料均从本章 5.2 节所述数据库下载，下载后的文本被处理为 TXT 文本文件，采用 Notepad++清除掉所有非研究对象字符，为后续语料的标注和语料库建设奠定基础。由于所选美国成文法整体篇章较长，根据汉英立法文本平行语料库不同部门法的文件数量及内容均衡性，本研究对英语立法文本可比语料库的成文法文本进行合并再分割。这样处理该可比语料库文件的目的主要有两方面：一是控制文件大小，使其与汉英立法文本平行语料库翻译文本长度相当，这也有利

① 汉语立法文本语料库规模以汉语分词结果后统计。

于后期标注处理；二是为了保持语料平衡，使自建的英语立法文本可比语料库具有更好的代表性和可比性。

5.3.2 分词、词类以及句法标注

汉语语料分词是汉语语料库加工技术研究的重点之一，国内分词实践参照的标准主要包括中华人民共和国国家标准《GB/T 13715—1992 信息处理用现代汉语分词规范》、北京大学计算语言学研究所《现代汉语语料库加工规范——词语切分与词性标注》等。整体而言，以上汉语分词规范总体一致，但不同的分词标准会导致统计结果的细微差异。目前可以获取的分词软件包括教育部语言文字应用研究所开发的 MyTxtSegTag 分词和词性标注工具、中科院计算所汉语词法分析系统、厦门大学史晓东教授开发的 Segtag 1.19 分词系统等。结合分词软件对样本法律文本的处理情况，本研究采用 Segtag 1.19 分词系统。Segtag 1.19 分词系统以北大分词标注集（参见附录三）为基础，该分词系统较好区别了成语以及代词的二级分类。对源语文本的分词和标注有助于从语际角度探讨翻译共性假设，也有助于从源语文本出发，分析汉语源语文本的微观语言特征在翻译文本中的实现情况。自动加工完毕后，笔者根据约定俗成的原则（林宝煊，1998；屠友祥，2007）以及法律术语的特征（崔军民，2010；王东海、王丽英，2010）对标注后文本进行人工校对及修正。对于语料库中的英语语料，笔者采用 Wmatrix 3 进行词类附码，词类附码标注集参照兰卡斯特大学（Lancaster University）的 CLAWS 7 附码标注集（C7 tagset）（参见附录四）。

为了实现句法层面的考察，本研究采用斯坦福句法分析器（Stanford Parser）对语料进行依存关系标注，自动加工完毕后，对标注后文本进行人工校对及修正。经过句法或语义标注的语料库又被称为树库（Abeillé，2003）。树库语料来源于已经建成的汉语源语语料库（CHN）、英语翻译语料库（PKU）、英语翻译语料库（WL）以及英语可比语料库（USC）所采用的生文本，以每隔五个文件抽取一个文件的方式，构建四个抽样树库，即汉语源语树库（CHN）、英语翻译树库（PKU）、英语翻译树库（WL）以及英语可比树库（USC），这四个抽样树库在依存关系规模上，与以往英语树库、汉语树库的研究（Liu，2008，2010）具有可比性。斯坦福句法分析器是斯坦福大学自然语言处理小组（Stanford Natural Language Processing Group）提供的系列工具之一，是一款基于概率的自然语言语法分析器，能够用来完成语法分析任务，目前支持英语、德语、意大利语、法语等多种语言，可实现多种语言的分词和词性标注文本输出、短语结构输出、依存关系输出。笔者借助斯坦福句法分析器对汉英立法文本平行语料库以及可比语料库进行句法分析，斯坦福句法分析器可输出多种依存关系类型，

包括基本依存关系（basic typed dependencies）、折叠依存关系（collapsed dependencies）、标明并列关系的折叠依存关系（CC propagated dependencies）等（de Marneffe & Manning，2016［2008］）。[①] 结合前人的研究方法（Liu，2009，2010）以及本书研究目的，本书设定由斯坦福句法分析器输出的句法关系的形式为基本类型依存关系。依存句法分析后的文本导入到 excel 中（刘海涛，2009），建成相应的依存树库，以便进一步统计与分析。基本类型依存关系的标注说明可以参见通用依存关系（Universal Dependency Relations）附码规则（参见附录五和附录六）。

5.4 语料检索及统计分析

本研究在分析中英文语料所采用的检索软件及统计工具包括 AntConc 3.4.4（Anthony，2014）、WordSmith Tools 7.0（Scott，2016）以及 Wmatrix 3（Rayson，2008）。数据的统计与分析工具主要是 Excel、SPSS 以及 Log Likelihood Calculator。

目前语料库的检索工具较多，选择 Wordsmith Tools 7.0、AntConc 3.4.4 两种软件主要由于它们可以提供英文、中文生语料及标注语料检索功能，检索语料具体信息，提供详细数据。Wordsmith Tools 7.0（Scott，2016）主要功能包括检索（Concord）、词表（Wordlist）和关键词（Keyword）功能。AntConc 3.4.4（Anthony，2014）具有检索（Concordance Tool）、检索定位（Concordance Plot Tool）、词簇/N 元（Clusters/N-Grams）等功能，该软件可以更准确地检索中文语料及标注语料，其检索功能与检索结果可与 WordSmith Tools 7.0 相互补充。Wmatrix 3 是一款在线语料分析工具（Rayson，2003，2008），该分析工具同样可以实现部分检索功能。本书的辅助统计工具包括 SPSS 20.0、Excel，2013 及 Log Likelihood Calculator，这些工具有助于对观察到的翻译语言现象进行深入分析，也有助于有关数据的录入、整理及统计图绘制。

本研究的语料库建设兼顾传统翻译学框架下原文与译文的语义关系及描写翻译学视域下译文与目的语原创文本的系统关联。本书旨在对大量真实的法律翻译语料进行描写与分析。对语料库进行不同层次的处理，特别是句法

---

① 斯坦福句法分析器的标注体系借鉴通用依存关系（Universal Dependencies，UD）附码，有学者（Timothy & Gerdes，2019）表示由于通用依存关系将介词、连词等置于从属地位，区别于传统意义上的依存句法模型，通用依存关系似乎趋近于深层结构。但通用依存关系已逐渐上升主要依存句法标注模型之一，本书自建依存关系法律翻译语言及可比树库借助斯坦福句法分析器标注，后经由人工校对，自建树库标注体系一致，具有可比性，而自建树库与其他通用依存关系树库也具有可比性。

层面的标注，更有助于连贯、系统地研究法律翻译语言的宏观涌现特征。另一方面，不同层次的分析结果可以相互参照、相互验证，以便更好地探索语言转换的规律性特征。本语料库建设同时也为非文学翻译语言特征研究开辟了新的路径。

第 6 章

法律翻译宏观统计可见性特征

语料库是“收集自然产生语篇，以真实的语料为基础作语言研究，用来研究话语变体和形态的特点”的方法（Sinclair，1991：115）。语料库可以用来揭示词项使用频率与典型用法（Stubbs，2001a：151）。Sinclair（1987）将该领域的量化研究的兴起归于两个方面：一是 Halliday 的语言研究方法，一是计算机的普遍使用。Halliday（1966）提出词项在语法研究中的重要性。Halliday & Matthiessen（2004）强调语料是构建语言学研究的基础，只有由真实文本构成的语篇才有研究价值（2004：33－35）。而计算机的出现使 Halliday（1966）的研究路径得以实现。我们借助计算机技术研究大规模语料的词法，使语言学定量分析成为可能。语料库语言学出现后，学者们基于大量自然语篇，探讨宏观层面的语言特征。学者根据语料库中发现的概率性特征，可以总结语言规律，同时通过语言证据来检验语言理论、开展语言描写（Tognini-Bonelli，2001）。语料库语言学对语料描写离不开对宏观词汇层面的量化分析，语料库语言学的一系列的经典指标（如形符、类符、类形比、词汇密度等）也为翻译研究开辟了道路。Bell（1991）指出分析翻译语言特征可以“挖掘翻译过程特征，进而探讨译者的翻译行为”（Bell，1991：39）。翻译文本是翻译过程的产品，与译者翻译行为、翻译规范均有联系，基于大量真实的语料，本章我们将观察法律翻译文本中涌现的宏观特征，挖掘翻译过程、译者风格、翻译规范之间的联系。

6.1 总体特征

本节比较汉语源语语料库（CHN）、英语翻译语料库（PKU）、英语翻译语料库（WL）以及英语可比语料库（USC），探讨法律翻译词汇层面的宏观总体特征，检验翻译共性等假设，总结归纳可见性特征。本研究四个语料库基本情况如表 6.1。

表 6.1　　汉语源语语料库（CHN）、英语翻译语料库（PKU）、英语翻译语料库（WL）及英语可比语料库（USC）基本情况

	CHN	PKU	WL	USC
形符（tokens）	740 318	1 071 922	1 124 580	1 335 031
类符（types）	10 229	11 491	11 309	12 972
类形比（TTR）	1.38%	1.07%	1.01%	0.97%
标准化类形比（STTR）	31.28%	26.70%	26.82%	27.28%
STTR 标准偏差	68.20	72.90	72.73	72.22
STTR 基础	1 000	1 000	1 000	1 000
平均词长	1.86	5.30	5.29	4.93
平均词长标准偏差	0.71	3.13	3.10	3.06
平均句长	30.17	36.87	40.84	48.55

如表 6.1 所示，英语翻译语料库（PKU）、英语翻译语料库（WL）的类形比（Type-Token Ratio，TTR）、标准化类形比（Standard Type-Token Ratio，STTR）低于汉语源语语料库（CHN），标准化类形比低于英语可比语料库（USC）；两个翻译语料库的平均句长高于汉语源语语料库（CHN），但低于英语可比语料库（USC）。类形比和标准化类形比是语料库语言学中常用的比较词汇密度变化的方法。两个英语翻译语料库（PKU、WL）词汇密度低于汉语源语语料库（CHN），平均句长高于汉语源语语料库（CHN），可以初步推测，与汉语源语文本相比，英语翻译文本倾向于使用更多语言单位表示相同语言信息，当然这也涉及汉英两语言在语言类型上的差异。两个英语翻译语料库（PKU、WL）的 STTR 低于英语可比语料库（USC），平均句长低于英语可比语料库（USC）。由此可见，英语翻译文本在语言单位相同的情况下包含的语言信息较低，句子复杂程度较低。初步推测，与英语可比文立法本相比，英语翻译文本呈现简化的趋势。为了探讨法律翻译的在词汇层面可见性特征，本节将进一步比较英语翻译语料库（PKU）、英语翻译语料库（WL）、英语可比语料库（USC）及汉语源语语料库（CHN）的宏观统计特征，其中包括词长、词汇密度、高频词、罕用词、词簇及词类分布等方面。

6.2　词长

Zipf（1935）指出词长往往与其频率成反比关系，两者之间并非完全形成比例关系，而可能符合非线性数学函数（1935：38）。词长代表了语言单位的复杂性。词长和词频之间的关系可以反映语言经济原则（邓耀臣、冯志伟，2013）。人类认知、大脑信息处理机制使说话者倾向于选用短小、简单的词汇表达特定意义，以节省能量消耗，这导致短小词汇在语篇中的使用频数增高（邓耀臣、冯志伟，2013：37）。但翻译文本与原创文本的词长词频分布特征尚未有学者深入探讨。本节将对法律翻译文本中的词长词频分布与汉语源语文本、英文原创法律文本的差异展开讨论。

如上节表 6.1 所示，两个英语翻译语料库（PKU、WL）的平均词长均高于英语可比语料库（USC）。而表 6.2 展示了四个语料库中词长分布的基本信息，其中，汉语语料库为分词之后的结果，以汉字（character）计算词长，英语语料库以字母（letter）计算词长。由于在汉语中一个汉字可以视为汉语中的一个音节（Chen，Liang & Liu，2015：10；Chen & Liu，2016：6），汉语源语语料库（CHN）的词长以音节为单位统计，与英语语料库（PKU、WL、USC）以字母为词长的数据不具有可比性，本研究重点观察翻译过程对英语文本的影响。

表 6.2　汉语源语语料库（CHN）、英语翻译语料库（PKU）、英语翻译语料库（WL）及英语可比语料库（USC）词长分布情况

	CHN（汉字）	PKU（字母）	WL（字母）	USC（字母）
1 词长	201 326	39 696	37 753	94 364
2 词长	479 805	195 475	205 889	279 235
3 词长	34 011	210 551	219 736	233 571
4 词长	21 869	83 926	94 652	149 163
5 词长	1 315	120 575	127 775	122 618
6 词长	1 810	79 022	81 121	98 246
7 词长	1 128	96 123	99 904	108 563
8 词长	0	75 603	78 562	86 835
9 词长	6	64 133	67 039	77 963
10 词长	1	58 027	60 983	63 196
11 词长	1	35 464	37 484	37 554
12 词长	0	17 973	19 192	19 805
13 词长	0	9 909	10 220	10 744
14 词长	0	11 184	10 489	5 696
15 词长	0	1 103	1 068	2 091

续表

	CHN（汉字）	PKU（字母）	WL（字母）	USC（字母）
16 词长	0	444	361	324
17 词长	0	42	21	122
18 词长	0	24	42	45
19 词长	0	2	2	5
20 词长	0	0	2	4

如表 6.2 所示，四组语料库中的词长与词频的关系在整体上符合语言的经济原则，汉语源语语料库（CHN）中，双字词的比例最高，单字词的比例次之，这符合汉语双音节词长分布为主的基本特征（刘晓梅，2004：71－73）。由于汉语与英语的语言差异，英语翻译语料库（PKU、WL）中的词长数据不能与汉语源语语料库（CHN）的数据进行全面比较，这里重点比较英语翻译语料库（PKU、WL）与英语可比语料库（USC）之间的差异。Kendall's tau-b 等级相关系数检验表明，英语翻译语料库（PKU）、英语翻译语料库（WL）以及英语可比语料库（USC）的词长分布显著相关（$p<0.001$），但英语翻译语料库和英语可比语料库之间仍然存在差异（如表 6.3）。

表 6.3　英语翻译语料库（PKU）、英语翻译语料库（WL）及英语可比语料库（USC）词长词频分布相关性分析

相关系数					
			PKU	WL	USC
Kendall's tau_b	PKU	相关系数	1.000	.988**	.918**
		Sig.（双侧）	.	.000	.000
		N	19	19	19
	WL	相关系数	.988**	1.000	.913**
		Sig.（双侧）	.000	.	.000
		N	19	20	20
	USC	相关系数	.918**	.913**	1.000
		Sig.（双侧）	.000	.000	.
		N	19	20	20

**. 在置信度（双测）为 0.01 时，相关性是显著的。

如表 6.3 所示，从整体上来看，英语翻译语料库（PKU、WL）和英语可比语料库（USC）词长词频分布显著相关，但词长词频分布仍有差异，英语翻译语料库（PKU）、英语翻译语料库（WL）之间的相关性更高（如图 6.1）。

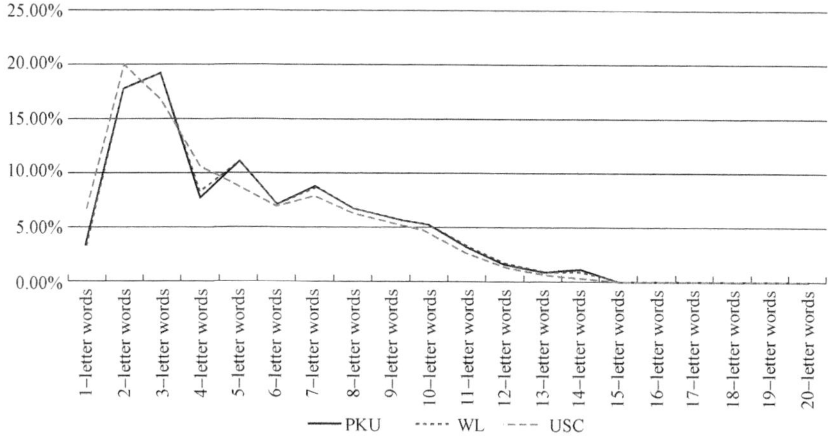

图 6.1　英语翻译语料库（PKU）、英语翻译语料库（WL）及英语可比语料库（USC）词长百分比分布图

如图 6.1 所示，两个英语翻译语料库（PKU、WL）和英语可比语料库（USC）的词长分布基本反映了词长分布的省力原则，但翻译语料库与可比语料库之间存在差异。英语可比语料库（USC）中两字母词长分布比例最高，从两字母词长开始，词长分布比例呈现下降趋势，未见明显波动性。英语翻译语料库（PKU）与英语翻译语料库（WL）词长分布基本重合，三字母词长比重分布最高，从三字母词长开始，词长分布呈现波动性下降趋势，波动幅度明显；英语翻译语料库（PKU）、英语翻译语料库（WL）、英语可比语料库（USC）自六字母词起分布情况吻合，七字母词频率均有所升高，自七字母词起，词频分布比例呈现平稳下降趋势。

笔者对英语翻译语料库（PKU）、英语翻译语料库（WL）及英语可比语料库（USC）中单字母词长到五字母词长进行 Kendall's tau-b 等级相关系数检验，结果如表 6.4 所示。在置信度（双测）为 0.05 时，英语翻译语料库（PKU）、英语翻译语料库（WL）单字母词长到五字母词长分布显著相关（$p<0.001$）；英语翻译语料库（PKU）与英语可比语料库（USC）不相关（$p=0.142$）；英语翻译语料库（WL）与英语可比语料库（USC）不相关（$p=0.142$）。

表 6.4 英语翻译语料库（PKU）、英语翻译语料库（WL）及英语可比语料库（USC）小于等于五字母词长相关性分析

相关系数					
			PKU	WL	USC
Kendall's tau_b	PKU	相关系数	1.000	1.000*	.600
		Sig.（双侧）	.	.	.142
		N	5	5	5
	WL	相关系数	1.000**	1.000	.600
		Sig.（双侧）	.	.	.142
		N	5	5	5
	USC	相关系数	.600	.600	1.000
		Sig.（双侧）	.142	.142	.
		N	5	5	5

*. 在置信度（双测）为 0.05 时，相关性是显著的。

**. 在置信度（双测）为 0.01 时，相关性是显著的。

Zipf（1935）曾指出词长往往与其频率成反比关系，但是并未具体说明词长与词频存在何种函数关系，学界也对不同语言中的词长与词频的关系进行了深入的探讨，目前研究相对成熟，如 Grotjahn & Altmann（1993）、Wimmer，Köhler，Grotjahn & Altmann（1994）、Best（1996）、Abbe（2000）、Cech，Popescu & Altmann（2011）、Chen & Liu（2014，2016）、Narisong，Jiang & Liu（2014）等。Zipf（1935）发现词出现频率越高则词长越短，反映了语言系统中的省力原则，这也表明词长会为了适应交际的有效性而调整（Piantadosi，Tily & Gibson，2011）。不同语言对词长的划分标准不同，以不同词长单位所统计的结果存在差异。Kromer（2001）以音节为单位，发现德语新闻语篇的词长分布符合单位移混合泊松均匀分布（one-displaced Poisson uniform distribution）。Chen & Liu（2016）选取不同的词长单位分别对汉语口语和汉语书面语的词长分布进行研究，研究结果表明，汉语口语以音节为单位词长分布符合扩充的对数分布模型（Extended logarithmic distribution model），汉语书面语以构字部件为单位的词长分布符合混合泊松分布模型（Mixed Poisson）。前人研究也表明，指数函数可以较好地反映英语和挪威语词长为三字母以上的单词与词频的关系（Sigurd，Eeg-Olofsson & van de Weijer，2004）。邓耀臣、冯志伟（2013）指出幂函数模型能够较好地描述汉语词汇的这

种规律性。由于 WordSmith 7.0 词长统计将数字和单字母词一并记为单字母词，本研究选取英语翻译语料库（PKU）、英语翻译语料库（WL）、英语可比语料库（USC）词长为两字母以上单词作为研究对象，尝试探索法律翻译文本中词长与词频的关系，如图 6.2 以及表 6.5—表 6.7。

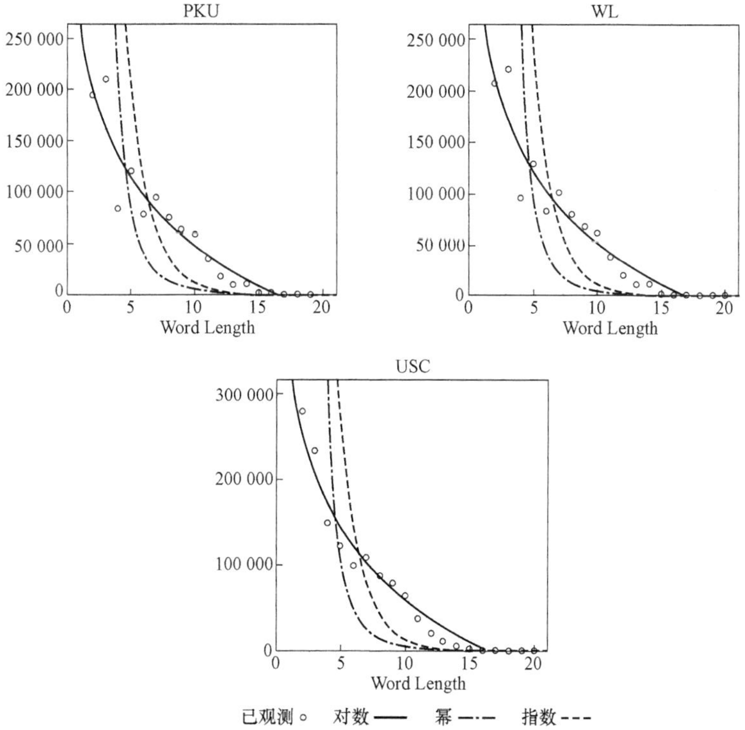

图 6.2　英语翻译语料库（PKU）、英语翻译语料库（WL）及英语可比语料库（USC）两字母以上词长词频散点图

如图 6.2 所示，可以较为直观地看出三个语料库的词长分布情况更接近对数分布。与英语可比语料库（USC）相比，英语翻译语料库（PKU）、英语翻译语料库（WL）的词长词频分布相对离散。

表 6.5　英语翻译语料库（PKU）模型汇总及参数估计值

因变量：PKU							
方程	模型汇总					参数估计值	
	R^2	F	df_1	df_2	Sig.	常数	b1
对数	.912	165.188	1	16	.000	267 729.673	−95 565.968

续表

因变量：PKU							
方程	模型汇总					参数估计值	
	R^2	F	df_1	df_2	Sig.	常数	b1
幂	.571	21.308	1	16	.000	55 827 753.884	–4.018
指数	.794	61.532	1	16	.000	3 698 352.502	–.578
自变量：WordLength							

表 6.6　　英语翻译语料库（WL）模型汇总及参数估计值

因变量：WL							
方程	模型汇总					参数估计值	
	R^2	F	df_1	df_2	Sig.	常数	b1
对数	.921	197.136	1	17	.000	279 416.436	–99 074.270
幂	.595	24.968	1	17	.000	149 672 695.165	–4.577
指数	.821	77.906	1	17	.000	5 713 196.579	–.630
自变量：WordLength							

表 6.7　　英语可比语料库（USC）模型汇总及参数估计值

因变量：USC							
方程	模型汇总					参数估计值	
	R^2	F	df_1	df_2	Sig.	常数	b1
对数	.960	404.010	1	17	.000	341 105.208	–122 478.882
幂	.634	29.472	1	17	.000	132 538 359.489	–4.409
指数	.856	101.211	1	17	.000	5 306 444.388	–.600
自变量：WordLength							

表 6.5—表 6.7 分别为英语翻译语料库（PKU）、英语翻译语料库（WL）、英语可比语料库（USC）的对数函数、幂函数、指数函数的模型汇总信息和参数估计值的基本情况。当判断一组数据是否符合某一定律或模型时，需要通过“拟合优度”，也就是“R^2”来判断数据的拟合效果，R^2 的取值区间是［0，1］。一般情况下，当这个值大于 0.75 时，说明这个模型或定律适用于模拟这组数据，

越接近1，则模型的适用性越高，拟合优度越好。

对于英语翻译语料库（PKU）而言，对数函数模型中 R^2 为0.912，大于0.75，指数函数模型中 R^2 为0.794，大于0.75，符合对数分布、指数分布；幂函数模型中 R^2 为0.571，不符合幂率分布。英语翻译语料库（WL）中，对数函数模型中 R^2 为0.921，大于0.75，指数函数模型中 R^2 为0.821，大于0.75，符合对数分布、指数分布；幂函数模型中 R^2 为0.595，不符合幂率分布。英语可比语料库（USC）中，对数函数模型中 R^2 为0.960，大于0.75，符合对数分布；指数函数模型中 R^2 为0.856，大于0.75，符合指数分布；幂函数模型中 R^2 为0.634，小于0.75，不符合幂率分布。

总体而言，三个语料库的数据基本符合对数函数模型及指数函数模型，其中对数函数模型可以更好地解释三个语料库中两字母以上词长词频分布特征。另一方面，研究发现英语翻译语料库（PKU）、英语翻译语料库（WL）的函数模型的拟合优度 R^2 均低于英语可比语料库（USC）。由此可见，与原创英语立法文本相比，法律翻译译文在词长分布发生变异，偏离了原创文本的词长分布特征，特别是法律翻译文本较短词长词频分布偏离了Zipf的省力原则，反映了法律翻译语言在词长可见性差异。

6.3　词汇密度

词汇密度（lexical density/lexical richness）是语料库语言学中反映语篇宏观统计特征的重要指标。Laviosa（1998b）比较英语原创叙述文和英语翻译叙事文，发现英文译文的词汇密度偏低。Baker（2000）的研究表明翻译过程会使STTR和平均句长等产生变化。刘泽权、刘超朋、朱虹（2011）考察了《红楼梦》四个英文译本的STTR、实词比例等信息，指出四个英译本的词汇密度都低于Laviosa（1998b）得出的译语词汇密度值，表明四译本的翻译语言特征比较明显（2011：61）。本节也从词汇变化和词汇密度的角度出发，探讨法律翻译可见性问题。

类符（type）指文本中不同的词，而形符（token）指文本中所有出现的词（Templin，1957）。语料库语言学研究常借助类符与形符数量之比，类形比（TTR）来测量语料库语言学中的词汇密度。但由于类形比容易受到文本长度影响，Scott（2004）提出用标准类形比（STTR）来衡量词汇变化的差异程度，WordSmith 7.0中的词表功能默认1 000词为单位计算标准类形比（Scott，2016）。Baker（2000）也认为由于文本长度会对类形比造成影响，STTR可以更好地反映篇章变化的情况。另一种测量词汇密度的方式是比较实词（lexical word/content word）与功能词（grammatical word/functional word）的分布情况。Ure（1971）采用实词密度的方法考察文本的词汇密度，将词汇密度定义为实词数量与总词数之比。Baker（1995）指出英语翻译文本的词汇密度低于英语源语文本，这可能是由于译者这种有意识或无意识地使译语更容易被读者读懂。Laviosa（1998b）研究也指出译文词汇密度较低，丰富性较低。本节也从这一角度探讨法律翻译在词汇方面呈现的特征。如图 6.3 所示，汉语源语语料库（CHN）标准类形比最高，英语翻译语料库（PKU）、英语翻译语料库（WL）略低于英语可比语料库（USC）的标准类形比。

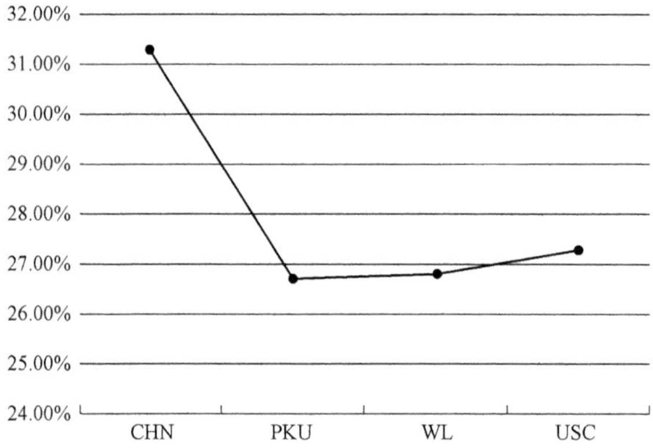

图 6.3　汉语源语语料库（CHN）、英语翻译语料库（PKU）、英语翻译语料库（WL）及英语可比语料库（USC）标准类形比

为了进一步确定标准类形比的各个语料库之间变化的差异性，从四个语料库之中各随机选取 33 个子文件[①]，对其标准类形比展开进一步分析。从汉语源语与英语目的语的语际角度来看，英语翻译语料库（PKU）、英语翻译语料库（WL）及汉语源语语料库（CHN）中的标准类形比如表 6.8 所示。

表 6.8　英语翻译语料库（PKU）、英语翻译语料库（WL）及汉语源语语料库（CHN）的标准类形比

语料库	STTR
英语翻译语料库（PKU）	25.74±2.64
英语翻译语料库（WL）	26.49±3.08
汉语源语语料库（CHN）	31.62±3.17

① 本研究根据在汉语源语语料库（CHN）中随机选取 33 个子文件，在英语翻译语料库（PKU）、英语翻译语料库（WL）中选取相应的译文文本，英语可比语料库（USC）中随机选取 33 个子文件。

单因素的方差分析表明，三个语料库中的标准类形比总体上差异显著，$F(2, 97) = 36.897$，$p < 0.001$。事后的 LSD 检验表明，英语翻译语料库（PKU）与汉语源语语料库（CHN）的标准类形比存在显著差异（$p < 0.001$）；英语翻译语料库（WL）与汉语源语语料库（CHN）的标准类形比存在显著差异（$p < 0.001$）。从翻译文本与目的语可比文本的语内角度来看，英语翻译语料库（PKU）、英语翻译语料库（WL）及英语可比语料库（USC）中的标准类形比如图 6.4 所示。单因素的方差分析表明，三个语料库中的标准类形比总体上差异不显著，$F(2, 97) = 0.243$，$p > 0.05$。

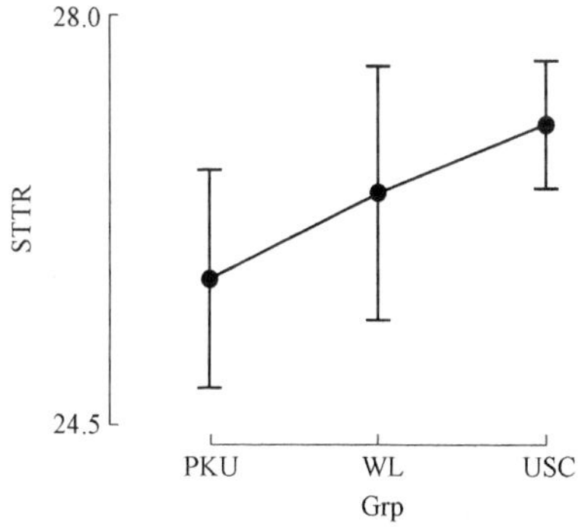

图 6.4　英语翻译语料库（PKU）、英语翻译语料库（WL）及英语可比语料库（USC）的标准类形比

如图 6.4 所示，法律英语翻译文本与法律英语原创文本相比，标准类形比不具备统计学意义上的显著性。Xiao & Yue（2009）、肖忠华（2012）等比较汉语翻译语言和汉语原创语言的标准类形比，结果表明标准类形比差异不显著。本研究结果与前人的研究结果吻合。

接下来，本研究采用实词数量与总词数之比的方法，考察四个语料库中词汇密度的差异性。根据汉英两种语言的词类划分差异及前人的研究基础，所选实词包括名词、动词、形容词和副词四类。四个语料库中的词汇密度基本情况如图 6.5 所示。从语际角度来看，英语翻译语料库（PKU）、英语翻译语料库（WL）的词汇密度均低于汉语源语语料库（CHN），其中英语翻译语料库（PKU）略高于英语翻译语料库（WL）；从语内角度来看，英语翻译语料库（PKU）、英语翻译语料库（WL）的词汇密度均高于英语可比语料库（USC）。

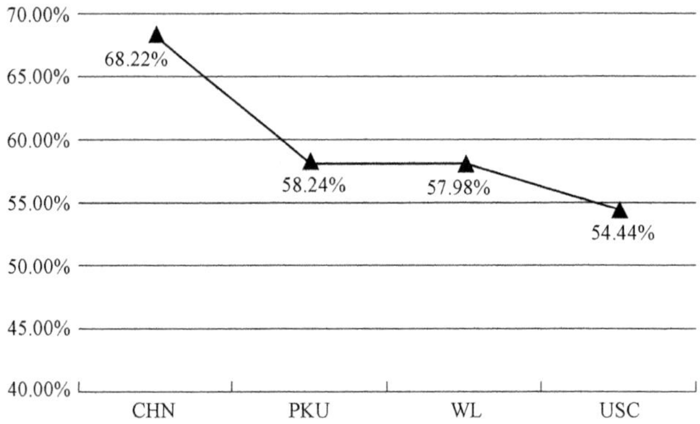

图 6.5 汉语源语语料库（CHN）、英语翻译语料库（PKU）、英语翻译语料库（WL）及英语可比语料库（USC）词汇密度信息

进一步的对数似然比检验表明，汉语源语语料库（CHN）与两个英语翻译语料库的词汇密度存在显著差异（$p<0.001$），英语可比语料库（USC）与两个英语翻译语料库之间存在显著差异（$p<0.001$），而两个英语翻译语料库之间没有差异（$p>0.05$）（如表 6.9）。

表 6.9 汉语源语语料库（CHN）、英语翻译语料库（PKU）、英语翻译语料库（WL）及英语可比语料库（USC）实词密度对数似然比及显著性

	Log-likelihood 值	显著性		
PKU*CHN	78.84	0.000	***	–
WL*CHN	83.18	0.000	***	–
PKU*WL	0.06	0.809		+
PKU*USC	12.82	0.000	***	+
WL*USC	11.15	0.001	***	+

由此可见，英语翻译语言在词汇密度与汉语源语文本、英语可比文本相比，均存在翻译可见性：从语际角度出发，翻译文本词汇密度显著低于汉语源语文本，存在简化趋势；从语内角度出发，翻译文本的词汇密度显著高于与法律原创文本，并未出现简化趋势，未能验证 Laviosa（1998b）中有关英语翻译文本的词汇密度降低、呈现简化趋势的情况。那么，实词中不同词类的分布情况如何呢？汉语源语语料库（CHN）、英语翻译语料库（PKU）、英语翻译语料库（WL）及英语可比语料库（USC）实词词类分布情况如图 6.6 所示。

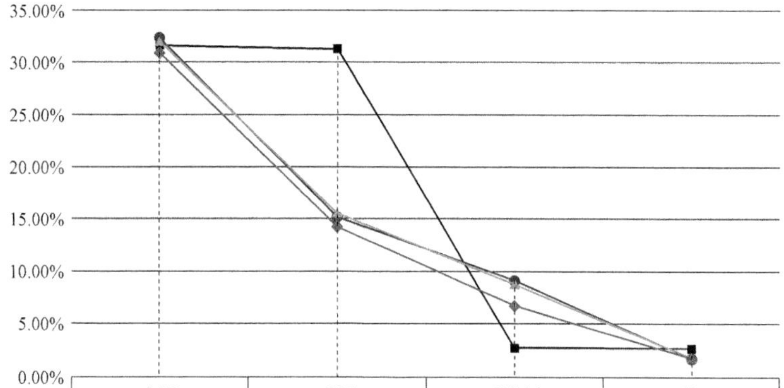

	名词	动词	形容词	副词
CHN	31.66%	31.32%	2.64%	2.60%
PKU	32.37%	15.15%	9.11%	1.61%
WL	32.00%	15.54%	8.75%	1.69%
USC	30.91%	14.24%	6.69%	1.60%

图 6.6　汉语源语语料库（CHN）、英语翻译语料库（PKU）、英语翻译语料库（WL）及英语可比语料库（USC）实词词类分布

如图 6.6 所示，汉语源语语料库（CHN）与英语翻译语料库（PKU）、英语翻译语料库（WL）、英语可比语料库（USC）这三个英语语料库相比，实词分布存在较大差异：汉语源语语料库（CHN）中动词所占比例情况与名词相当，高于其他三个语料库中的动词比例；而形容词所占比例与副词相当，低于其他三个语料库中的分布比例。英语翻译语料库（PKU）、英语翻译语料库（WL）、英语可比语料库（USC）中，名词所占的比例最高，其次是动词，再次是形容词，最后是副词。相较英语可比语料库（USC），两个英语翻译语料库（PKU、WL）的名词、动词、形容词的分布比例均有增长，副词比例相当。英语翻译语料库（PKU）、英语翻译语料库（WL）的实词分布情况基本重合。进一步对这些分布变化进行对数似然比检验，结果如表 6.10 所示。

表 6.10　汉语源语语料库（CHN）、英语翻译语料库（PKU）、英语翻译语料库（WL）及英语可比语料库（USC）实词词类分布对数似然比及显著性

名词	Log-likelihood 值	显著性		
PKU*CHN	67.68	0.000	***	+
WL*CHN	46.24	0.000	***	+
PKU*WL	6.09	0.000	***	+
PKU*USC	389.92	0.000	***	+
WL*USC	276.97	0.014	*	+

续表

动词	Log-likelihood 值	显著性		
PKU*CHN	51 104.08	0.000	***	–
WL*CHN	49 070.61	0.000	***	–
PKU*WL	53.30	0.000	***	–
PKU*USC	323.32	0.000	***	+
WL*USC	668.55	0.000	***	+
形容词	Log-likelihood 值	显著性		
PKU*CHN	32 402.15	0.000	***	+
WL*CHN	29 586.59	0.000	***	+
PKU*WL	116.07	0.000	***	+
PKU*USC	4 339.18	0.000	***	+
WL*USC	3 286.46	0.000	***	+
副词	Log-likelihood 值	显著性		
PKU*CHN	2 467.55	0.000	***	–
WL*CHN	1 738.83	0.000	***	–
PKU*WL	19.33	0.000	***	–
PKU*USC	0.30	0.586		+
WL*USC	26.76	0.000	***	+

如表 6.10 所示，从语际角度来看，英语翻译语料库（PKU）、英语翻译语料库（WL）与汉语源语语料库（CHN）在名词、动词、形容词以及副词分布比例上存在显著性差异。英语翻译语料库（PKU、WL）的名词、形容词分布显著高于汉语源语语料库（CHN），而动词、副词分布显著低于汉语源语语料库（CHN）。从语内角度来看，英语翻译语料库（PKU）、英语翻译语料库（WL）与英语可比语料库（USC）在名词、动词、形容词以及副词分布上趋同，但具体词类分布也具有统计学意义上的显著性差异。英语翻译语料库（PKU、WL）在名词、动词、形容词分布上均显著高于英语可比语料库（USC），英语翻译语料库（WL）副词分布显著高于英语可比语料库（USC）。另一方面，两个翻译语料库之间也存在差异，英语翻译语料库（PKU）的名词、形容词分布显著高于英语翻译语料库（WL），而动词、副词分布显著低于英语翻译语料库（WL）。

结合前人研究和本节数据结果来看，翻译文本中词汇密度变异情况会受到语类的影响。译文文本词汇密度也会受到翻译方向、源语文本词汇密度的影响。肖忠华（2012）比较汉语译文语料库（ZCTC）与汉语母语语料库（LCMC），研究结果表明，15 种语体的汉语译文的词汇密度均低于汉语原创文本的词汇密度（2012：63），进而验证了 Laviosa（1998b）的假设。杨晓琳（2017）比较英语翻译语料库（COTE）和英语母语语料库（FLOB）中的词汇密度，认为相较英语原创文本，新闻、通用、小说类翻译文本的信息密度则均有增长，发生显化倾向；学术类翻译文本的信息密度有所降低，发生简化倾向。但两位学者的研究重点仅限于语内比较，并未考察源语文本对翻译文本词汇密度的潜在影响。本研究数据与杨晓琳（2017）中新闻、通用、小说类翻译文本词汇密度结果相吻合，未呈现简化趋势。

但笔者认为词汇密度升高即可判定译文显化的说法有待修正，与目的语原创文本相比，翻译文本的词汇密度（即实词密度，实词总数/总词数）更高，不能直接得出翻译文本存在显化的趋势。Blum-Kulka（1986）研究表明译文中会出现源语文本中没有的衔接性标记，而衔接性标记往往属于功能词词类。如代词、连接词都有凸显语篇的内在联系的功能，在译文中起显化的作用（胡显耀，2006：肖忠华，2012；杨晓琳，2017）。Pym（2005）对显化概念的说明翻译反映了显化与源语、目的语之间的关系（如例［6.1］）。

例［6.1］

源语（葡萄牙语）：Você também gosta dela？

翻译（英语）：So you like her too？

字面翻译（英语）：You like her too？（Pym，2005：33）

Pym（2005）认为在例［6.1］中，译者添加了语篇连接词“so”，若将英语译文回译成葡萄牙语，“so”则非常有可能被保留下来。Pym（2005）也指出不同语言系统之间，翻译中的显化趋势与翻译方向有关。换言之，当语言 A 中所承载的信息被翻译成语言 B 时，语言形式上呈现出显化现象，在语言 B 翻译成语言 A 时，便不会出现这种显化情况，反而会出现与显化相反的情况。

本研究结果表明以词汇密度衡量的简化现象与翻译方向相关。如上文所述，肖忠华（2012）、杨晓琳（2017）的研究中验证了汉语翻译语言词汇密度的简化趋势。肖忠华（2012）、杨晓琳（2017）所采用的汉语译文语料库，为浙江大学汉语译文语料库（The ZJU Corpus of Translational Chinese，ZCTC），该语料库中99%的译文译自英语，仅包含了少量译自其他语言的翻译文本（如日语、法语、罗马尼亚语等）（肖忠华，2012：42）。结合肖忠华（2012）、杨晓琳（2017）以及本节中的研究数据表明，整体而言，汉语翻译文本的词汇密度低于汉语原创文本，具有统计学意义上的显著性（$p<0.001$）；英语翻译文本的词汇密度高于英语原创文本，具有统计学意义上的显著性（$p<0.001$）。译自汉语的英语文本与英语原创文本相比，存在与简化相反的趋势。由此可见，翻译活动受到源语与目的语双重制约，翻译方向会引发不同的可见性趋势。另外，词汇密度升高趋势不宜直接被称为显化，主要原因在于这与显化的基本概念尚有出入，也并不能证明词汇密度的升高与译者明晰化原文内容直接相关。笔者认为可将这种与简化相对的、翻译可见性特征暂命名为丰富化（densification）。

英语翻译语料库（PKU）、英语翻译语料库（WL）之间在名词、动词、形容词以及副词的分布也存在统计学意义上的差异，但两个翻译语料库之间的平均对数似然比值小于两个英语翻译语料库（PKU、USC）与英语可比语料库（USC）之间的差异。研究显示，英语翻译语料库（PKU）的名词、形容词分布高于英语翻译语料库（WL），而动词、副词分布低于英语翻译语料库（WL）。这反映了法律翻译团队在翻译策略、译文词语组织上呈现有意识或无意识地可见性差异，呈现不同的译者风格。

6.4 高频词与罕用词

6.4.1 高频词

高频词与罕用词是翻译语言特征分析的一个主要方面，是检验翻译语言简化的主要指标。Laviosa（1998b）把高频词定义为词项至少出现为 0.10%以上的词汇（1998b：12），其高频词词表中有 108 个词项，其中大部分为功能词，研究结果显示，与原创文本相比，翻译文本中高频词比例更高（1998b：8）。笔者也将高频词设定比例最少为 0.10%。Laviosa（1998b）是在对翻译语料库和可比语料库进行词形还原（lemmatization）的基础上分析的，因此，本节也对英语翻译语料库（PKU）和英语可比语料库（USC）进行同样的处理。而汉语不属于曲折变化的语言，无须进行词形变化处理，本研究所统计的高频词中不包括标点符号。

汉语源语语料库（CHN）、英语翻译语料库（PKU）、英语翻译语料库（WL）及英语可比语料库（USC）的高频词基本分布信息见表 6.11。汉语源语语料库（CHN）、英语翻译语料库（PKU）、英语翻译语料库（WL）、英语可比语料库（USC）的高频词的分布数目在整体上相差不大。在英语翻译语料库（PKU）、英语翻译语料库（WL）中，高频词形符占语料库总体形符的比例、高频词类符占总体类符的比例均高于汉语源语语料库（CHN）以及英语可比语料库（USC）中的数据。

表 6.11　汉语源语语料库（CHN）、英语翻译语料库（PKU）、英语翻译语料库（WL）及英语可比语料库（USC）的高频词分布基本信息

语料库	CHN	PKU	WL	USC
高频词观察数目	183	155	159	134
高频词形符比例	52.94%	64.56%	65.44%	63.43%
高频词类符比例	1.79%	2.02%	2.11%	1.48%

如表 6.11 所示，高频词在翻译语言中呈现增长趋势，但整体变化尚不明显，进一步对以上数据进行对数似然比检验，结果如表 6.12 所示。

表 6.12　汉语源语语料库（CHN）、英语翻译语料库（PKU）、英语翻译语料库（WL）及英语可比语料库（USC）的高频词变化对数似然比及显著性

形符比例	Log-likelihood 值	显著性		
PKU*CHN	115.10	0.000	***	+
WL*CHN	128.45	0.000	***	+
PKU*WL	0.37	0.545		–
PKU*USC	1.00	0.318		+
WL*USC	2.57	0.109		+
类符比例	**Log-likelihood 值**	**显著性**		
PKU*CHN	1.39	0.239		+
WL*CHN	2.63	0.105		+
PKU*WL	0.20	0.658		–
PKU*USC	8.36	0.004	**	+
WL*USC	11.11	0.001	***	+

如表 6.12 所示，从语际关系来看，英语翻译语料库（PKU）、英语翻译语料库（WL）的高频词形符占总体形符比例显著高于汉语源语语料库（CHN）；从语内关系来看，英语翻译语料库（PKU）、英语翻译语料库（WL）的高频词类

符占总体类符比例显著高于英语可比语料库（USC）；英语翻译语料库（PKU）、英语翻译语料库（WL）两个语料库之间不存在统计学意义上的差异。由此可见，法律翻译文本的高频词分布存在增长趋势，验证了 Laviosa（1998b）有关翻译语言中高频词（词表表头）分布变化的假设：翻译文本的高频词分布比例增高。但不支持 Laviosa（1998b）对翻译语言中高频词词目（lemma）减少的假设。杨晓琳（2017）对高频词词目的统计显示，英语翻译文本的高频词词目在新闻、通用以及小说语类均呈增加趋势，其中新闻语类存在显著性差异，而在学术语类中呈现下降趋势。本研究结果显示，法律翻译语类的高频词分布比例存在增长趋势，高频词词目也存在增长趋势。研究表明，对高频词的界定会影响语料库中高频词分布的结果。笔者参照肖忠华（2012）对高频词和次高频词的界定（2012：67），对汉语源语语料库（CHN）、英语翻译语料库（PKU）、英语翻译语料库（WL）及英语可比语料库（USC）中占各语料库总数比例大于等于 0.50%（超高频词）、0.07%（高频词）、0.05%（高频词）、0.03%（次高频词）以及 0.02%（次高频词）的词目的分布情况进一步考察。这里主要出于两个目的：一方面，进一步修正观察翻译语言特征的量化维度；另一方面，进一步探讨高频词分布是否会受到法律语类的影响。四个语料库中的超高频词、高频词和次高频词的形符比例分布情况如图 6.7 所示。簇状柱形图表示各语料库中超高频词、高频词、次高频词的实际观察数目，带标记折线图表示各语料库中所记词目的所占整体形符比例，图中统计量为累计统计量。

如图 6.7 所示，从语际角度出发，汉语源语语料库（CHN）中高频词、次高频词的观察数目总体上高于英语翻译语料库（PKU、WL），但我们发现超高频词（≥0.50%）观察数目小于两个英语翻译语料库（PKU、WL）；而汉语源语语料库（CHN）中（超）高频词、次高频词的形符比例均低于英语翻译语料库（PKU）、英语翻译语料库（WL）。从语内角度出发，英语翻译语料库（PKU）、英语翻译语料库（WL）中超高频词的观察数目与英语可比树库（USC）相当，高频词、次高频词的观察数目均高于英语可比语料库（USC）；英语翻译语料库（PKU）、英语翻译语料库（WL）中高频词、次高频词的形符比例与英语可比语料库（USC）中的数据分布接近，总体上略高于英语可比语料库（USC），但超高频词形符比例低于英语可比语料库（USC），变化不明显。两个翻译语料库（PKU、WL）相互比较时，英语翻译语料库（PKU）、英语翻译语料库（WL）中高频词、次高频词的观察数目基本相当，形符比例分布基本吻合。进一步对超高频词、高频词和次高频词形符比例进行对数似然比检验，结果如表 6.13 所示。

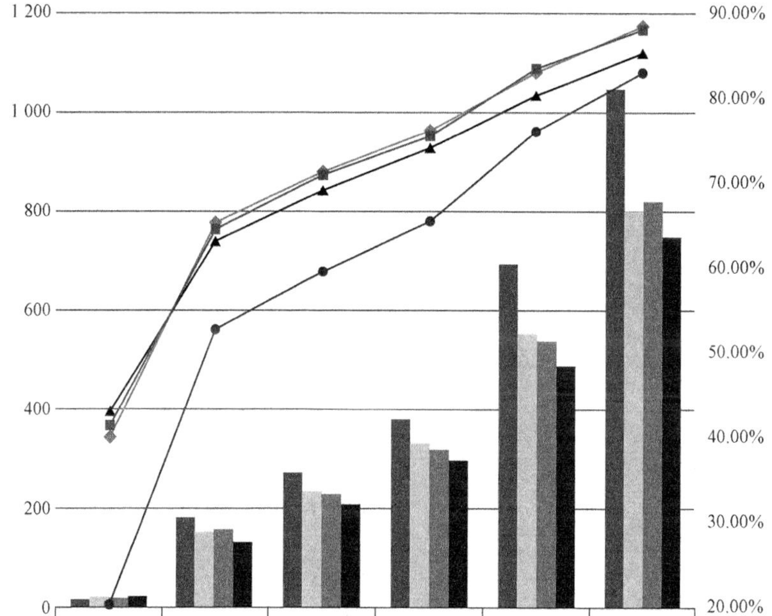

	≥0.50	≥0.10	≥0.07	≥0.05	≥0.03	≥0.02
CHN	17	182	271	381	695	1 048
PKU	23	155	238	331	556	805
WL	20	159	232	320	539	823
USC	23	134	209	301	492	750
CHN形符比例	20.45%	52.94%	59.83%	65.71%	76.35%	83.35%
PKU形符比例	41.29%	64.56%	70.99%	75.99%	83.48%	88.32%
WL形符比例	40.12%	65.44%	71.24%	76.04%	83.17%	88.60%
USC形符比例	43.26%	63.43%	69.24%	74.21%	80.44%	85.49%

图 6.7　汉语源语语料库（CHN）、英语翻译语料库（PKU）、英语翻译语料库（WL）及英语可比语料库（USC）的（超）高频词和次高频词形符比例分布

表 6.13　（超）高频词和次高频词形符比例变化对数似然比及显著性

形符比例（≥0.5）	Log-likelihood 值	显著性		
PKU*CHN	717.45	0.000	***	+
WL*CHN	650.51	0.000	***	+
PKU*WL	1.68	0.195		+
PKU*USC	4.59	0.032	*	–
WL*USC	11.83	0.001	***	–

续表

形符比例（≥0.07）	Log-likelihood 值	显著性		
PKU*CHN	95.32	0.000	***	+
WL*CHN	99.45	0.000	***	+
PKU*WL	0.04	0.834		–
PKU*USC	2.18	0.139		+
WL*USC	2.85	0.092		+
形符比例（≥0.05）	Log-likelihood 值	显著性		
PKU*CHN	74.64	0.000	***	+
WL*CHN	75.35	0.000	***	+
PKU*WL	0.00	0.968		–
PKU*USC	2.11	0.146		+
WL*USC	2.23	0.135		+
形符比例（≥0.03）	Log-likelihood 值	显著性		
PKU*CHN	31.82	0.000	***	+
WL*CHN	29.17	0.000	***	+
PKU*WL	0.06	0.810		+
PKU*USC	5.64	0.018	*	+
WL*USC	4.56	0.033	*	+
形符比例（≥0.02）	Log-likelihood 值	显著性		
PKU*CHN	14.39	0.000	***	+
WL*CHN	16.03	0.000	***	+
PKU*WL	0.04	0.833		–
PKU*USC	4.61	0.032	*	+
WL*USC	5.56	0.018	*	+

如表 6.13 所示，从语际角度来看，英语翻译语料库（PKU）、英语翻译语料库（WL）中（超）高频词、次高频词的形符比例均高于汉语源语语料库（CHN），具有统计学意义上的显著性，验证了 Laviosa（1998b）的假设。从语内角度来看，笔者发现一些有趣现象。当词目语料库总体大于等于 0.50%时（超高频词），其在英语翻译语料库（PKU）、英语翻译语料库（WL）的形符比例显著低于英语可比语料库（USC）。但是当词目占语料库形符比例大于等于 0.10%、0.07%、0.05%

时（高频词），其在英语翻译语料库（PKU）、英语翻译语料库（WL）的形符比例高于英语可比语料库（USC），但未呈现统计学意义上的显著性差异。而当词目占语料库形符比例大于等于 0.03%、0.02%（次高频词）时，其在英语翻译语料库（PKU）、英语翻译语料库（WL）中的形符比例高于英语可比语料库（USC），呈现统计学意义上的显著性差异。换言之，从高频词的形符比例来看，法律英语翻译文本中超高频词的使用比例较低，而次高频词的使用比例较高，而高频词使用情况与英语原创文本使用的情况相当，为超高频词与次高频词的过渡地带。两个英语翻译语料库（PKU、WL）之间超高频词、高频词、次高频词的形符分布情况均没有显著差异。

本研究结果表明，四个语料库的超高频词、高频词和次高频词的类符比例存在差异。四个语料库中的（超）高频词和次高频词的类符比例分布情况如图 6.8。簇状柱形图表示各语料库中（超）高频词、次高频词的观察数目，带标记折线图表示各语料库中（超）高频词、次高频词的所占整体类符比例，图中各统计量为累计统计量。

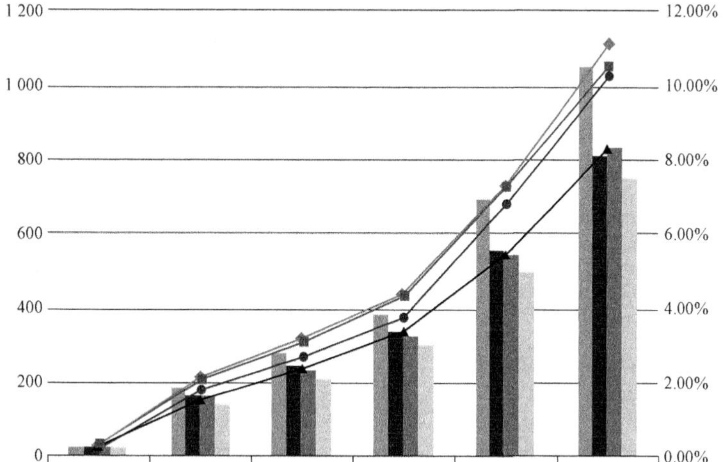

	≥0.50	≥0.10	≥0.07	≥0.05	≥0.03	≥0.02
CHN	17	182	271	381	695	1 048
PKU	23	155	238	331	556	805
WL	20	159	232	320	539	823
USC	23	134	209	301	492	750
CHN类符比例	0.17%	1.78%	2.65%	3.72%	6.79%	10.24%
PKU类符比例	0.30%	2.02%	3.10%	4.32%	7.25%	10.50%
WL类符比例	0.27%	2.14%	3.12%	4.31%	7.26%	11.08%
USC类符比例	0.25%	1.48%	2.31%	3.33%	5.44%	8.29%

图 6.8 汉语源语语料库（CHN）、英语翻译语料库（PKU）、英语翻译语料库（WL）及英语可比语料库（USC）（超）高频词和次高频词形符比例分布

如图 6.8 所示，从语际角度来看，英语翻译语料库（PKU、WL）中的超高频词、高频词、次高频词的类符比例均高于汉语源语语料库（CHN），整体变化不明显，分布趋势线基本平行。从语内的角度来看，英语翻译语料库（PKU、WL）中的超高频词、高频词、次高频词的类符比例均高于英语可比语料库（USC），分布趋势线基本相近，其中高频词，即所占语料库整体比例大于等于 0.10%、0.07%、0.05%时趋势线分布基本平行，而次高频词，即占比例大于等于 0.03%、0.02%时，分布趋势发生变化，英语翻译语料库（PKU、WL）斜率变化更大。笔者对高频词和次高频词的形符比例进行分析，对数似然比的检验结果如表 6.14 所示。

表 6.14 （超）高频词和次高频词类符比例变化对数似然比及显著性

类符比例（≥0.5）	Log-likelihood 值	显著性		
PKU*CHN	3.64	0.056		+
WL*CHN	2.29	0.130		+
PKU*WL	0.16	0.691		+
PKU*USC	0.46	0.500		+
WL*USC	0.08	0.781		+
类符比例（≥0.07）	Log-likelihood 值	显著性		
PKU*CHN	3.53	0.060		+
WL*CHN	3.83	0.050		+
PKU*WL	0.01	0.936		–
PKU*USC	11.58	0.001	***	+
WL*USC	12.13	0.000	***	+
类符比例（≥0.05）	Log-likelihood 值	显著性		
PKU*CHN	4.48	0.034	*	+
WL*CHN	4.34	0.037	*	+
PKU*WL	0.00	0.973		+
PKU*USC	12.85	0.000	***	+
WL*USC	12.61	0.000	***	+

续表

类符比例（≥0.03）	Log-likelihood 值	显著性		
PKU*CHN	1.51	0.220		+
WL*CHN	1.57	0.210		+
PKU*WL	0.00	0.979		–
PKU*USC	25.90	0.000	***	+
WL*USC	26.17	0.000	***	+
类符比例（≥0.02）	Log-likelihood 值	显著性		
PKU*CHN	0.33	0.568		+
WL*CHN	3.31	0.069		+
PKU*WL	1.56	0.212		–
PKU*USC	26.05	0.000	***	+
WL*USC	40.33	0.000	***	+

如表 6.14 所示，从语际角度来看，英语翻译语料库（PKU、WL）中的超高频词、高频词、次高频词的类符比例总体上高于汉语源语语料库（CHN），但差异不显著；高频词中，仅当词目占语料库形符比例大于等于 0.05%时，开始呈现显著性差异。从语内角度来看，英语翻译语料库（PKU、WL）中的高频词、次高频词的类符比例总体上高于英语可比语料库（USC），呈现统计学意义上的显著性差异；两个英语翻译语料库（PKU、WL）的超高频词类符比例分布与英语可比语料库（USC）没有显著性差异；随着词目占语料库形符比例的扩大，英语翻译语料库（PKU）和英语翻译语料库（WL）与英语可比语料库（USC）的差异性也不断扩大，这表明法律翻译文本中次高频使用频率较高。两个英语翻译语料库（PKU、WL）的超高频词、高频词、次高频词的类符分布情况均没有显著差异。

本研究结果验证了 Laviosa（1998b）的有关高频词增加的假设，存在简化趋势。但本研究中基于英语译文得到的变化趋势与肖忠华（2012）基于汉语译文所得结果存在差异。肖忠华（2012）比较 ZCTC 和 LCMC 两个语料库的高频词分布特征，研究显示，汉语译文有重复使用超高词频的倾向，较少使用次高频词（以词项观察数目计）（2012：68）。本研究中英语翻译语料库（PKU、WL）与英语可比语料库（USC）比较结果表明，英语翻译树库（PKU、WL）与英语可比树库（USC）相比，超高频词未出现显著增加趋势，但次高频词在观察数目、形符比例及类符比例的三个观察维度均有增加趋势，具有显著差异。这也进一步说明了翻译方向、源语特征对翻译语言变化的影响。

本书结合前人研究，探讨了高频词分布情况，采用了观察数目、形符比例、类符比例变化差异互证的方法。这有助于认识语言指标的量化维度对描述翻译语言现象的影响。从法律翻译文本高频词形符分布比较结果来看，Laviosa（1998b）定义的指标似乎不能完全验证法律翻译语言中的简化现象。将超高频词、高频词、次高频词的统计结果同时比较，可以发现法律翻译文本的高频词分布在整体上呈增加趋势，但对高频词界定的不同，会得到不同的变化情况。Laviosa（1998b）定义的≥0.10%的高频词形符分布比例没有呈现显著性差异（见表 6.12），本研究中定义的≥0.50%超高频词形符分布比例在翻译文本中显著下降，定义的≥0.03%、≥0.02%次高频词形符分布比例在翻译文本中显著增加，而≥0.10%高频词则处于词频变化过渡阶段，未呈现显著变化的趋势。另一方面，英国国家语料库（British National Corpus，BNC）词表中前 50 个词（形符比例≥0.24%）均为功能词，英语翻译语料库（PKU）、英语翻译语料库（WL）的超高频词（形符比例≥0.50%）也主要由功能词构成，因此可以推测在英语翻译语料库（PKU）、英语翻译语料库（WL）中，超高词频功能词使用频率显著低于英语可比语料库（USC）。在累计统计次高频词 0.03%、0.02%时，英语翻译语料库（PKU）、英语翻译语料库（WL）中高频词（类符比例比较结果）、次高频词（形符比较结果、类符比较结果）的分布显著高于英语可比语料库（USC）。随着高频词表的统计范围扩大，重复使用率高的实词词类逐渐被纳入统计范围之中。因此，可以推测法律翻译文本中的实词重复使用率较高。这也间接印证了上一小节有关法律英语翻译文本中实词比例显著高于原创文本的讨论。

6.4.2 罕用词

罕用词（hapax legomena）通常是指在语料库中只出现一次的词。罕用词是词频分布研究的中心议题之一（Baayen，2001；Baroni，2009）。Popescu & Altmann（2008）指出罕用词出现的频率可视为区别语言类型的指标之一。Ali & Hussein（2014）研究了十部英文小说中罕用词的分布情况，认为罕用词形符比可以区分作者的文体风格。Bentz，Kiela，Hill & Buttery（2014）比较古英文历时语料库以及现代英文历时语料库，结果表明，罕用词以及其他词频统计信息可以作为区分语言演变的重要标志。Laviosa（1998b）、胡显耀（2006）、肖忠华（2012）等将罕用词分布情况作为区别翻译语言文本与原创语言文本的特征之一。肖忠华（2012）将语料库中词频为 1—5 的词项定义为罕用词，结果显示，汉语翻译语料库中的罕用词的比例更高。笔者也参照肖忠华（2012）对翻译语料库中的罕用词的定义，对汉语源语语料库（CHN）、英语翻译语料库（PKU）、英语翻译语料库（WL）及英语可比语料库（USC）的数据进行比较分析。

表 6.15　汉语源语语料库（CHN）、英语翻译语料库（PKU）、英语翻译语料库（WL）及英语可比语料库（USC）罕用词分布基本信息

	CHN		PKU		WL		USC	
	观察数目	类符比例	观察数目	类符比例	观察数目	类符比例	观察数目	类符比例
词频 1	2 081	20.33%	1 747	22.78%	1 615	21.75%	2 260	24.99%
词频 2	1 354	13.23%	851	11.10%	752	10.13%	1 001	11.07%
词频 3	699	6.83%	460	6.00%	441	5.94%	606	6.70%
词频 4	517	5.05%	362	4.72%	376	5.06%	432	4.78%
词频 5	413	4.03%	267	3.48%	262	3.53%	315	3.48%

表 6.15 反映了四个语料库 1—5 词频的罕用词分布情况。从语际角度来看，英语翻译语料库（PKU）和英语翻译语料库（WL）中词频为 1 到 5 的罕用词的观察数目均低于汉语源语语料库（CHN）；英语翻译语料库（PKU、WL）中词频为 1 到 5 的罕用词的类符比例整体上低于汉语源语语料库（CHN），但词频为 1 的罕用词比例高于汉语源语语料库（CHN）。从语内角度来看，英语翻译语料库（PKU）和英语翻译语料库（WL）中词频为 1 到 5 的罕用词的观察数目均低于英语可比语料库（USC）；英语翻译语料库（PKU、WL）中词频为 1 到 5 的罕用词的类符比例整体上低于英语可比语料库（USC），但英语翻译语料库（PKU）词频为 2 的罕用词比例高于英语可比树库（USC），英语翻译语料库（WL）词频为 4、词频为 5 的罕用词比例高于英语可比语料库（USC）。从实际观察数目出发，本研究的数据结果在语际和语内两个层面上均验证了 Laviosa（1998b）的英语翻译文本中罕用词减少的假设。将英语翻译语料库（PKU）与英语翻译语料库（WL）相比，英语翻译语料库（PKU）的罕用词分布在整体上略高于英语翻译语料库（WL）。如图 6.9 所示，四个语料库中 1 到 5 的罕用词类符比例整体呈下降趋势，变化幅度不一致，并且整体上变化不明显。

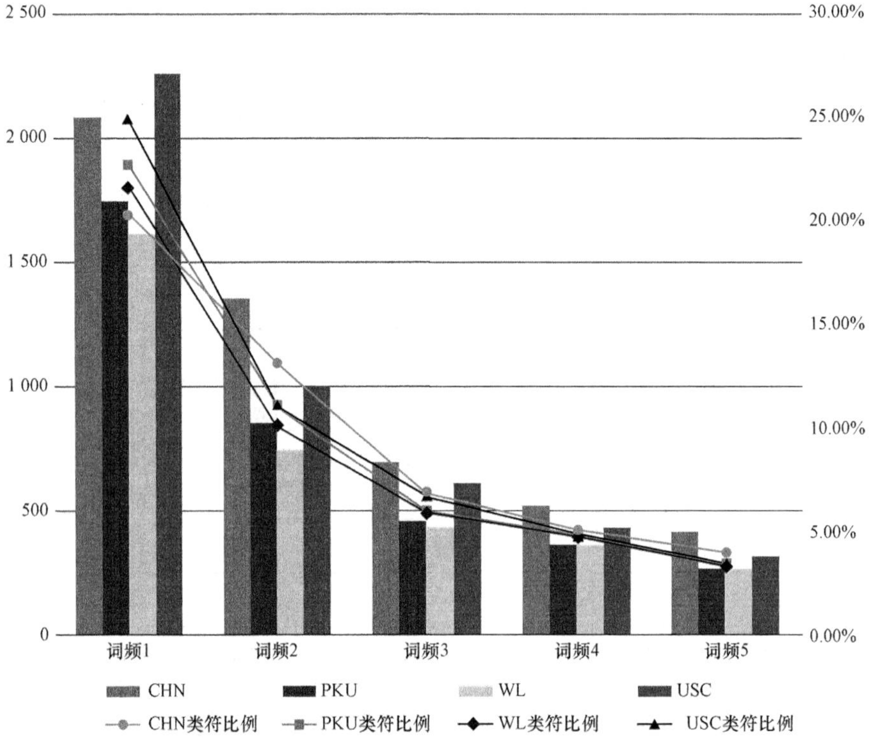

图 6.9 汉语源语语料库（CHN）、英语翻译语料库（PKU）、英语翻译语料库（WL）及英语可比语料库（USC）罕用词分布基本信息

表 6.16 汉语源语语料库（CHN）、英语翻译语料库（PKU）、英语翻译语料库（WL）及英语可比语料库（USC）罕用词类符比例对数似然比变化及显著性

类符比例（1 词频）	Log-likelihood 值	显著性		
PKU*CHN	13.93	0.000	***	+
WL*CHN	4.80	0.029	*	+
PKU*WL	2.38	0.123		+
PKU*USC	10.19	0.001	**	–
WL*USC	22.41	0.000	***	–
类符比例（2 词频）	Log-likelihood 值	显著性		
PKU*CHN	18.70	0.000	***	–
WL*CHN	41.26	0.000	***	–
PKU*WL	4.42	0.035	*	+

续表

类符比例（2 词频）	Log-likelihood 值	显著性		
PKU*USC	0.00	0.950		+
WL*USC	4.16	0.041	*	–
类符比例（3 词频）	Log-likelihood 值	显著性		
PKU*CHN	5.38	0.020	*	–
WL*CHN	6.20	0.013	*	–
PKU*WL	0.03	0.865		+
PKU*USC	3.88	0.049	*	–
WL*USC	4.58	0.032	*	–
类符比例（4 词频）	Log-likelihood 值	显著性		
PKU*CHN	1.12	0.290		–
WL*CHN	0.00	0.967		+
PKU*WL	1.21	0.272		–
PKU*USC	0.03	0.856		–
WL*USC	0.84	0.359		+
类符比例（5 词频）	Log-likelihood 值	显著性		
PKU*CHN	4.08	0.044	*	–
WL*CHN	3.39	0.066		–
PKU*WL	0.03	0.859		–
PKU*USC	0.00	0.997		–
WL*USC	0.03	0.862		+

为了验证四个语料库中 1 到 5 的罕用词类符比例变化情况，笔者对数据进行对数似然比检验，如表 6.16 所示。从语际角度来看，英语翻译语料库（PKU、WL）中词频为 1 的罕用词的类符比例显著高于汉语源语语料库（CHN），词频为 2、3 的罕用词的类符比例均显著低于汉语源语语料库（CHN）；英语翻译语料库（PKU）词频为 5 的罕用词的类符比例显著低于汉语源语语料库（CHN）。从语内角度来看，英语翻译语料库（PKU）和英语翻译语料库（WL）中词频为 1 到 3 的罕用词的类符比例整体上显著低于英语可比语料库（USC），英语翻译语料库（PKU）中词频为 2 的罕用词的类符比例高于英语可比语料库（USC），

但不存在统计学意义上的差异；英语翻译语料库（PKU）中词频为 5 的罕用词的类符比例显著低于英语可比语料库（USC）。将英语翻译语料库（PKU）与英语翻译语料库（WL）相比，英语翻译语料库（PKU）的罕用词分布在整体上不存在统计学意义上的差异，但英语翻译语料库（PKU）中词频为 2 的罕用词显著高于英语翻译语料库（WL）。综合以上数据，可以认为法律英语翻译语言中的罕用词的使用情况低于原创法律文本，呈现简化的趋势。肖忠华对语料库中词频为 1—5 的词项进行分析，研究表明汉语翻译语料库中的罕用词的比例更高，罕用词在翻译语言中出现频率越高，翻译语言与原创语言的差距就越大（2012：67－68）。杨晓琳（2017）对词频为 1 的罕用词进行研究，认为翻译语言的罕用词的使用情况与翻译文体有关：英语翻译文本在新闻、通用语域下呈现下降趋势，但在学术、小说语类下呈现上升趋势。本研究的结果仅部分验证肖忠华（2012）的结论。词频为 1 的罕用词的差距最大，其次为词频为 3 的罕用词，再次为词频为 2 的罕用词，词频为 4—5 的罕用词差异不显著；法律英语翻译语言中的罕用词的使用情况低于原创法律文本。本研究也部分支持了杨晓琳（2017）的数据。笔者认为翻译语言中罕用词的分布情况不仅与语类有关，也与翻译方向有关。

6.5 词簇

词簇（word cluster），又称为词丛，指由“两个或两个以上词形构筑的连续序列”（杨惠中，2002：340），词簇也指词块（lexical bundle）、多词单元（multiword unit）或者 N 元结构（N-gram），词簇在结构或意思上不一定完整，可以反映语言重复性使用的特征。Biber 等研究者也将词簇定义为“三个或以上词构成，反复出现的词列”（Biber，Johansson，Leech，et al，1999：183）。词簇的研究反映了对语言片段的观察，该领域研究主要集中在外语教学，如 Biber，Conrad & Cortes（2004）、Hyland（2008）等。目前词簇也用来分析文体特征、作者风格等。Mahlberg（2007）对比狄更斯小说语料库及 19 世纪其他小说语料库的词簇，认为高频词簇是识别局部篇章特征的指标之一，可反映作者风格。陈婵（2014）分析了爱丽丝·门罗小说中 3—6 词词簇的基本特征和功能，指出关键词簇映射了小说的情节发展和角色塑造，词簇研究是对传统文体学的有益补充。Stubbs（2016）分析了康拉德小说的词簇分布情况，认为词簇等语料库语言学研究指标可以区别语体风格。在语料库翻译研究中，Baker M（2004）、Xiao（2011）认为翻译文本中倾向于使用重复出现的词簇。Xiao（2011）认为词簇覆盖率在汉语译文中要大大超过汉语母语。法律语言是高度程式化的语言，结合前人对词簇的研究以及法律语言的特征，本研究将汉语源语语料库（CHN）、英语翻译语料库

(PKU)、英语翻译语料库(WL)、英语可比语料库(USC)中 2—7 词词簇作为研究对象。

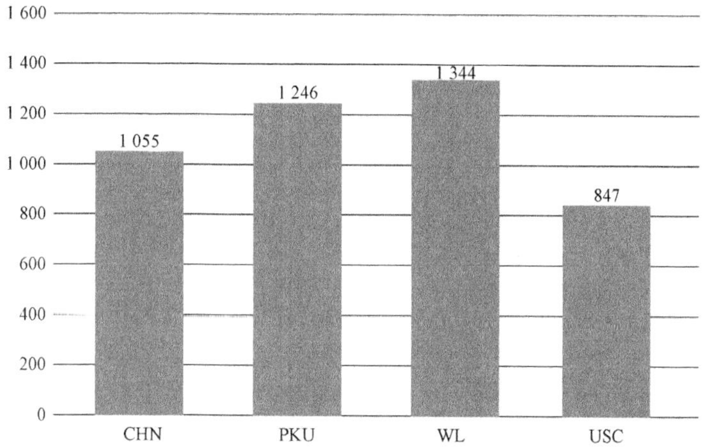

图 6.10 汉语源语语料库(CHN)、英语翻译语料库(PKU)、英语翻译语料库(WL)及英语可比语料库(USC)高频词簇观察数

如图 6.10 所示，四个语料库中的高频 2—7 词词簇(频率占语料库 0.02%以上的词簇)①部分存在一定差异：英语翻译语料库(PKU)、英语翻译语料库(WL)中高频词簇的观察数目高于汉语源语语料库(CHN)、英语可比语料库(USC)。词簇的统计显著性通常用重现率来确定，比如每百万词出现五次或十次(肖忠华，2012：74)。笔者结合四个语料库的规模，将 WordSmith 7.0 软件中重现率设定为至少出现十次。汉语源语语料库(CHN)、英语翻译语料库(PKU)、英语翻译语料库(WL)及英语可比语料库(USC)2—7 词词簇观察数目如表 6.17。

表 6.17 汉语源语语料库(CHN)、英语翻译语料库(PKU)、英语翻译语料库(WL)及英语可比语料库(USC) 2—7 词词簇观察数目

词簇	CHN	PKU	WL	USC
2 词词簇	11 310	14 254	14 681	17 490
3 词词簇	6 430	11 159	11 747	14 251
4 词词簇	3 420	6 499	7 128	7 461

① Xiao(2011)将高频词簇定义为占整体 0.01%以上的词簇(Xiao，2011：153)，本研究结合法律语言基本特征，以及本研究对高频词的定义，将高频词簇定义为 0.02% 以上词簇。

续表

词簇	CHN	PKU	WL	USC
5 词词簇	2 129	4 193	4 823	3 784
6 词词簇	1 411	2 895	3 442	2 096
7 词词簇	982	2 093	2 584	1 252
总计词簇	25 682	41 093	44 405	46 334

如表 6.17 所示，从语际角度来看，英语翻译语料库（PKU）、英语翻译语料库（WL）中的2—7 词词簇以及总计词簇观察数目均高于汉语源语语料库（CHN）。从语内角度来看，与英语可比语料库（USC）相比，英语翻译语料库（PKU）、英语翻译语料库（WL）中的 2—7 词词簇以及总计词簇观察数目呈现高低变化的情况：英语翻译语料库（PKU）、英语翻译语料库（WL）中 2—4 词簇的观察数目低于英语可比语料库（USC）；英语翻译语料库（PKU）、英语翻译语料库（WL）中 5—7 词簇的观察数目高于英语可比语料库（USC）；英语翻译语料库（PKU）、英语翻译语料库（WL）总计词簇观察数目低于英语可比语料库（USC）。两个翻译语料库相比，英语翻译语料库（PKU）中 2—7 词词簇以及总计词簇观察数目均低于英语翻译语料库（WL）。鉴于两个翻译语料库是两个意义平行的语料库，不考虑对词簇总数的标准化因素，对两个语料库词簇的实际观察数进行对数似然比检验，结果显示，两个语料库的词簇分布存在显著性差异。

表 6.18　英语翻译语料库（PKU）及英语翻译语料库（WL）2—7 词词簇观察数目对数似然比变化及显著性

词簇	Log-likelihood 值	显著性		
2 词词簇	6.30	0.012	*	–
3 词词簇	15.10	0.000	***	–
4 词词簇	29.04	0.000	***	–
5 词词簇	44.06	0.000	***	–
6 词词簇	47.27	0.000	***	–
7 词词簇	51.64	0.000	***	–
总计词簇	128.33	0.000	***	–

如表 6.18 所示，随着词簇长度的增加，英语翻译语料库（PKU）、英语翻译语料库（WL）的差异性不断扩大。由此可见，英语翻译语料库（WL）更倾向

于使用重复出现的词簇，5—7 词的长词簇使用频率更高，呈现整齐化、简化的趋势。英语翻译语料库（PKU）和英语翻译语料库（WL）的词簇分布存在差异，这表明虽然两部翻译文本旨在表达同一意义，但是实际产出的翻译文本存在译者风格。

汉语源语语料库（CHN）、英语翻译语料库（PKU）、英语翻译语料库（WL）、英语可比语料库（USC）中的 2—7 词词簇以及总计词簇分布又会存在哪些差异呢？对四个语料库的词簇分布情况进行比较如图 6.11 所示。簇状柱形图表示各语料库中词簇的观察数目，带标记折线图表示各语料库中标准化词簇（一百万词次）分布情况。

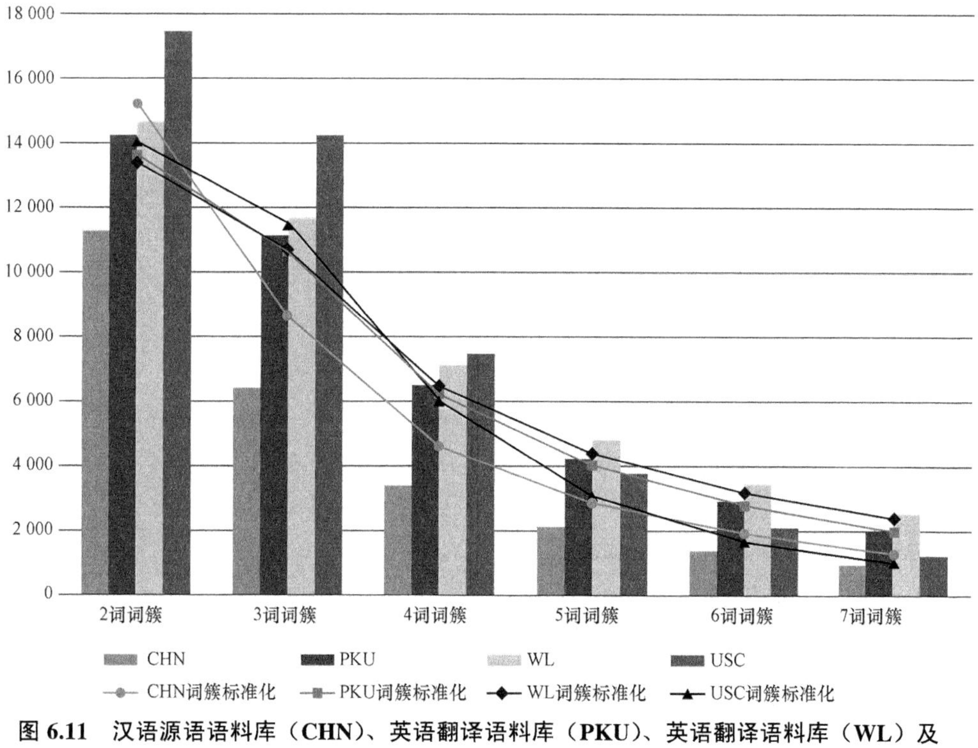

图 6.11　汉语源语语料库（CHN）、英语翻译语料库（PKU）、英语翻译语料库（WL）及英语可比语料库（USC）词簇观察数及标准化词簇分布

如图 6.11 所示，四个语料库中整体分布趋势一致，但变化高低不一、出现交叉的情况。从语际角度来看，英语翻译语料库（PKU）、英语翻译语料库（WL）中 2 词词簇分布比例低于汉语源语语料库（CHN），3—7 词词簇分布高于汉语源语语料库（CHN）。由此可见，与源语语言相比，翻译语言中较长词簇使用频率更高。从语内角度来看，英语翻译语料库（PKU）、英语翻译语料库（WL）中 2、

3 词词簇分布低于英语可比语料库（USC），4—7 词词簇分布高于英语可比语料库（USC），差距逐渐增大。英语翻译语料库（PKU）、英语翻译语料库（WL）两个语料库翻译词簇分布情况相当，英语翻译语料库（WL）中 3—7 词词簇高于英语翻译语料库（PKU）。本研究对数据进行对数似然比检验结果如表 6.19 所示。

表 6.19　汉语源语语料库（CHN）、英语翻译语料库（PKU）、英语翻译语料库（WL）及英语可比语料库（USC）标准化词簇分布对数似然比变化及显著性

2 词词簇分布	Log-likelihood 值	显著性		
PKU*CHN	91.40	0.000	***	–
WL*CHN	124.20	0.000	***	–
PKU*WL	2.51	0.113		+
PKU*USC	6.48	0.011	*	–
WL*USC	17.07	0.000	***	–
3 词词簇分布	Log-likelihood 值	显著性		
PKU*CHN	207.11	0.000	***	+
WL*CHN	212.52	0.000	***	+
PKU*WL	0.03	0.852		–
PKU*USC	27.57	0.000	***	–
WL*USC	25.64	0.000	***	–
4 词词簇分布	Log-likelihood 值	显著性		
PKU*CHN	238.21	0.000	***	+
WL*CHN	319.84	0.000	***	+
PKU*WL	6.04	0.014	*	–
PKU*USC	3.95	0.047	*	+
WL*USC	19.76	0.000	***	+
5 词词簇分布	Log-likelihood 值	显著性		
PKU*CHN	238.21	0.000	***	+
WL*CHN	321.20	0.000	***	+
PKU*WL	17.46	0.000	***	–
PKU*USC	133.75	0.000	***	+
WL*USC	247.49	0.000	***	+

续表

6 词词簇分布	Log-likelihood 值	显著性		
PKU*CHN	161.41	0.000	***	+
WL*CHN	304.53	0.000	***	+
PKU*WL	22.77	0.000	***	–
PKU*USC	266.94	0.000	***	+
WL*USC	443.92	0.000	***	+
7 词词簇分布	Log-likelihood 值	显著性		
PKU*CHN	138.93	0.000	***	+
WL*CHN	292.03	0.000	***	+
PKU*WL	28.49	0.000	***	–
PKU*USC	336.13	0.000	***	+
WL*USC	556.44	0.000	***	+
总体词簇分布	Log-likelihood 值	显著性		
PKU*CHN	293.97	0.000	***	+
WL*CHN	449.42	0.000	***	+
PKU*WL	16.45	0.000	***	–
PKU*USC	55.75	0.000	***	+
WL*USC	132.76	0.000	***	+

如表 6.19 所示，整体而言，四个语料库标准化词簇分布在语际、语内以及两个翻译语料库之间均存在统计学意义上的差异：英语翻译语料库（PKU、WL）词簇使用情况显著高于汉语源语语料库（CHN）以及英语可比语料库（USC），其中两个翻译语料库之间的差异最小，两个翻译语料库之间的 Log-likelihood 值为 16.45。从语际角度来看，英语翻译语料库（PKU、WL）中 2 词词簇分布显著低于汉语源语语料库（CHN），3—7 词词簇分布显著高于汉语源语语料库（CHN）。从语内角度来看，英语翻译语料库（PKU、WL）中 2、3 词词簇分布显著低于英语可比语料库（USC），4—7 词词簇分布显著高于英语可比语料库（USC），显著性差异逐渐增大；与两个翻译语料库相比，英语翻译语料库（PKU）中 4—7 词词簇分布显著低于英语翻译语料库（WL）。

词簇是探讨篇章特征、判断翻译文本变化的有效手段之一，本研究对词簇分布的描写直接体现了法律翻译在源语文本与翻译文本、翻译文本与目的语原创文本、翻译文本之间的可见性差异。本节研究结果与 Xiao（2011）、肖忠华

（2012）中的研究结果在整体上相似，体现了翻译语言中的整齐化、简化特征（Laviosa，2002：72），但也存在差异。

Xiao（2011）、肖忠华（2012）的研究结果表明汉语翻译文本中的2—6词词簇频率高于汉语原创语料库。随着词长的增加，显著性的差异减小（肖忠华，2012：75）。但是本节研究结果显示：英语法律翻译文本中短词词簇（即2、3词词簇）分布比例低于英语法律原创文本，长词词簇（即4—7词词簇）分布比例高于英语法律原创文本，翻译文本语料库与原创可比文本语料库之间的差异随着词簇的长度的增加而增大。在长词词簇上，法律翻译文本呈现出更为明显的集中化趋势。笔者认为，出现这种情况原因也可能与语言类型相关，法律语言，特别是立法语言，语言构词结构保守（Bhatia，Langton & Lung，2004），具有高度的重复语言片段倾向（Charrow，Crandall & Charrow，1982；Bhatia，1983），呈现整齐化的风格（Trosborg，1997）。与其他语类相比，法律语言会出现更为显著的重复性语言片段的特征，法律英语原创文本的2、3词词簇分布比例中凸显了这种重复性语言片段的特征。上一小节中，本研究对汉语源语语料库（CHN）、英语翻译语料库（PKU）、英语翻译语料库（WL）、英语可比语料库（USC）高频词分布规律进行了探讨，结果显示英语可比语料库（USC）超高词（≥0.50%）词频类符比例分布高于英语翻译语料库（PKU、WL），而超高词频表主要由功能词构成。本节研究结果进一步验证了法律英语翻译文本与法律原创文本之间功能词分布差异。法律翻译文本中4—7词词簇的重复使用情况高于法律原创文本，表明法律翻译文本中，包含实词的长语言片段重复使用率更高。

另外，本研究结论与李文中（2007）的研究结果部分呼应，李文中（2007）对比分析了中国英语新闻语料和英国英语新闻语料的词簇分布，以期探讨社会话语本土化的特征，研究结果显示，4—6词词簇中高频词簇所占比例最高，2词词簇的高频词簇所占比例最低。李文中（2007）认为这间接反映出汉语套语对中国本土英语运用的影响。我国法律英语翻译亦是中国本土英语的直接运用，反映了我国特定法律术语概念对英译文本的影响。肖忠华结合FLOB中词簇分布，对比分析汉语原创文本和汉语翻译文本，结果显示，ZCTC的高频词簇数量，介于LCMC与FLOB之间，肖忠华认为词簇在翻译体汉语中更常用，可能由于翻译过程英语源语的干扰（2012：76）。但结合本研究的结果来看，英语翻译语料库（PKU、WL）的高频词词簇分布既高于汉语源语语料库（CHN），也高于英语可比语料库（USC）。结合Xiao（2011）、肖忠华（2012）的研究数据，可以推断翻译文本中高频词簇分布比例升高是翻译共性的具体体现。

6.6　词类

上文中本章第 6.3 节对汉语源语语料库（CHN）、英语翻译语料库（PKU）、英语翻译语料库（WL）及英语可比语料库（USC）的词汇密度分析表明，英语翻译语料库（PKU）、英语翻译语料库（WL）的实词分布情况高于英语可比语料库（USC），在名词、动词、形容词以及副词上呈现显著性差异。本节将继续探讨法律翻译文本的词类分布情况。

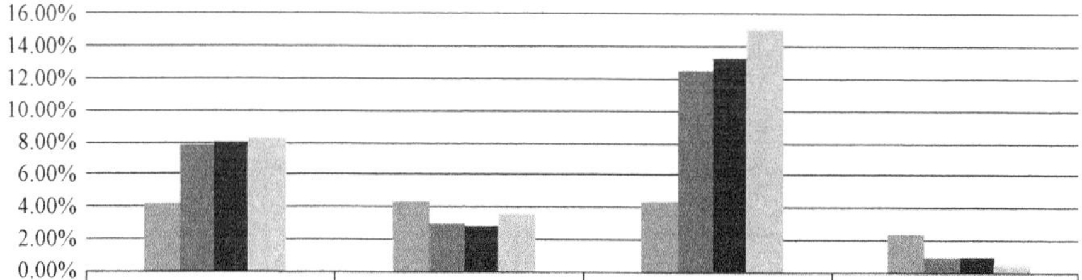

	连词	数词	介词	代词
CHN	4.24%	4.40%	4.49%	2.43%
PKU	7.87%	2.96%	12.55%	1.01%
WL	8.06%	2.87%	13.34%	1.01%
USC	8.38%	3.57%	15.15%	0.55%

图 6.12　汉语源语语料库（CHN）、英语翻译语料库（PKU）、英语翻译语料库（WL）及英语可比语料库（USC）主要功能词分布

鉴于汉英两种语言在标注体系上的差异，本节结合前人研究，比较了四个语料库中主要功能词的分布情况。如图 6.12 所示，从语际角度看，英语翻译语料库（PKU、WL）的连词、介词分布高于汉语源语语料库（CHN），数词、代词分布低于汉语源语语料库（CHN）。从语内角度看，英语翻译语料库（PKU、WL）的连词、数词、介词分布均低于英语可比语料库（USC），但代词分布情况高于英语可比语料库（USC）。英语翻译语料库（PKU）、英语翻译语料库（WL）之间的主要功能词分布基本相当，英语翻译语料库（PKU）的介词分布情况略低于英语翻译语料库（WL）。整体而言，法律英语翻译文本的连词、介词、代词介于汉语源语文本和英语原创文本之间。代词、连词是探讨翻译共性中显化假设的经典指标（王克非，2003，2012；王克非、胡显耀，2010；柯飞，2005；黄立波，2008；肖忠华，2012 等），结合语际、语内的分布情况来看，翻译文本没有明显的显化趋势，第七章第 7.1 节将展开进一步探讨。那么，英语法律翻译文本和法律原创文本之间的整体词类分布又存在何种差异呢？本节进一步对英语翻译语料库（PKU）、英语翻译语料库（WL）以及英语可比语料库（USC）的词类分布进行考察。三个语料库中的词类基本分布情况如表 6.20。英语语料库的词类标注体系参见附录四。

表 6.20　英语翻译语料库（PKU）、英语翻译语料库（WL）及英语可比语料库（USC）的词类分布

词类	PKU	WL	USC
冠词	123 476	124 055	144 790
限定词	21 084	19 989	64 575
数词	31 147	31 433	46 230
介词	132 294	146 364	196 041
代词	10 678	11 084	7 244
连词	82 924	88 407	108 429
不定式	13 040	13 056	15 856
存在式	506	558	619
从句前标记	633	535	330
否定词	6 009	7 186	8 968
其他标记	11 811	10 736	5 762
名词	341 093	351 025	399 827
动词	159 618	170 428	184 229
形容词	96 877	96 013	86 560
副词	16 162	18 573	20 786

本研究采用 Kendall's tau-b 等级相关系数检验对数据进一步验证，结果表明，英语翻译语料库（PKU）、英语翻译语料库（WL）以及英语可比语料库（USC）的词类分布显著相关（$p<0.001$），但英语翻译语料库和英语可比语料库之间仍然存在差异（表 6.21）。可以看出英语翻译语料库（PKU）、英语翻译语料库（WL）之间的相关性程度更大，说明两个翻译文本之间的差异性小于翻译文本与原创文本的差异性。

表 6.21 英语翻译语料库（PKU）、英语翻译语料库（WL）及英语可比语料库（USC）词类相关性分析

相关系数					
			PKU	WL	USC
Kendall's tau_b	PKU	相关系数	1.000	.981**	.867**
		Sig.（双侧）	.	.000	.000
		N	15	15	15
	WL	相关系数	.981**	1.000	.886**
		Sig.（双侧）	.000	.	.000
		N	15	15	15
	USC	相关系数	.867**	.886**	1.000
		Sig.（双侧）	.000	.000	.
		N	15	15	15

**. 在置信度（双测）为 0.01 时，相关性是显著的。

本研究进一步对英语翻译语料库（PKU）、英语翻译语料库（WL）、英语可比语料库（USC）中功能词分布进行对数似然比检验，以便考察英语法律翻译文本与原创文本的差异（如表 6.22）。

表 6.22 英语翻译语料库（PKU）、英语翻译语料库（WL）及英语可比语料库（USC）功能词分布差异对数似然比及其显著性

词类	PKU*USC Log－likelihood 值	显著性			WL*USC Log－likelihood 值	显著性		
限定词	15 129.10	0.000	***	–	17 964.57	0.000	***	–
介词	2 833.03	0.000	***	–	1 367.59	0.000	***	–
数词	679.01	0.000	***	–	924.48	0.000	***	–
连词	188.41	0.000	***	–	75.37	0.000	***	–
否定词	139.05	0.000	***	–	12.85	0.000	***	–
其他标记	3 549.22	0.000	***	+	2 455.00	0.000	***	+
代词	1 684.09	0.000	***	+	1 700.35	0.000	***	+
从句前标记	169.16	0.000	***	+	88.71	0.000	***	+
冠词	138.97	0.000	***	+	7.04	0.008	**	+

如表 6.22 所示，与英语可比语料库（USC）相比，英语翻译语料库（PKU、WL）功能词词类分布的变异具有一致性特征：两个英语翻译语料库（PKU、WL）的限定词、介词、数词、连词、否定词则显著低于英语可比语料库（USC），而其他标记、代词、名词、从句前标记、冠词的分布高于英语可比语料库（USC），其中冠词、代词、从句前标记、存在式以及其他标记，具有显著性差异。英语翻译语料库（PKU、WL）与英语可比语料库（USC）之间差距最大的为限定词，其次为其他标记、代词、介词。另一方面，本研究对英语翻译语料库（PKU）、英语翻译语料库（WL）的功能词分布词进行检验，结果显示，两个翻译语料库功能词分布存在差异（如表 6.23）。

表 6.23　英语翻译语料库（PKU）及英语翻译语料库（WL）功能词分布差异对数似然比及其显著性

PKU*WL	Log-likelihood 值	显著性		
介词	258.50	0.000	***	–
否定词	63.23	0.000	***	–
连词	24.50	0.000	***	–
其他标记	103.45	0.000	***	+
限定词	89.62	0.000	***	+
冠词	77.65	0.000	***	+
数词	15.00	0.000	***	+
从句前标记	12.63	0.000	***	+
不定式	9.86	0.002	**	+

如表 6.23 以及上文第 6.3 节中表 6.10 所示，两个英语翻译语料库（PKU、WL）词类分布存在显著性差异。英语翻译语料库（PKU）中，介词、副词、否定词、动词、连词分布比例显著低于英语翻译语料库（WL），而形容词、其他标记、限定词、冠词、名词、数词、从句前标记、不定式分布比例显著高于英语翻译语料库（WL）。其中介词、副词、形容词、限定词、冠词、否定词的差异较大，这反映了法律翻译文本存在译者风格的差异。但是英语翻译语料库（PKU、WL）之间的差异性小于其与英语可比语料库（USC）之间的差异。本研究进一步对英语翻译语料库（PKU）、英语翻译语料库（WL）、英语可比语料库（USC）两两间功能词分布差异 Log-likelihood 值进行 Kendall’s tau-b 等级相关系数检验，检验结果如表 6.24 所示。

表 6.24　　英语翻译语料库（PKU）、英语翻译语料库（WL）及英语可比语料库（USC）对数似然比相关性分析

相关系数					
			PKU*USC	WL*USC	PKU*WL
Kendall's tau_b	PKU*USC	相关系数	1.000	.927**	.418
		Sig.（双侧）	.	.000	.073
		N	11	11	11
	WL*USC	相关系数	.927**	1.000	.345
		Sig.（双侧）	.000	.	.139
		N	11	11	11
	PKU*WL	相关系数	.418	.345	1.000
		Sig.（双侧）	.073	.139	.
		N	11	11	11

**. 在置信度（双测）为 0.01 时，相关性是显著的。

如表 6.24 所示，功能词分布差异（PKU*USC）与功能词分布差异（WL*USC）显著相关，$r=0.927$，$p<0.001$；功能词分布差异（PKU*USC）与功能词分布差异（PKU*WL）不相关，$r=0.418$，$p>0.05$；功能词分布差异（PKU*USC）与功能词分布差异（PKU*WL）不相关，$r=0.345$，$p>0.10$，进一步说明了两个翻译文本之间的差异性小于翻译文本与原创文本的差异性，呈现不同程度的翻译可见性。

6.7　本章小结

本章从宏观层面探讨了法律翻译文本可见性，并结合法律文本特征、法律翻译的特殊性，修正了翻译共性的显化、简化等评价维度，从翻译方向等角度对法律翻译规律性特征加以解释。通过对语料库的考察，笔者认为在宏观层面上法律英语翻译文本存在以下可见性特征：（1）法律翻译文本中的词长词频曲线回归拟合优度均低于法律英语原创文本，法律英语翻译文本的词长分布存在变异，略有偏离 Zipf 省力原则。（2）法律翻译文本的词汇密度（实词比例）低于汉语源语文本但高于法律英语原创文本，介于两者之间。（3）法律英语翻译文本中的高频词观察数目高于英语原创文本，低于汉语源语文本；法律英语翻

译文本中的高频词分布均高于汉语源语文本、英语原创文本；当观察占总体语料不同比例的高频词时，法律英语翻译文本中超高频词分布比例低于法律英语原创文本，次高频词分布比例高于法律英语可比文本；法律英语翻译文本中的罕用词观察数目和分布均低于汉语源语文本及英语原创文本。（4）法律英语翻译文本中的 2—3 词词簇分布比例低于法律英语可比文本，但 4—7 词词簇显著高于法律英语原创文本。（5）法律英语翻译文本的词类分布与英语原创文本存在差异，其中限定词、介词、数词、连词、否定词；而形容词、其他标记、代词、名词、动词、从句前标记、冠词显著高于法律英语可比文本；不同的法律翻译版本之间也存在词类分布差异。

上述翻译可见性特征验证了以往研究中部分有关翻译共性的假设，但是也证伪了部分假设。翻译语言的词汇密度，即实词比例，一直被认为翻译文本简化趋势的重要指标（Laviosa，1998b；肖忠华，2012）。但研究结果显示翻译语言的词汇密度受到翻译方向的影响，往往介于源语与目的语的词汇密度之间。笔者认为词汇密度由于容易受到源语语言特征的干扰，不能直接作为判定翻译文本的显化或简化的标准。另外，词汇密度所界定的信息与显化所指的现象也有不同。我们知道，显化最初的定义指的是将原来的隐含信息表达出来（Baker，1996：180）。后有学者对显化的概念进行扩展，例如 Váradi（2007）指出应该对译者有意识的显化以及因语法规范而做出的必要的显化加以区分。Mauranen（2007）认为，显化可以分为语言词汇层、句法层以及语篇层。肖忠华（2012）、杨晓琳（2017）进一步从语体的层面对显化的特征的变化进行阐释。结合以上文献的观点，笔者认为源语文本的隐藏信息根据词类的分布可以归纳为：（1）对实际隐含意义的补充（该显化信息往往体现在实词信息的增加），以及（2）对目的语的语言特点、语法化、语篇信息的衔接性的特点（该显化信息往往体现在功能词，如连词信息的增加）。第一种显化特征，主要概括源语文本与译文的关系，限于局部语言特征，也与译者具体的翻译策略有关。第二种显化特征，主要概括译文与目的语原创文本的关系，也与译者的翻译策略有关。总体而言，与简化验证的维度不同，验证显化的方法往往集中在翻译语言微观层面的统计验证，包括连词、代词、固定句式等具体语言形式的增加情况，而连词、代词等功能词的增加则致使词汇密度的下降。显化特征的验证结果也会随着具体翻译情景而变化。如杨晓琳、程乐（2016）考察了被动式在不同的语体分布，发现在不同语体的显化特征不同。王克非、胡显耀（2010）研究表明与原创英语小说相比，翻译英语小说除了“it”和人称物主代词频率较低以外，其他人称代词都呈现与原创小说相当的高频率，但是陈建生、王琪（2017）采用代词，连词、译者注释等量化维度考察了《三体》英译本的显化特征，发现《三体》中代词使用并未出现显化差异。本章探讨了法律英语翻译文本与目的语原创文本在词类，特别是功能词词类分布的差异：与目的语原创文本相比，法律英语翻译文本在连词、介词、限定词等使用种类及频率较低。鉴于汉英两种语言在语言类型上的差异，笔者初步推断该差异主要源于源语干扰。但笔者发现法律英语翻译文本中的人称代词比例高于源语文本，同时也高于目的语原创文本，可以认为这是由于译者意识到两种原创法律文本在人称代词上的差异，译者为了弥补这种差异，重构目的语的语言特征，使译文在人称代词分布上呈现显化特征。本章研究结果也在一定程度上支持了集中化、简化等假设，但这些翻译特征并不是孤立的，而是相互影响的，笔者将在后续章节进一步讨论。

第 7 章

法律翻译词汇可见性特征

在上一章中，笔者探讨了法律英语翻译文本与法律汉语源语文本、法律英语原创文本在词汇层面的宏观统计特征。本章笔者将从微观词汇特征入手，对法律翻译的关键词、语义趋向变化进行考察，并以法律文本中的成语翻译为例，从描写翻译学视角探讨法律翻译对等分布情况。微观层面注重翻译语言的搭配实例，可以发掘译者的翻译策略，也可以与宏观层面的结果相互验证。

7.1 关键词

关键词分析是语料库分析中的重要手段（Baker P，2004），可以用来研究语篇中的差异性信息，可以比照参考语料库分析文本中的突出性（outstandingness）和主要内容（aboutness）（Scott，1997，2001）。为了比较法律翻译语言与法律原创语言的差异，本研究将英语翻译语料库（PKU）、英语翻译语料库（WL）、英语可比语料库（USC）三个语料库互为参照，对三个语料库的关键词进行分析。因关键词分析涉及微观层面的语义探讨，本节中关键词分析没有对语料进行词形还原（lemmatization）。

将英语翻译语料库（PKU）、英语翻译语料库（WL）、英语可比语料库（USC）两两间相互比较，英语翻译语料库（PKU）与英语可比语料库（USC）相比，得到正、负关键词共计 2 123 个，英语翻译语料库（WL）与英语可比语料库（USC）相比，得到正、负关键词共计 2 159 个，英语翻译语料库（PKU）与英语翻译语料库（WL）得到正、负关键词共计 368 个。PKU-USC、WL-USC 以及 PKU-WL 的前 100 个正关键词以及后 100 个负关键词表可参见附录七、附录八、附录九。根据以往关键词研究，可以推测英语翻译文本与英语可比文本的关键词主要体现的具体意义的实词，反映立法文本在具体内容上的差异。但从研究问题出发，关注翻译语言与原创文本的差异。因此，本研究在正、负各 100 个关键词基础上，选取与单词“law”（法）及与其意义相关实词及词表中的功能词做进一步比较观察。英语翻译语料库（PKU）、英语翻译语料库（WL）与英语可比语料库（USC）的实词结果如表7.1和表7.2所示（下画波浪线标注内容为负关键词信息）。

表 7.1　英语翻译语料库（PKU）—英语可比语料库（USC）关键词表中“law”相关实词分布

Rank	Key word	Freq.in PKU	%	Freq.in USC	RC.%	Log_L	P
1	article	14 199	1.29	586	0.04	18 554.35	0.000
7	law	6 777	0.62	1 874	0.14	4 063.50	0.000
28	illegal	1 081	0.10	46		1 405.32	0.000
30	provisions	3 097	0.28	1 172	0.09	1 346.41	0.000
50	legal	1 258	0.11	290	0.02	870.61	0.000
80	illegally	415	0.04	9		589.62	0.000
99	laws	1 199	0.11	471	0.03	497.63	0.000
2 039	sections	14		434	0.03	−413.97	0.000
2 055	code	23		573	0.04	−523.49	0.000
2 084	clause	36		898	0.07	−820.64	0.000
2 094	paragraph	970	0.09	3 419	0.25	−986.27	0.000
2 117	subparagraph	11		1 768	0.13	−1 986.29	0.000
2 120	rule	40		2 041	0.15	−2 095.94	0.000
2 128	title	37		4 379	0.32	−4 839.22	0.000
2 131	section	622	0.06	10 241	0.76	−8 410.89	0.000

表 7.2　英语翻译语料库（WL）—英语可比语料库（USC）关键词表中“law”相关实词分布

Rank	Key word	Freq.in WL	%	Freq.in USC	RC.%	Log_L	P
1	article	14 323	1.24	586	0.04	18 032.61	0.000
6	law	7 229	0.63	1 874	0.14	4 283.22	0.000
22	provisions	3 656	0.32	1 172	0.09	1 772.16	0.000
43	illegal	897	0.08	46		1 082.66	0.000
59	laws	1 570	0.14	471	0.03	814.29	0.000
75	legal	1 129	0.10	290	0.02	674.12	0.000

续表

Rank	Key word	Freq.in WL	%	Freq.in USC	RC.%	Log_L	P
2 061	sections	20		434	0.03	−401.72	0.000
2 084	code	26		573	0.04	−532.28	0.000
2 110	paragraph	1 202	0.10	3 419	0.25	−781.98	0.000
2 113	regulation	79		1 062	0.08	−856.72	0.000
2 117	clause	31		898	0.07	−882.64	0.000
2 144	subparagraph	42		1 768	0.13	−1 844.10	0.000
2 147	rule	31		2 041	0.15	−2 240.39	0.000
2 154	title	35		4 379	0.32	−5 040.53	0.000
2 159	section	646	0.06	10 241	0.76	−8 717.32	0.000

如表 7.1 和表 7.2 所示，与英语可比语料库（USC）相比，英语翻译语料库（PKU、WL）的实词分布变异基本相近。从法律文本、法条表述概念来看，英语翻译语料库（PKU、WL）中仅有“law”“provision”，以及“article”三个概念。与英语可比语料库（USC）相比，“article”分布差异最为显著。“law”通常被译为“法律”，包括抽象意义、也包括具体意义（薛波，2003：786），通常是指（1）法律社会制度“The regime that orders human activities and relations through systematic application of the force of politically organized society”，(2)法律的总和、司法先例、认可的法律原则“the aggregate of legislation, judicial precedents, and accepted legal principles”，也可指（3）某一领域的总体法律规则“the set of rules or principles dealing with a specific area”，或者(4)某一成文法“a statute”(Garner，2009：962)。“article”通常被译为“条”，与我国法律条文的编号连用，是“(法律、契约等的）条”(薛波，2003：97)，其英文释义为“a separate and distinct part (as a clause or stipulation) of a writing”(Garner，2009：127)。“provision”通常被翻译为“规定”“条款”，指的是“法律、合同或其他文书的法律条款”(薛波，2003：1112)，其英文释义为“A clause in a statute, contract, or other legal instrument”(Garner，2009：1345)。

相比之下，英语可比语料库(USC)中表述法律的概念更为丰富，包括“code”“clause”“rule”“title”“section”“regulation”“paragraph”以及“subparagraph”等对法律细分类型、法律组成部分表述更为具体的内容，其中“code”，通常被翻译为“法典”(薛波，2003：241)，是指一套完整的、经过细致编写并正式颁布的实体法法律体系，是法律（laws）、法规（rules）或规章（regulations）经由系统的收集或完善的法律整体（Garner，2009：292）；“rule”是指法院或某一机构的内部规程的规章（regulation governing a court’s or an agency’s internal procedures）（Garner，2009：1446）；“regulation”广义上可以指规范任何行为的法律规定，狭义上指的是政府各部门根据法定权限所颁布的各种从属性规定（薛波，2003：1171）；“clause”常翻译为条款（薛波，2003：233），指的是法律文件中单独的节或规定，或指法律条目（1.A distinct section or provision of a legal document or instrument.2.ITEM）（Garner，2009：285）；“title”是指法规诉讼文书中的标题、题目、名称（薛波，2003：1345）；“section”“paragraph”，以及“subparagraph”，分别翻译成“节”或“款”，均指构成法律文件的条目（屈文生、邢彩霞，2005：63—66）。与英语可比语料库（USC）相比，英语翻译语料库（PKU、WL）中，可以表示立法文本的种类的相关术语较少，法律语篇的结构层次较为简单，主要以“article”呈现法律的层次，呈现简化的趋势。

在两个英语翻译语料库（PKU、WL）中“legal”“illegal”“illegally”的使用频词显著高于英语可比语料库（USC）。分别在三个语料库中检索“legal”，考察其语境意义，结果显示，“legal”在英语翻译语料库（PKU）、英语翻译语料库（WL）、英语可比语料库（USC）法律文本中99.9%的意义为“法律的”“法律规定的”。在英语翻译语料库（PKU、WL）中，意义完整的“legal”2词词簇包括“legal liabilities”（PKU观察数目＝156；WL观察数目＝80）、“legal liability”（PKU观察数目＝103；WL观察数目＝105）、“legal provisions”（PKU观察数目＝53；WL观察数目＝17）、“legal responsibility”（WL观察数目＝116）、“legal instruments”（PKU观察数目＝26）、“legal rights”（PKU观察数目＝41）等，而在英语可比语料库（USC）中，“liability”“liabilities”“provisions”“instruments”“rights”“responsibility”等涉及法律权利义务关系、法律规定等有关概念，没有采用“legal”进行修饰限定，以上单词可足以独立表示所指法律概念的全部内涵。英语可比语料库（USC）中，这些概念如涉及修饰、补充成分，往往与具体的限定内容一起构成搭配，如“civil liability”“financial responsibility”。由此可见，在法律概念汉译英翻译的过程中出现了显化趋势。这一显化趋势验证了Pym（2005）有关显化方向的推断，即当一种语言翻译成为另一种语言时，翻译出来的显化信息在翻译成早前的源语语言中，显化的信息不会被隐化。例如，从本节中所显示的数据来看，“liability”在翻译成中文时，通常译作“法律责任”，而“法律责任”在翻译成英文时，往往保留了显化信息“法律”，译为“legal liability”。

实词携带具体的信息，与源语文本内容的主题相关，受到源语文本直接制约，因此在考察翻译文本与原创文本之前的差异时，往往不对实词直接展开研究。肖忠华（2012）指出研究翻译语料库与本族语原创语料库，发掘翻译文本在语言特征的变化，功能词比实词更有意义，更能反映语言的变化特征（肖忠华，2012：82）。接下来，我们将对语料库中的功能词展开进一步观察。结合现有法律翻译研究，本节在统计功能词时将 be 动词、助动词、情态动词纳入考察范围。英语翻译语料库（PKU）、英语翻译语料库（WL）分别与英语可比语料库（USC）相比，前 100 个正关键词以及后 100 个负关键词中功能词分布如表 7.3 和表 7.4 所示，“#”表示语料库中的数字（下画波浪线标注内容为负关键词信息）。

表 7.3　　英语翻译语料库（PKU）—英语可比语料库（USC）功能词分布差异

Rank	Key word	Freq.in PKU	%	Freq.in USC	RC.%	Log_L	P
8	where	4 172	0.38	633	0.05	3 703.96	0.000
9	s	8 961	0.82	3 546	0.26	3 684.56	0.000
21	their	2 641	0.24	605	0.04	1 835.99	0.000
2 038	nothing	9		408	0.03	−412.78	0.000
2 060	unless	230	0.02	1 207	0.09	−540.60	0.000
2 061	except	346	0.03	1 481	0.11	−543.12	0.000
2 062	of	49 776	4.53	70 272	5.19	−550.21	0.000
2 076	an	4 715	0.43	9 238	0.68	−703.14	0.000
2 090	is	6 292	0.57	12 232	0.90	−903.67	0.000
2 091	would	17		882	0.07	−907.55	0.000
2 099	a	19 790	1.80	32 389	2.39	−1 015.82	0.000
2 100	which	2 375	0.22	6 132	0.45	−1 028.53	0.000
2 103	each	374	0.03	2 234	0.17	−1 112.60	0.000
2 109	in	16 453	1.50	28 737	2.12	−1 315.08	0.000
2 114	was	71		1 684	0.12	−1 521.96	0.000
2 121	any	6 760	0.61	15 887	1.17	−2 131.68	0.000
2 122	or	24 752	2.25	45 847	3.39	−2 776.25	0.000
2 123	that	3 270	0.30	12 446	0.92	−3 974.89	0.000
2 124	this	3 107	0.28	12 767	0.94	−4 471.91	0.000
2 126	#	27 354	2.49	55 113	4.07	−4 647.13	0.000
2 129	under	3 447	0.31	14 045	1.04	−4 871.73	0.000
2 132	such	1 757	0.16	17 364	1.28	−11 732.87	0.000

表 7.4　　英语翻译语料库（WL）—英语可比语料库（USC）
关键词表功能词分布

Rank	Key word	Freq.in WL	%	Freq.in USC	RC.%	Log_L	P
7	where	4 763	0.41	633	0.05	4 278.04	0.000
8	s	8 918	0.77	3 546	0.26	3 337.63	0.000
11	their	3 676	0.32	605	0.04	2 968.60	0.000
49	they	1 270	0.11	235	0.02	958.58	0.000
79	he	1 686	0.15	667	0.05	635.36	0.000
83	them	898	0.08	190	0.01	621.38	0.000
98	etc	504	0.04	44		530.91	0.000
2 062	whether	192	0.02	916	0.07	−405.01	0.000
2 064	will	180	0.02	898	0.07	−413.41	0.000
2 067	nothing	9		408	0.03	−429.75	0.000
2 074	unless	294	0.03	1 207	0.09	−458.81	0.000
2 082	of	52 550	4.56	70 272	5.19	−508.98	0.000
2 088	notwithstanding	10		534	0.04	−573.63	0.000
2 108	except	260	0.02	1 481	0.11	−760.50	0.000
2 122	which	2 596	0.23	6 132	0.45	−962.16	0.000
2 123	would	14		882	0.07	−964.05	0.000
2 124	as	4 654	0.40	9 495	0.70	−1 002.96	0.000
2 126	is	6 426	0.56	12 232	0.90	−1 023.68	0.000
2 133	each	337	0.03	2 234	0.17	−1 278.32	0.000
2 135	an	4 021	0.35	9 238	0.68	−1 355.75	0.000
2 142	was	67		1 684	0.12	−1 609.93	0.000
2 146	that	5 001	0.43	12 446	0.92	−2 196.29	0.000
2 148	a	17 407	1.51	32 389	2.39	−2 489.98	0.000
2 149	or	24 686	2.14	45 847	3.39	−3 499.31	0.000
2 150	under	4 492	0.39	14 045	1.04	−3 751.24	0.000
2 151	this	3 386	0.29	12 767	0.94	−4 400.54	0.000
2 155	#	27 712	2.41	55 113	4.07	−5 365.63	0.000
2 157	any	2 950	0.26	15 887	1.17	−7 803.80	0.000
2 158	such	3 298	0.29	17 364	1.28	−8 371.85	0.000

如表 7.3 和表 7.4 所示，英语翻译语料库（PKU）、英语翻译语料库（WL）与英语可比语料库（USC）相比，关键功能词的数量均小于负关键功能词的数量，这与上文中第 6 章第 6.3 节中词汇密度研究结论相呼应，英语翻译语料库（PKU、WL）的词汇密度更高，功能词分布比例小于英语可比语料库（USC）。如表 7.3 和表 7.4 所示，英语翻译语料库（PKU、WL）中使用“where”（连词）、“’s”（所有格）、“their”（代词）等功能词的频率高于英语可比语料库（USC）。李克兴（2013）对比了香港《公司条例》中以“where”和“if”为引导词的条件句，认为“where”更倾向于引导复杂条件句，而“if”则倾向于引导简单条件句。“if”是英语中常用的条件句引导词，“where”是语气颇为正式的引导词。由于立法文本为规范性文本，语体风格庄严正式，“where”在法律语篇中引导条件状语从句比例较高（李克兴，2013：88）。换言之，法律翻译文本中“where”所引导的条件句不仅包含源语中的语义信息，也承载着立法文本的语类特征。与英语可比语料库（USC）相比，英语翻译语料库（PKU、WL）中“where”出现超用的情况，这也反映译者在法律翻译过程中，倾向于显化翻译文本的文体特征，这也与具体的翻译规范有关。

英语翻译语料库（PKU、WL）与英语可比语料库（USC）的功能词分布差异也体现在人称代词的使用上。与英语相比，汉语代词类型较少，使用频率较低（刘宓庆，1998：445）。由于代词具有连接上下语篇的功能，翻译文本倾向于出现代词使用频率增加的情况，以便使译文更加连贯（王克非、胡显耀，2010：20；肖忠华，2012：94）。王克非、胡显耀（2010）对比研究汉语翻译语料和汉语原创语料，发现汉语翻译语料中“他”的使用频率高于汉语原创语料。如表 7.3 和 7.4 所示，两个英语翻译语料库，特别是英语翻译语料库（WL）的前 100 正关键词中第三人称代词的使用频率高于英语可比语料库（USC）。英语翻译语料库（WL）中“their”“they”“he”“them”显著高于英语可比语料库（USC）。郑安文（2011）对比分析我国宪法与美国宪法中的指称发现，美国宪法倾向于使用人称代词，其中有“he”（25 次）、“their”（20 次）、“it”（14 次）、“they”（12 次）、“his”（6 次）、“him”（3 次）（2011：74），而我国宪法出现过的人称代词是“他们”（3 次）（2011：75），我国法律文本回指前文内容时通常采用原词重现方式，在英语立法文本汉译过程中，法律翻译者倾向利用名词，重复替代源语文本的人称代词（2011：75）。本研究结合郑安文（2011）对比分析了汉语源语语料库（CHN）、英语翻译语料库（PKU、WL）及英语可比语料库（USC）中主要人称代词分布情况，如表 7.5。

表 7.5　汉语源语语料库（CHN）、英语翻译语料库（PKU）、英语翻译语料库（WL）及英语可比语料库（USC）主要人称代词观察数

汉语	CHN	英语	PKU	WL	USC
他们	18	they	764	1 270	235
		them	738	898	190
他们的	10	their	2 641	3 676	605
他	46	he	1 159	1 686	667
		him	355	371	266
他的	23	his	1 210	1 614	849
她	—	she	302	124	26
她的	—	her	498	301	111
它	16	it	4 390	3 454	2 193
它的	11	its	2 459	2 371	1 806

表 7.5 显示了四个语料库的主要人称代词的分布情况。将汉语源语语料库（CHN）与英语可比语料库（USC）相比较，可以直观地看到汉语立法文本中，郑安文（2011）所举例的人称代词使用频率极低。另外，英语可比语料库（USC）中的“it”的观察数是汉语源语语料库（CHN）的 137.06 倍。王克非、胡显耀（2010）基于汉语文学翻译研究，认为英语原创文本中“it”的高频分布原因与“it”的语义功能有关，“it”在英语也充当先行词、强调词等功能（连淑能，1993：81）。综合结果，两个英语翻译语料库（PKU、WL）所出现的人称代词使用频率均高于英语可比语料库（USC）。但是立法文本作为规范性文本，与其他文本的语言特征存在一定差异，我国法律文本大量采用人称代词“其”，如《中华人民共和国安全法》第 23 条第 2 款规定“生产/vn 经营/vn 单位/n 不得/v 因/p 安全/an 生产/vn 管理/vn 人员/n 依法/d 履行/v 职责/n 而/c 降低/v 其/rr 工资/n、/w 福利/n 等/u 待遇/n 或者/c 解除/v 与/p 其/rr 订立/v 的/uj 劳动/vn 合同/n。/w”（该法条为分词标注后的结果，下画线为笔者标注。）。Segtag 1.19 分词系统可以较好区分代词的二级分类，该分词系统将人称代词“/rr”，这里结合第 6 章第 6.6 小节中分析的四个语料库的代词分布情况做进一步讨论，第 6.6 节中图 6.12 和表 6.22 分别表明汉语源语语料库（CHN）代词分布比例（2.43%）显著高于英语翻译语料库（PKU、WL）（1.01%）及英语可比语料库（USC）（0.56%），英语翻

译语料库（PKU、WL）代词分布比例显著高于英语可比语料库（USC）。本研究中，汉语词类标注集代词二级分类分为人称代词（/rr）、指示代词（/rz）、不定代词（/rd）、名代词（/rn）、疑问代词（/ry）及代语素（/rg），由于汉语词类标注集没有限定词词类，"本单位""其他单位""该公司" 分词标注为"本/rz 单位/n" "其他/rz 单位/n" "该/rz 公司/n"，而"本法" 标注为"本法/rn"。鉴于汉英标注体系的差异，本研究协同两个语言的标注系统，对研究数据进一步筛查，汉语源语语料库（CHN）、英语翻译语料库（PKU）、英语翻译语料库（WL）、英语可比语料库（USC）的代词具体分布情况如表 7.6 所示。

表 7.6　汉语源语语料库（CHN）、英语翻译语料库（PKU）、英语翻译语料库（WL）及英语可比语料库（USC）代词分布

汉英	CHN		PKU		WL		USC	
标注	观察数	%	观察数	%	观察数	%	观察数	%
/rn _PN&PNX	1 129	0.152 4	41	0.003 9	81	0.007 4	39	0.002 9
/rd _PN1	2 159	0.291 4	511	0.048 5	335	0.030 5	588	0.044 4
/ry _PNQ	22	0.003 0	2 312	0.219 4	2 814	0.256 5	2 710	0.204 5
/rr _PP	4 575	0.617 5	7 814	0.741 4	7 854	0.715 9	3 907	0.294 8
分布总计	7 885	1.064 2	10 678	1.013 2	11 084	1.010 3	7 244	0.546 6

如表 7.6 所示，在整合汉英词类标注体系的差异后，可以发现英语翻译语料库(PKU)、英语翻译语料库(WL)的代词总体分布情况与汉语源语语料库(CHN)相当，浮动在 1.01%至 1.06%之间。英语翻译语料库（PKU）、英语翻译语料库（WL）的代词总体分布显著高于英语可比语料库（USC）并不意味着英语语言特征的显化，而是一种源语迁移现象。但英语翻译语料库（PKU）、英语翻译语料库（WL）的人称代词分布比例明显高于汉语源语语料库（CHN），表明两个翻译文本也尝试采用人称代词回指的方法，以弥补汉英立法语言在语体风格上的差异，显化翻译语言在语篇上的连贯性特征。

总体而言，英语翻译语料库（PKU）—英语可比语料库（USC）、英语翻译语料库（WL）—英语可比语料库（USC）的负关键词类型比较丰富，主要集中在功能词上。英语翻译语料库（PKU、WL）分别与英语可比语料库（USC）比较的后 100 负关键词的功能词分布差异如表 7.7 所示。

表 7.7　英语翻译语料库（PKU）及英语翻译语料库（WL）负关键功能词分布

类别	PKU 负关键词	WL 负关键词
冠词	a；an	a；an
代词	nothing	nothing
连词	or；unless	whether；as；unless；or
限定词	each；this；any；such；which	such；any；each；this；which
介词	except；notwithstanding；under；in；of	except；notwithstanding；under；of
助动词	would	will；would
be 动词	is；was	is；was

如表 7.7 所示，两个英语翻译语料库（PKU、WL）中的负功能词的分布差异基本一致，间接反映了法律翻译功能词使用的一致性。法律翻译文本与法律原创文本相比，主要呈现以下几个趋势：法律翻译文本中不定冠词和限定词的使用类型低于法律原创文本，法律翻译文本明晰化的程度较低，与英语原创立法文本相比，翻译信息趋于隐化；法律翻译文本中的助动词、be 动词的使用类型低于法律原创文本，可以推测法律翻译文本中的时态变化程度较低；法律翻译文本中连词的使用类型较少，表明法律翻译文本使用从句多样性小于法律原创文本，翻译文本在从句关系上呈现整齐化趋势。两个英语法律翻译文本呈现了一致的翻译可见性特征，一定程度上反映了我国目前法律翻译的操作规范。

本节数据结果与前人研究也有一定的差异性，过往研究中，学者们采用语料库对法律翻译的关注点主要集中在“shall”“may”等情态动词分布特征上。如蒋婷、金雯（2012）自建 100 万词中国立法翻译语料库及英国成文法对比语料库，对“shall”“may”等九个情态动词的使用频率进行对比分析，认为翻译文本中过度使用“shall”，过度凸显了法律强制性，而“may”使用频率相对较低，忽略了法律法规的授权性。王子颖（2013）基于中国法律法规汉英平行语料库（PCCLD）中的内地和香港汉英平行语料库，分析了两个法域的“shall”“may”及其否定形式的分布，认为“shall”和“may not”被过度使用。本研究的关键词分析显示，将英语翻译语料库（PKU）、英语翻译语料库（WL）分别与英语可比语料库（USC）相比较，“shall”“may”并未出现在正关键词或负关键词词表中。本研究认为出现这种差异需要考量三个方面的因素。首先，汉语源语文本的内容会影响译文的情态动词的分布特征。如果汉语立法文本的强制性法律规定比例偏高，并且强制性规定通常用“应当”“必须”“须”等情态动词表示，以凸显法律的强制性，法律翻译译文也要如实地传递源语文本中强制性的语言内容，我国法律英语翻译文本将“shall”作为强制性情态动词的对等翻译（李克兴、张新红，2004：153–157），因此“shall”在译文的比例也会相对较高。将蒋婷、金雯（2012）、王子颖（2013）列举的误例排除在统计范围之外，翻译文本中“shall”的分布反映了中国立法文本中强制性规定的基本分布。其次，英语翻译语料库与英语可比语料库的构建也会影响比较结果。所选语料中不同部门法的强制性规范、禁止性规范、许可性规范分布比例不同，这会影响研究的结果。本研究中，英语可比语料库（USC）是以美国法典、美国联邦程序法为文本基础建立的，英语翻译语料库（PKU、WL）与英语可比语料库（USC）部门法分布内容分布均衡。Gong（2016）对比研究了《中华人民共和国刑法》的官方译本以及美国刑法典（Model Penal Code）中的“shall”分布情况，发现我国刑法官方译本中的“shall”分布比例高于美国刑法典，可以初步推测《中华人民共和国刑法》中强制性法律规范的比例要高于美国刑法典中的分布情况。再次，从语料库翻译学和描写翻译学的理论基础出发，“shall”在英语翻译法律文本中的情况，反映了法律翻译中存在 Laviosa（1998b）呈现的集中化和整齐化趋势。“shall”作为情态动词，可在法律语言中表示命令、义务、职责、权利、特权和许诺等意义（李克兴，2007：54）。“shall”是英文立法文体的一个主要词汇（李克兴、张新红，2004：151）。从描写视角出发审视我国立法翻译文本，可以推测立法文本译者更倾向于将强制性法律规定中的情态意义与“shall”联系起来。换言之，“shall”与其他法律术语一样承载了法律语言基本特征，“shall”的使用也反映了英语法律翻译文本对法律文本风格的显化趋势。

两个英语翻译语料库（PKU、WL）与英语可比语料库（USC）相比，在与“法”意义相关用词、法律结构用词、功能词分布方面存在可见性差异。两个意义平行的英语翻译语料库（PKU、WL）之间也存在一定差异。本研究进一步分析英语翻译语料库（PKU）、英语翻译语料库（WL）的比较结果。基于前 100 关键词与后 100 负关键词的分布差异，本研究梳理英语翻译语料库（PKU）、英语翻译语料库（WL）中与“law”相关实词分布情况，如表 7.8（下画波浪线标注内容为负关键词信息）。

表 7.8　英语翻译语料库（PKU）—英语翻译语料库（WL）关键词表中“law”相关实词分布

Rank	Key word	Freq.in PKU	%	Freq.in WL	RC.%	Log_L	P
8	regulation	323	0.03	79		170.58	0.000
26	bylaw	82		0		117.58	0.000
42	stipulations	209	0.02	62		91.26	0.000
59	bylaws	45		0		64.53	0.000
305	ad	8		86		−71.97	0.000
316	litem	5		82		−78.76	0.000
357	regulations	1 393	0.13	2 469	0.21	−255.30	0.000

如表 7.8 所示，对于具体法律法规类型翻译，英语翻译语料库（PKU）、英语翻译语料库（WL）之间存在可见性差异。两个英语翻译语料库中“regulation”呈现不同的数（单数复数）的变化差异。英语翻译语料库（WL）倾向于使用“regulation”的复数形式，英语翻译语料（PKU）倾向于使用单数形式。英语翻译语料库（PKU）中出现了两个与法律规定有关的细化的概念：“bylaw”以及“stipulation”。“stipulation”指的是“契约或协定中的实质性条款，诉讼协议”（薛波，2003：1294），“A material condition or requirement in an agreement; A voluntary agreement between opposing parties concerning some relevant point; esp., an agreement relating to a proceeding”（Garner，2009：1550）。“bylaw”是指“内部章程”（薛波，2003：183）即“组织为其内部治理和外部交易采取的规则或行政规定”（A rule or administrative provision adopted by an organization for its internal governance and its external dealings），或者指（地方性）条例法规（Garner，2009：228）。英语翻译语料库（PKU）中“bylaw”或“bylaws”所出现的文本跨度，分布于《中华人民共和国农村土地承包经营纠纷调解仲裁法》《中华人民共和国石油天然气管道保护法》《中华人民共和国消费者权益保护法》《中华人民共和国企业国有资产法》《中华人民共和国证券投资基金法》《中华人民共和国国防教育法》《中华人民共和国公司法》等 14 个具体法律中。如例［7.1］《中华人民共和国公司法》第 28 条，英语翻译语料库（PKU）中翻译为 bylaw 的部分，英语翻译语料库（WL）中翻译为“articles of association”或“articles of association of the company”。

例［7.1］

CHN：第二十八条　股东应当按期足额缴纳公司章程中规定的各自所认缴

的出资额。(《中华人民共和国公司法》 第 28 条)

PKU: Article 28 Each shareholder shall make full payment for the capital contributions he has subscribed to according to the bylaw.

WL: Article 28 The shareholders of a company shall, according to the schedule, make full payment for the capital contributions that they have respectively subscribed for as specified in the articles of association of the company.

英语翻译语料库(PKU)、英语翻译语料库(WL)的关键词表中还出现了拉丁语形容词“ad litem”,意思是“专为诉讼指定的”([Latin‘for the suit’] For the purposes of the suit)(Garner,2009:49)。英语翻译语料库(WL)中“ad litem”的使用频率显著高于英语翻译语料库(PKU),出现的法律文本跨度更为广泛,如《中华人民共和国海事诉讼特别程序法》《中华人民共和国行政诉讼法》《中华人民共和国民事诉讼法》《中华人民共和国刑事诉讼法》《中华人民共和国检察官法》等七个法律。换言之,不同团队翻译会造成法律翻译文本之间的可见性差异,呈现不同的译者风格。表 7.9 列出了两个英语翻译语料库(PKU、WL)对缩写词与古旧词的处理差异(下画波浪线标注内容为负关键词信息)。

表 7.9 英语翻译语料库(PKU)—英语翻译语料库(WL)关键词表中缩写词与古旧词分布

Rank	Key word	Freq.in PKU	%	Freq.in WL	RC.%	Log_L	P
5	PBC	131	0.01	0		187.84	0.000
15	ICH	94		0		134.79	0.000
21	CAA	86		0		123.31	0.000
37	t	90		4		101.33	0.000
40	PRC	66		0		94.64	0.000
47	NGOs	58		0		83.17	0.000
53	NGO	49		0		70.26	0.000
84	b	27		0		38.72	0.000
87	c	26		0		37.28	0.000
306	hereof	15		106		−72.84	0.000
320	herein	26		142	0.01	−82.76	0.000
347	thereon	35		221	0.02	−142.01	0.000
362	RMB	197	0.02	746	0.06	−315.38	0.000

如表 7.9 所示，英语翻译语料库（PKU）倾向于使用缩写形式。相比之下，“PBC”“ICH”等表达方式在英语翻译语料库（WL）中没有出现，由于 WordSmith 7.0 软件的统计方法，“t” 是 “don’t” 等否定形式的部分语言片段，根据表中的数据，英语翻译语料库（PKU）中的否定缩略形式使用率更高，倾向于采用“a”“b”“c” 的方式标序法条段落内容。而英语翻译语料库（WL）更倾向于使用古旧副词 “hereof”“herein” 等，凸显了法律英语的文体风格，呈现显化趋势。以上为部分典型性实词的使用差异，反映两个翻译团队不同的译者风格。那么，两个英语翻译语料库（PKU、WL）中的功能词分布又会存在何种差异呢？本研究中的数据显示，英语翻译语料库（PKU）与英语翻译语料库（WL）相比，负关键词功能词更多，见表 7.10（下画波浪线标注内容为负关键词信息）。

表 7.10　　英语翻译语料库（PKU）—英语翻译语料库（WL）功能词分布差异

Rank	Key word	Freq.in PKU	%	Freq.in WL	RC.%	Log_L	P
50	whereas	69		3		78.02	0.000
282	but	1 153	0.10	1 607	0.14	−55.19	0.000
285	ones	34		131	0.01	−56.40	0.000
301	not	5 844	0.53	7 077	0.61	−66.98	0.000
311	he	1 159	0.11	1 686	0.15	−74.97	0.000
324	than	3 272	0.30	4 276	0.37	−90.88	0.000
326	under	3 447	0.31	4 492	0.39	−93.18	0.000
332	they	764	0.07	1 270	0.11	−104.53	0.000
342	their	2 641	0.24	3 676	0.32	−125.15	0.000
346	another	249	0.02	606	0.05	−137.41	0.000
355	with	6 751	0.61	8 945	0.78	−213.15	0.000
358	for	13 829	1.26	17 566	1.52	−287.43	0.000
359	that	3 270	0.30	5 001	0.43	−288.10	0.000
361	are	2 985	0.27	4 685	0.41	−304.20	0.000
365	such	1 757	0.16	3 298	0.29	−407.63	0.000
367	in	16 453	1.50	21 388	1.86	−434.19	0.000

如表 7.10 所示，与英语翻译语料库（WL）相比，英语翻译语料库（PKU）的正关键功能词的数量小于负关键功能词，这与第 6 章第 6.3 节中有关词汇密度

的讨论结果一致，英语翻译语料库（WL）中所使用功能词的类型和数量更多。英语翻译语料库（WL）中使用的关键功能词包括（1）代词："their""ones""he""they"；（2）连词："but""for""than"；（3）限定词："such""another""that"。前人研究结果分别阐释了代词（Pápai，2004；王克非、胡显耀，2010）和连词（Xiao & Yue，2009；肖忠华，2012）在翻译语言中的显化倾向。将两个翻译文本相比较，可以看出英语翻译语料库（WL）呈现出更为明显的显化趋势，表明两个法律英语译文存在不同的译者风格。

7.2　语义趋向变化

在传统语言学的研究中，词汇曾被认为是"无序的"（lawless）（Di Sciullo & Williams，1987：3）。Sinclair（1991）归纳了语言产出的两种方法，"习语原则"（idiom principle）和"自由选择原则"（open-choice principle），指出语言使用是这两种原则的有机结合，自由选择原则是指依照语法规则可以造出无限多的组合，而习语原则是指语言使用会受到特定因素制约，依赖于现有的语言片段（Sinclair，1991：110）。Hunston & Francis（2000）基于大规模语料的词汇特征，明确了词汇在语言研究中的重要地位，提出"模式语法"（pattern grammar），认为模式就是词项在大量文本中所呈现的语言行为属性。语料库检索中，索引文（concordance lines）的结果表明大量的文本可能由半固定的语言片段组成（Sinclair，1991，2004）。语义趋向（semantic preference）是基于习语原则、共选研究（co-selection）提出的扩展意义单位的要素（Sinclair，1996）。语义趋向与语义韵（semantic prosody）的意义有所区别，但也存在共通之处，均是指与搭配有关的词语意义。目前，语义趋向和语义韵逐渐成为语料库语言学研究的热点，Stubbs（2001b）、Tognini-Bonelli（2002）、Partington（2004）、Bednarek（2008）等对这两个概念做了进一步的阐明和研究。Stubbs 指出，尽管语义趋向和语义韵并非全然分开（2001b：66），词语的语义韵是指因搭配而带有的褒贬色彩，语义趋向是指节点单词与其邻近一组词之间的关系（2001b：65），搭配词的共同语义特征构成了节点词的语义趋向（Stubbs，2002），即"节点词周围倾向于出现的搭配偏好"（Bednarek，2008：122）。近年来，学界逐渐认识到语义倾向和语义韵在描写翻译研究中的重要性。Tognini-Bonelli（2002）认为语义趋向和语义韵在确保翻译功能意义对等中起着重要的作用。国内学者朱一凡、胡开宝（2014）的研究表明语义韵变化构成了翻译语言变体的一部分；杨晓琳、程乐（2016）的研究表明语义韵的褒、贬或中性语义在不同语类中的语言特征也各有不同。由此可见，无论是语义倾向，还是语义本身，都是在语言的实际使用中形成的。

Zipf（1932）在研究英文单词出现频率时，发现高频词往往包含更多的义项，词频的高低与词义的多寡正相关性。以往词频与词义的探索主要是基于单语语料进行的。上一小节关键词的探讨中，研究发现两个英语翻译语料库（PKU、WL）中法律法规类型翻译成简化和集中化的趋势，英语翻译语料库（PKU）、英语翻译语料库（WL）中主要以“article”“law”两个词为主，其词频显著高于英语可比语料库（USC）。而英语可比语料库（USC）中法律法规类型则更为丰富，包括“rule”“title”“clause”等，这些词的词频高于英语翻译语料库（PKU、WL），具有统计学意义上的显著差异。

英语翻译语料库（PKU）、英语翻译语料库（WL）中，“article”用于翻译法律条文的编号，如例［7.2］。

例［7.2］

CHN：第一条　为了防范、制止和惩治间谍行为，维护国家安全，根据宪法，制定本法。（《中华人民共和国反间谍法》 第 1 条）

PKU: Article 1 To prevent, frustrate and punish espionage and maintain national security, this Law is developed in accordance with the Constitution.

WL: Article 1 This Law is formulated pursuant to the Constitution, with a view to preventing, stopping and punishing acts of espionage, and safeguarding state security.

英语立法文本中的“article”译为汉语时，一般翻译为“条”（屈文生、邢彩霞，2005：63–66）。英语翻译语料库（PKU、WL）均以“article”编号法条，因此，“article”在英语翻译语料库（PKU、WL）中使用比例显著高于英语可比语料库（USC）亦属于情理之中。相比之下，英语可比语料库（USC）中，用于编号法条的法律术语则更为丰富，如美利坚合众国宪法（Constitution of the United States）包含“Article I. Congress”等七个条目，每个条目分别以“article”编号，但每个“article”项下也有更为具体的法条编号，包括“节”（section）以及“条款”（clause）如例［7.3］（黑体为笔者标注）。

例［7.3］

Article I. The Congress

Section 2, Clause 1. House of Representatives; Composition and Election of Members

The House of Representatives shall be composed of Members chosen every second Year by the People of the several States, and the Electors in each State shall have the Qualifications requisite for Electors of the most numerous Branch of the State Legislature.

再如《美利坚合众国地方法院联邦民事诉讼法规》（Federal Rules of Civil Procedure for the United States District Courts）中，法规条目的编号则没有使用“article”，而是使用了“title”和“rule”具体情况如例［7.4］（黑体为笔者标注）。

例［7.4］

Title I. Scope of Rules; Form of Action

Federal Rules of Civil Procedure **Rule 1**

Rule 1. Scope and Purpose

These rules govern the procedure in all civil actions and proceedings in the United States district courts, except as stated in **Rule 81**.

如例［7.3］和例［7.4］所示，英语可比立法文本中，“title”“rule”“clause”等语言形式既可以表示不同的法律法规类型，也可以用于法律条目编号。而在英语法律翻译语言中，“title”“rule”“clause”“section”等词频显著下降。这表明，一方面翻译文本中法律法规的类型呈简化、集中化趋势，另一方面也反映了法律条目编号翻译的整齐化趋势，英语翻译文本仅采用“article”进行法律条目编号翻译；相应地，“rule”“clause”等语言形式在原创语言中“可用于编号法律条目”的这一语义趋向在翻译语言中逐渐消失。

本研究发现，英语翻译文本中“law”的使用频率显著高于英语可比文本，其语义趋向也更为丰富。英语中“law”可以指抽象的法律概念，也可以指具体的法律概念（薛波，2003：786）。但是，在英美成文法中“law”主要表示抽象的法，如“通过强制力规定人类社会与关系的制度；立法、司法先例、法律原则的总和；某一司法管辖地的法律体系、标准、原则；法律制度内某一领域的一整套规则或原则等”（Garner，2009：962）。本研究对英语翻译语料库（PKU、WL）中的“law”的语境检索发现，英语翻译文本中的“law”既可用来表示抽象的法律概念，如固定表达“in accordance with law”（PKU 观察数目 = 796；WL 观察数目 = 276）、“in accordance with the law”（PKU 观察数目 = 770；WL 观察数目 = 460）、“according to law”（PKU 观察数目 = 926；WL 观察数目 = 870）；也可用来表示具体的法，如具体法律名称“Work Safety Law of the People's Republic of China”，或者某一部具体法律“this law”。基于“law”2—4 词高频词簇的观察，本研究对“law”的语义趋向分布进行分析。英语翻译语料库（PKU、WL）、英语可比语料库（USC）中“a law firm”“a law enforcement”等“law”作为修饰限定的表达，因与统计抽象—具体语义趋向无关将其剔除。本研究在统计英语翻译语料库（PKU、WL）中“the law”语义趋向时，没有统计由“依法”翻译成程式化表达“in accordance with the law”“according to the law”“pursuant to the law”中的频次。通过对索引文进行检查，本研究发现，法律翻译文本和法律原创文本的中“law”的语义均有具体的意思也有抽象的意思。如词簇“the law”这一表达形式，可有抽象、具体两种语义趋向，一方面可以表示特指的具体法律，如“and（ii）civilian law enforcement personnel are not capable of enforcing **the law**”（一部具体颁布实施的法律），也可以表示抽象的、整体的法律如“in the last analysis its decision turns upon **the law** of the United States，not that of any state”（法律的总体）。对索引文进一步分析表明，“law”的语义趋向在不同的语料库中分布不同，英语翻译语料库（PKU）、英语翻译语料库（WL）以及英语可比语料库（USC）中“law”分布情况如表 7.11 所示。

表 7.11　英语翻译语料库（PKU）、英语翻译语料库（WL）及英语可比语料库（USC）“law”的抽象—具体语义趋向分布情况

语义趋向	词项	PKU		WL		USC	
		观察数	百分比	观察数	百分比	观察数	百分比
具体（特指）	this law	2 662	51.69%	2 878	55.10%	1	0.09%
	the present law	349	6.78%	8	0.15%	1	0.09%
	that law	2	0.04%	1	0.02%	6	0.52%
	the law	104	2.02%	126	2.41%	8	0.70%
相对抽象（泛指）	a law	65	1.26%	25	0.48%	22	1.92%
	any law	151	2.93%	2	0.04%	45	3.92%
	laws	1 199	23.28%	1 570	30.06%	471	41.06%
抽象（概念）	the law	221	4.29%	207	3.96%	124	10.81%
	by law	217	4.21%	263	5.04%	242	21.10%
	of law	180	3.50%	143	2.74%	227	19.79%
观察数总计		5 150		5 223		1 147	

对数似然比检验表明，英语翻译语料库（PKU、WL）与英语可比语料库（USC）在“具体—抽象”语义趋向上呈现显著差异，如表 7.12。

表 7.12 英语翻译语料库（PKU）、英语翻译语料库（WL）、英语可比语料库（USC）“law”的语义趋向变化对数似然比及其显著性

具体	Log-likelihood 值	显著性		
PKU*USC	1 107.22	0.000	***	+
WL*USC	1 051.49	0.000	***	+
PKU*WL	3.53	0.060		+
相对抽象	Log-likelihood 值	显著性		
PKU*USC	102.21	0.000	***	–
WL*USC	68.38	0.000	***	–
PKU*WL	8.59	0.003	**	–
抽象	Log-likelihood 值	显著性		
PKU*USC	589.91	0.000	***	–
WL*USC	605.19	0.000	***	–
PKU*WL	0.15	0.697		+

如表 7.11 和表 7.12 所示，法律文本中的“law”语义趋向是一个由具体和抽象构成两端的连续统，目的语原创法律文本中的“law”语义趋向为“抽象的法”。在法律翻译文本中“law”的语义发生了变化，“law”的语义趋向也指向具体（特指）的内容，“具体的法”。英语翻译语料库（PKU）与英语翻译语料库（WL）之间的语义趋向分布基本一致，但在相对抽象这一类别上有显著差异。在英语翻译语料库（PKU、WL）中，“this law”占整体观察总数的 50% 以上，在英语可比语料库（USC）中，“this law”仅有一例。如上一小节所述，通过关键词对比，本研究发现，在处理法律法规类型时，英语翻译语料库（PKU、WL）没有采用如“rules”“acts”等其他类型法律对等翻译，而将汉语源语文本中涉及法律的内容译成“law”“law”，因此成为法律法规类型简化、整齐化的主要载体，法律翻译文本呈现简化和整齐化的趋势。在英语可比语料库（USC）中，检索出“this Act”1 032 例、“this rule”179 例、“this clause”126 例，在英语翻译语料库（PKU）和英语翻译语料库（WL）中均未检索到以上词项。

Zipf 认为人类行为普遍遵循省力原则（the principle of least effort）（Zipf，1949）。语言实践作为人类主要行为，也遵循这样的原则，即用尽可能少的投入获得尽可能多的效果。以上研究结果表明，法律翻译文本也遵循这样的原则，具体表现在“article”“law”的集中化趋势。但这一省力原则也包含着均衡的思想，以确保信息接受者获得最佳的效果。本研究发现，“law”的语义趋向，并非简单地由抽象（概念）转为具体（特指），而是呈现丰富化趋势，既包含抽象意义，也包含具体意义。与语言形式简化趋势相反，“law”具体语义趋向呈现丰富化特征，换言之，为保证文本信息内容的完整，翻译语言中语言形式的简化会引起语义的丰富化。另外，与法律可比文本相比，法律翻译文本中“law”的词频显著升高，其语义趋向呈现丰富化趋势的现象，也验证了 Zipf（1932）词频与语义的关系，由此可见，翻译可见性也是一个动态的、协同的系统。

7.3 立法文本中的成语翻译

上一节笔者探讨了法律法规类型的翻译情况。法律法规的类型是各语言法律翻译中都会涉及的内容，研究发现，法律法规类型翻译在语言形式上呈现简化、集中化趋势，承载集中化趋势的高频词语的语义趋向呈现丰富化趋势。本节将关注汉语立法文本中特有的四字成语翻译，从原文与译文关系的传统翻译视角出发，描写法律翻译事实，探讨法律翻译对等的概率性特征。

在我国法律文本制作过程中，为取得较好表达效果，会适当使用四字成语等“四字语型”修饰手段。四字成语大部分来源于古代书面语，具有结构稳定、承袭性强、色彩庄严的特点（陈木逢，2001）。成语是人民群众长期惯用的固定短语，是民族语言文化的载体（向光忠，1982）。汉语成语言简意赅，大多为四字格，在语言结构、表达方式具有鲜明的特色（王勤，2006：238–240）。林汝昌（1963）探讨了汉语成语翻译的一般策略，建议对汉语成语一般都采用直译或半直译的方法，也可采用意译或借用英文成语的方法。过往研究从文化（李悦，2005；李海琪，2008）、功能（衡孝军，2003）、隐喻（杨红，2010；刘泽权、朱虹，2008）等角度都有一定探讨。立法文本中的四字成语是我国立法文本的专有特点，具有鲜明的文化属性，在英语法律文本中难以找到在形态和功能完全对等的词语，存在翻译对等缺失。那么，在这样的情况下，这些成语是怎样翻译的？法律英语翻译文本又会出现何种可见性特征呢？本节将就这一问题展开探讨。汉语源语语料库（CHN）中的四字成语的识别由汉语分词标注软件自动完成，分词软件将成语识别标注为“i”。汉语源语语料库（CHN）中共计 404 例成语，基本情况如表 7.13。

如表 7.13 所示，我国立法文本中的成语分布并不均衡，如“玩忽职守”“徇私舞弊”等覆盖率约为 50%，另有 22 例成语词语仅在语料库中出现一次，覆盖

表 7.13 汉语源语语料库（CHN）成语分布情况

序号	汉语成语	语义色彩	频数	覆盖率	序号	汉语成语	语义色彩	频数	覆盖率
1	徇私舞弊	消极	110	46.99%	30	量力而行	中性	2	1.20%
2	玩忽职守	消极	99	51.81%	31	偷工减料	消极	2	0.60%
3	弄虚作假	消极	37	12.65%	32	为人师表	积极	2	1.20%
4	因地制宜	积极	22	8.43%	33	徇情枉法	消极	2	0.60%
5	秉公执法	积极	17	9.64%	34	因材施教	积极	2	0.60%
6	统筹兼顾	积极	10	4.82%	35	营私舞弊	消极	2	1.20%
7	实事求是	积极	6	3.61%	36	戴罪立功	积极	1	0.60%
8	通风报信	消极	6	2.41%	37	当家作主	积极	1	0.60%
9	敲诈勒索	消极	5	1.20%	38	翻天覆地	中性	1	0.60%
10	招摇撞骗	消极	5	1.20%	39	奋不顾身	积极	1	0.60%
11	独立自主	积极	4	2.41%	40	奉公守法	积极	1	0.60%
12	公平交易	积极	4	1.81%	41	各尽所能	中性	1	0.60%
13	厉行节约	积极	4	2.41%	42	各司其职	中性	1	0.60%
14	屡教不改	消极	4	1.81%	43	光辉灿烂	积极	1	0.60%
15	勤俭节约	积极	4	1.81%	44	和睦相处	积极	1	0.60%
16	封山育林	中性	3	0.60%	45	假公济私	消极	1	0.60%
17	化整为零	消极	3	1.20%	46	艰难险阻	消极	1	0.60%
18	全心全意	积极	3	1.81%	47	量入为出	中性	1	0.60%
19	造谣惑众	消极	3	0.60%	48	临阵脱逃	消极	1	0.60%
20	自力更生	积极	3	1.81%	49	前仆后继	积极	1	0.60%
21	残缺不全	消极	2	1.20%	50	任人唯贤	积极	1	0.60%
22	乘人之危	消极	2	1.20%	51	舍己救人	积极	1	0.60%
23	粗制滥造	消极	2	0.60%	52	贪生怕死	消极	1	0.60%
24	德才兼备	积极	2	1.20%	53	贪赃枉法	消极	1	0.60%
25	国计民生	中性	2	1.20%	54	囤积居奇	消极	1	0.60%
26	艰苦奋斗	积极	2	1.20%	55	违法乱纪	消极	1	0.60%
27	救死扶伤	积极	2	0.60%	56	有伤风化	消极	1	0.60%
28	据为己有	消极	2	1.20%	57	自强不息	积极	1	0.60%
29	力所能及	中性	2	0.60%	总计			404	

率为 0.06%。另一方面，研究发现，法律文本中的成语具有鲜明的语义色彩，其中消极汉语成语类符 24 例，形符 294 例，占成语观察总数的 72.77%；积极汉语成语类符 25 例，形符 97 例，占成语观察总数的 24.01%。

为探讨在英语翻译语料库（PKU）和英语翻译语料库（WL）中这些成语是如何翻译成英语的，本研究借助两部成语词典（谭松、姚新学，1993；钱莲生、刘玉杰，1999），对比分析两个英语翻译语料库（PKU、WL）中的翻译实例。通过对语料的观察，可以发现英语翻译语料库（PKU、WL）与成语词典（DIC）中的翻译实例以动词短语为主，但存在用词差异，具体信息参见附录十。附录十所选的翻译实例为语料库中使用频数最多的对等翻译。本研究发现，两个英语翻译语料库（PKU、WL）的英文对等翻译呈现动态分布的特征，与成语词典（DIC）相比，英语翻译语料库（PKU、WL）的翻译实例呈现简化的趋势。附录十的英语翻译语料库（PKU）总计 57 个成语，其英语翻译形符数为 250；英语翻译语料库（WL）总计 57 个成语，其英语翻译形符数为 281；成语词典（DIC）总计 51 个成语，其中六个成语均未收录于两部成语辞典中，51 个成语其英语翻译形符数为 343。进一步的对数似然比检验显示，英语翻译语料库（PKU）与成语词典（DIC）翻译形符数存在显著性差异（Log-likelihood 值 = 26.82，$p<0.001$），英语翻译语料库（WL）与成语词典（DIC）翻译形符数存在显著性差异（Log-likelihood 值 = 14.06，$p<0.001$），而英语翻译语料库（PKU、WL）之间没有显著性差异（Log-likelihood 值 = 2.17，$p=0.141$）。另外，与成语词典（DIC）相比，英语翻译语料库（PKU、WL）中的翻译实例的短语形式更加灵活，如图 7.1。

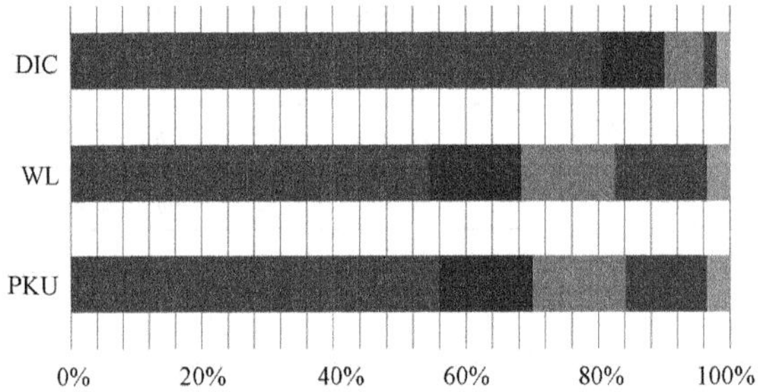

	PKU	WL	DIC
动词短语	32	31	41
名词短语	8	8	5
形容词短语	8	8	3
介词短语	7	8	1
副词短语	2	2	1

图 7.1　英语翻译语料库（PKU）、英语翻译语料库（WL）及成语辞典（DIC）成语翻译短语类型分布

表 7.13 表明汉语源语中的动词短语主要为动词短语，而结合图 7.1 的数据，可以看到英语翻译语料库（PKU、WL）与成语词典（DIC）中的翻译实例参照了汉语成语的句法形式，以动词短语为主。成语词典（DIC）中翻译实例动词短语比例达到 80.39%，英语翻译语料库（PKU、WL）倾向于采用其他短语类型翻译汉语动词短语，翻译形式更为灵活。“徇私舞弊”为汉语源语文本中使用频数最高的四字成语，具有较强的代表性，本研究以该成语为例，着重探讨法律文本中成语翻译的基本情况。英语翻译语料库（PKU、WL）中，“徇私舞弊”对等翻译分布情况如表 7.14 和表 7.15 所示。

表 7.14 英语翻译语料库（PKU）“徇私舞弊”对等翻译分布情况

序号	PKU 翻译实例	频数
1	to practice favoritism	11
2	to practice favoritism or make falsification	10
3	to practice favoritism and malpractice	8
4	favoritism and malpractice	4
5	to seek private benefits	4
6	to commit fraudulence for selfish purposes	3
7	to play favoritism and commit irregularities	3
8	to practice favoritism for personal gains	3
9	malpractice for gaining private interests	2
10	practice of favoritism	2
11	the practice of favoritism	2
12	to engage in malpractice for personal gains	2
13	to practice favoritism and make falsehood	2
14	to practice favoritism for personal gain	2
15	to practice favoritism for personal interests	2
16	to practice favoritism or make falsifications	2
17	to practice favoritism, make falsification（or...）	2
18	to seek private benefits through wrongful means	2
19	deception to seek personal gains	1
20	to engage in malpractice for selfish ends	1
21	favoritism，malpractice（and...）	1

续表

序号	PKU 翻译实例	频数
22	fraud for personal gains	1
23	fraudulent	1
24	malpractice for personal ends	1
25	malpractice for private gains	1
26	malpractices for gaining private interests	1
27	malpractices for personal gain	1
28	to commit irregularities for the benefit of his relatives or friends	1
29	to commit malpractice for personal gain	1
30	to commit malpractices for personal gains	1
31	to engage in irregular practices due to favoritism	1
32	to engage in malpractices for selfish purposes	1
33	to indulge in malpractices for selfish gains	1
34	to make falsehood for personal gains	1
35	to make falsification for favoritism or personal gain	1
36	to make falsification, or practices favoritism	1
37	to misconduct for private gains	1
38	to misconduct to seek private interests	1
39	to play favoritism	1
40	to practice favoritism or resorting to deception	1
41	to practice favoritism and commit irregularities	1
42	to practice favoritism and engaging in malpractice	1
43	to practice favoritism for himself or his relative	1
44	to practice favoritism for personal gains, or makes falsification in a manner	1
45	to practice favoritism or fraud	1
46	to practice favoritism or make falsehood in performing his secrecy administrative functions	1
47	to practice favoritism or make falsification for personal gains	1
48	to practice favouritism，commit malpractice	1
49	to practice fraud for private benefits	1
50	to practice fraud for the benefit of relatives or friends	1

续表

序号	PKU 翻译实例	频数
51	to practice frauds for personal gains	1
52	to practice fraudulence for personal interests	1
53	to practise favoritism	1
54	to practise favoritism and irregularities	1
55	to practise favouritism for personal gains	1
56	to resort to deception for personal gains	1
57	to resort to frauds for personal ends	1
58	to resort to irregularities for favoritism	1
59	to seek any private benefits therefrom	1
60	to seek personal gains	1
61	to seek private interests	1
62	to take advantage of his power to seek unlawful benefits for himself or any of his relatives	1

表 7.15　英语翻译语料库（WL）“徇私舞弊”对等翻译分布情况

序号	WL 翻译实例	频数
1	to engage in malpractices for personal gain	29
2	to practice favoritism or commit irregularities	9
3	to practice favoritism for personal gains	8
4	to engage in malpractice for personal gain	5
5	to engage in malpractice for personal gains	3
6	to conduct malpractice for personal gain	2
7	to conduct malpractice for private ends	2
8	to conduct malpractices for personal ends	2
9	to engage in malpractices for personal benefits	2
10	to engage in malpractices for personal gains	2
11	to engage in malpractices for private gain	2
12	to engage in malpractices for selfish ends	2
13	to play favoritism and commits irregularities	2
14	to practice favoritism and commit irregularities	2

续表

序号	WL 翻译实例	频数
15	to practice favoritism for personal gain	2
16	to practice favoritism or other irregularities	2
17	to practice favoritism, or commit irregularities	2
18	to practice favouritism for personal gains	2
19	to seek personal interests and commit malpractice	2
20	engagement in irregularities for personal gain	1
21	favoritism for personal gains	1
22	favoritism or embezzlement	1
23	N/A	1
24	to commit illegalities for personal gains	1
25	to commit illegality for personal gains	1
26	to commit irregularities	1
27	to commit malpractices for personal gain	1
28	to conduct malpractices for personal gain	1
29	to conduct malpractices for selfish ends	1
30	to do malpractice for personal benefits	1
31	to engage in malpractice for personal benefits	1
32	to engage in malpractice for selfish ends	1
33	to engage in malpractices	1
34	to engage in malpractices for private gains	1
35	to engage in malpractices for selfish purposes	1
36	to engage in misconduct to seek private gains	1
37	to engage in malpractices for personal gain	1
38	to indulge in malpractices for selfish ends	1
39	to involve engagement in malpractices for personal gain	1
40	malpractice for personal ends	1
41	to play favoritism and commit irregularities	1
42	to play favoritism or commit irregularities	1
43	to practice favouritism or irregularities	1

续表

序号	WL 翻译实例	频数
44	to practice misconducts for personal gains	1
45	to practise favouritism and commit malpractice	1
46	to practise favouritism and embezzlement	1
47	to practise irregularities for selfish ends	1

表 7.14 和表 7.15 中所列数据是对谓词形式词形还原处理后的数据。由于法律语言中单数复数形式会引起语义的差异，因此未对名词的数进行词形还原处理，“徇私舞弊”对等翻译原始数据可参见附录十一。如表 7.14 和表 7.15 所示，汉语源语文本中四字成语没有在翻译文本中以同一固定的表达形式出现，“徇私舞弊”在两个英语翻译语料库中均呈现概率性分布特征。Zipf 定律指出，自然文本中的词语词频与词语所对应的序列之间呈现反比例关系，呈现幂率分布特征（刘海涛、黄伟，2012），即（a）$y=ax^{-b}$。公式（a）中，变量 y 表示词语的词频，变量 x 表示词语的序列，a、b 为两个参数。对“徇私舞弊”翻译数据拟合结果显示，英语翻译语料库（PKU、WL）中英语对等翻译的分布特征符合 Zipf 定律，如图 7.2。

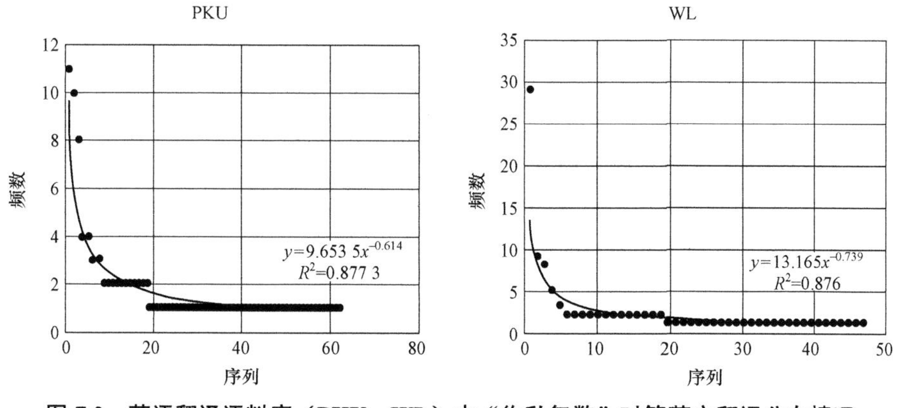

图 7.2　英语翻译语料库（PKU、WL）中“徇私舞弊”对等英文翻译分布情况

如图 7.2 所示，英语翻译语料库（PKU、Wl）中得到的 R^2 分别为 0.877 3、0.876，大于 0.75，反映了较好的拟合优度，表明 Zipf 定律适用于汉语法律文本成语对等翻译的分布特征。另一方面，英语翻译语料库（PKU）和英语翻译语料库（WL）之间的英语对等翻译存在分布差异：与英语翻译语料库（PKU）相比，英语翻译树库（WL）的对等翻译分布更为集中，翻译实例的形式更少；英语翻译语料库（WL）中结合语境采取省译法律翻译中的情况，进一步凸显了法律翻译的动态性特征。

另外，在成语词典中“徇私舞弊”的翻译为“to play favoritism and commit irregularities”，但英语翻译语料库（PKU）中包含“play”的翻译实例仅有四例，英语翻译语料库（WL）中也仅有四例。两个英语翻译语料库（PKU、WL）的选词则更为中性，多采用“engage in”“practice”和“conduct”等，在动词选择上削弱了该成语原有的语义色彩。再如附录十中，“前仆后继”在英语翻译语料库（PKU、WL）中，均翻译为“successive”一词，削弱了原有的积极语义色彩。总体而言，法律英语翻译文本的成语翻译对等呈现以下特征：（1）不同英语翻译文本中，同一成语翻译不同；（2）同一英语翻译文本中，同一成语存在多个英文对等翻译，呈现概率性的分布特征；（3）英语翻译文本的对等翻译基本重现了汉语成语原有语义色彩，但选词趋于中性化；（4）与成语词典中的翻译相比，两个英语翻译文本的表达相对简短，呈现简化趋势；（5）与成语词典中的翻译相比，两个英语翻译文本的表达的形式更为多样。

我国法律文本中成语有承袭性强、色彩庄严的特点（陈木逢，2001），但该语体特点很难在法律翻译文本中等价地体现出来。英汉两种语言以及由这两种语言承载的法律体系往往存在概念缺失、不可译的情况，需要译者在目的语语境下运用翻译策略重构源语文本信息，法律源语文本与法律翻译文本的可见性差异，不同翻译团队所用语言偏好呈现可见性差异也属情理之中。但研究发现，汉语源语文本中的同一译名在同一翻译文本中存在不同的对等形式，呈现概率性分布特征。尽管过往文献已对法律翻译原则探讨良多，如一致性（张法连，2009a）、单义性（Cheng & Sin，2008，2016）等，规定了法律翻译应该具备何种特征、遵守何种原则。但从对法律翻译事实的描写结果来看，法律翻译对等似乎更加灵活，不限于一种对等形式。程乐、宫明玉、李俭（2016）基于自建的香港判决书中英平行语料库对法律翻译对等问题进行探讨，研究发现，香港判决书中，术语“威胁”一词的英译对等在不同语境下区分社会意义和法律意义，被翻译为不同的对等形式，“认为”一词的英译对等会随着篇章内容的推进，被译为不同的对等形式。我们知道，两种语言的转换并不是两种符号之间的机械转换。那么，两种语言之间所确立的对等形式也不可能是机械的转换，对于准确性严苛的法律翻译也是如此。法律翻译文本作为一个独立的文本，本身受语言自适应性的制约，翻译文本中的每一个词的意义不仅在于其本身所指意义，也与文本中的其他词的意义相关联，翻译文本中的词义也随着文本的不断推进而充实起来。另一方面，汉语成语言简意赅、内容丰富，可以视为法律文本中的半术语，但在英语语言中尚未凝结成一个省力、简洁、固定的表达，其对等翻译往往趋于变化，并且会随着上下语篇的内容进行省力的调整。而一个简洁固定的对等翻译往往需要大量翻译实践凝结下来，对于法律翻译也是如此。由此可见，从原文与译文的关系来看，法律翻译亦是一个动态的翻译过程，译者在法律翻译过程中会受到语言的自组织性、经济性的影响，而做出适应语篇行文的调整。

7.4　本章小结

本章进一步从关键词、语义趋向变化及四字成语等具体词汇层面探讨法律翻译可见性特征，并尝试从概率性对等及语言自组织性等角度对法律翻译规律性特征加以解释。通过对汉语源语语料库（CHN）、英语翻译语料库（PKU）、英语翻译语料库（WL）、英语可比语料库（USC）考察，本研究发现：（1）法律英语翻译文本与法律原创文本在关键词分布方面存在差异，法律英语可比文本中的关键功能词比重较高；（2）法律文本虽为高度规范性文本，法律英语翻译文本在关键词及特定术语翻译层面存在差异；（3）法律翻译文本中，与法律类型有关实词翻译呈现简化、整齐化趋势，但语义倾向也会发生变化；（4）法律翻译文本中的对等语言形式存在简化趋势，相应的语义与趋向存在丰富化趋势；（5）从源语出发，对照汉语源语文本及翻译文本的成语翻译，法律翻译文本中成语翻译对等呈现概率性分布特征。

本章部分讨论结果与第 6 章的讨论结果相呼应。英语翻译语料库（PKU、WL）与英语可比语料库（USC）的功能词分布差异也直接反映在关键词的差异上，如代词（their）、连词（where）等使用上，验证了翻译共性的显化假设，但我们需要意识到翻译文本既有依存于源语文本属性，也有作为目的语文本的自适应的属性。Baker（1993）对翻译共性的界定是以语内对比为基础的，没有考虑源语文本的特征，随后学者对翻译共性的内涵不断完善（Hansen & Teich，2001；Chesterman，2004a；黄立波、王克非，2006），形成语际和语内的两种考察视角。当把源语文本的特征纳入考量，并同时比较两个意义相同的翻译文本时，我们发现翻译可见性特征中所呈现的显化、简化、集中化、丰富化等趋势是一个相互关联的整体，一个层面上的简化可能意味着另一个层面上的显化或丰富化。从词汇特征的微观角度出发，法律翻译语料库（PKU、WL）大量使用“article”“law”，法律法规翻译类型呈现简化、集中化（Laviosa，2002）趋势，但这一趋势仅表现在词频分布的宏观层面，当我们进一步探讨“article”“law”的具体功能和语义变化时，可以发现与法律原创英语相比，这两个词均包含了更多的功能和语义，承载目的语中不常使用的语义和功能。而“law”“article”在译文文本中的高频分布也反映了我国立法语言中“法”的多义性、篇章架构较为单一等现实情况。显性翻译共性的验证主要建立于较为微观的语言特征量化比较，简化翻译共性既可以体现在宏观统计层面，也可以体现在微观统计层面，法律英语翻译文本的高频词、罕用词、词簇的分布情况与原创文本相比具有显著性差异，验证了简化假设。法律翻译文本中成语翻译实例与辞典实例相比更为简洁、灵活，倾向于根据语境做出省力的调整。

在描写翻译学视域下，译者风格与翻译规范构成了一个连续统。基于两个翻译语料库（PKU、WL），笔者发现这两个翻译语料库呈现趋向一致的翻译可见性差异，体现了当下法律翻译实践的一致性操作规范，如法律译者倾向于大量使用人称代词以弥补汉英立法语言的差异，但是并未采用大量连词明晰化目的语的语体风格。另一方面，法律翻译文本呈现一致性翻译可见性特征的同时，笔者也观察到法律翻译存在不同的译者风格。这进一步验证了译者风格与翻译规范构成了一个连续统的假设。鉴于法律翻译具有“集体作业”的属性（李克兴、张新红，2004：200），这里的译者风格可以理解为不同的译者团队的偏好。两个法律翻译文本承载相同的意义，但在宏观层面、微观词汇层面均体现了不同程度的差异，法律翻译文本内部亦存在概率性的分布特征。House（2008）认为翻译作为一种语言实践行为，而翻译的过程中语言的形式与功能的选择依赖于个人偏好。法律翻译作为规范性语言翻译，前人对法律翻译原则如单义性（Cheng & Sin，2016）、准确性（张法连，2009a）、一致性（Šarčević，1997；李克兴、张新红，2004；张法连，2009a）等已经有充分的探讨，但是法律翻译文本实质依然是某一译者/译者团队的具体语言操作。结合法律翻译文本和原创文本的差异，我们发现，英语翻译语料库（WL）更倾向于明晰化译文的衔接关系。Blum-Kulka（1986）认为译者对源语文本的解释会使得译语文本更加冗长，“这可能是由于译语中提高了语言衔接的外显程度造成的”（1986：26）。王克非（2003）以中文散文翻译为例，探讨了英语译成英语，再将英语译文“回译”成汉语时，文本容量显著扩充的情况，研究显示回译后汉语译语的增幅高达 57%（王克非，2012：74）。结合第 6 章中两个英语翻译语料库（PKU、WL）的类形比、标准类形比、词汇密度、连词分布、代词分布的差异，我们不难发现，英语翻译语料库（WL）采取了更多语言衔接外显化的操作，突出了译者为符合法律英语的行文风格付出了更多的努力，呈现了更为突出的显化特征以及不同的译者风格。

上述法律翻译可见性反映了法律翻译的现实情况。法律翻译文本在不同层面上出现简化、丰富化、显化以及集中化的趋势，这些翻译特征是相互交错、相互影响的。法律翻译的词汇特征是法律翻译者在翻译过程中的选择趋向，两个法律翻译文本与目的语原创文本所呈现的相同的共性，集中反映了目前法律翻译所遵循的翻译规范。两个翻译语料库的语言特征也存在差异，这表明法律翻译存在可见性差异，不同法律翻译团队之间存在不同的译者风格。以上研究表明翻译语言是一个自适应的系统，符合一般自然语言的省力原则，翻译过程是人驱动的，受到人类认知的制约。

第 8 章

法律翻译依存关系可见性特征

以语料库为基础的数据密集型研究目前是语言学研究的热点问题。经过句法、语义等标注的语料库又可称为树库，基于树库的研究方法是语言学研究的新兴领域，具有巨大的潜力。本章借助经过依存语法标注的汉英立法文本平行语料库及英语立法文本可比语料库，具体包括汉语源语树库（CHN）、英语翻译树库（PKU）、英语翻译树库（WL）以及英语可比树库（USC），从依存关系视角出发探讨句法层面法律翻译的可见性问题。根据刘海涛（2008，2009）、Liu（2008，2010），以及 Hudson（2007，2010）对依存关系的阐述，本章以依存类型、依存距离、依存方向为主要测量指标，对法律翻译语言特征变化进行分析，从句法层面分析法律翻译中宏观涌现的语言特征，分析法律翻译的认知过程，探讨法律翻译在句法层面的可见性特征。

8.1 依存关系、依存距离及依存方向

1934 年，法国语言学家吕西安·泰尼尔（Lucien Tesnière）发表论文“如何建立一种句法”（Comment construire une syntaxe），阐述了依存语法的基本观点，Tesnière 提出“结构句法”的一般理论，结构句法也称为“依存语法”（dependency grammar），该语法的核心是用词与词之间的依存关系来描述语言结构（刘海涛，2007a）。对于词与句子之间的关系，Tesnière 是这样描述的：句子作为有组织的、有机的整体，其构成成分是词（刘海涛，1997：89）；一个词一旦构成了句子的一部分，就会与它的邻近词形成一种联系，这些词与词之间的联系就构成了一个完整的句子框架（刘海涛，2007a：69）；“在这种结构联系建立起的词与词之间的依存关系之中，每项联系原则上将一个上项和一个下项联系起来”；“一个词可以同时是某个上项词的从属词和另一下项词的支配词”（Tesnière，1959，转引自刘海涛，2009：7 – 8）。Hudson（2007）将依存关系引入语法中，认为在依

存语法中使用依存距离的概念比在短语结构中更自然和方便，更有助于了解句子的结构关系。依存语法是以词为中心的语法，该语法不采用短语结构的语法概念，而是直接地描写句子中词与词之间的依存关系（Hudson，2010：146–154）。在依存语法中，词便是结构分析的中心单位，动词是句子的中心，句子结构由词与词之间的若干依存关系决定的。在具有依存关系的两个词之间，有一个是支配词（中心词），而另一个是被支配词（从属词）（黄昌宁、李玉梅，2010：5）。这种依存关系是一种非对称的、有向的关系。依存语法也直接体现了一种语言的句法层面和语义层面之间的联系。刘海涛（2007b，2009）概括了依存关系的基本内涵：

（1）它是二元的，即它是一种两个元素之间的关系；

（2）它是不对称的，即一般而言，在这两个元素的关系中，一个元素会支配另一个元素，这是构成依存句法树层级体系的基础；

（3）它是有标记的，即人们应该区分一种语言里的各种不同的依存关系，并且将它们显式标示出来（刘海涛，2007b：39；2009：98）。

在这种二元的关系中，通常采用有向弧标注从支配成分到从属成分之间的不对称关系（王琳，2013），有向弧的起点为支配词，有向弧的终点为从属词。这也反映了构成依存关系的两个成分在句子中的线性顺序（刘海涛，2008：120–128）。在依存语法中，如果一个句子由 n 个词组成，“则认为其依存结构树包含 n+1 个节点和 n 条表示某种依存关系的有向弧，句子中的 ROOT（根节点）是独立的，它唯一支配着句子的动词，而句子中的其他节点词分别必须接受另外一个节点词的支配”（黄昌宁、李玉梅，2010：53–58）。也就是说，这种支配词与从属词的支配与被支配二元关系，构成了句子的结构（如图 8.1）。

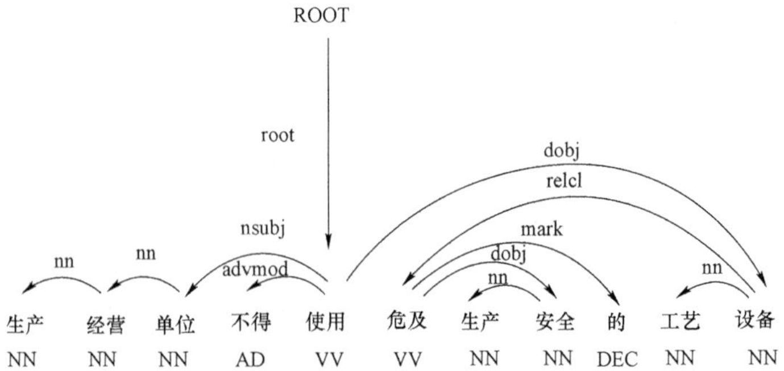

图 8.1 “生产经营单位不得使用危及生产安全的工艺设备”依存关系示意图

如图 8.1 所示，源语文本例句“生产经营单位不得使用危及生产安全的工艺设备”的所有的词均处于二元的语法关系中，即支配词与从属词之间通过有向弧相互连接，有向弧的顶端标注了两词之间的具体依存关系。词语下方标注了每个词的词性，其中“NN”表示名词，“VV”表示动词，“AD”表示副词，“DEC”表示“的”字关系从句。这个句子的依存句法结构包含七种依存关系，分别为主语（nsubj）、宾语（dobj）、状语（advmod）、名词组合修饰语（nn）、从句标记语（mark）、关系从句修饰语（relcl）以及根支配关系（root）。所有的词汇都通过这种语法关系联结，根支配关系指向句子中的动词“使用”。语料库的研究方法逐渐在翻译研究中应用，学者们借助大规模的翻译树库研究翻译语言现象还比较有限，但目前树库与翻译的研究主要集中在面向机器翻译的树库构建，如曹井香等（2014），王慧兰、张克亮（2015），万福成等（2015），Kotzé，Vandeghinste，Martens & Tiedemann（2017）等。部分基于树库的翻译研究方法涉及翻译语言特征、认知机制。例如 Deng & Xue（2017）研究了汉语短语树的分层对齐树库，并对翻译差异进行半自动识别和分类研究。研究结果显示，分层对齐方案可以消除单词对齐和句法解析之间的冲突和冗余信息，树库中所现差异在很大程度上比以往的个案分析和语言知识研究中所描述的差异要广泛得多，以往研究中强调的语言差异并不突出，借助短语树库的翻译差异研究可以摆脱内省式的案例分析局限。Liang，Fang，Lv & Liu（2017）采用依存树库的方法对比分析了同声传译、连续传译以及视译三种口译类型的依存距离，其中连续传译的依存距离最短，认为连续传译需要调动更多的认知需求。

笔者首先通过斯坦福句法分析器（Stanford Parser）对语料标注，其次对标注后文本进行人工校对和修正得到所建树库。基于依存句法标注结果，所建树库主要用于汉语源语文本、法律英语翻译文本、英语可比文本的依存距离、依存方向以及依存类型等统计分析。基于树库的定量分析可用于探讨句法层面的翻译特征，研究翻译共性、译者风格和翻译规范，探讨汉英语言转换之间的认知过程。斯坦福句法分析器有多种依存关系输出类型，包括基本依存关系（basic typed dependencies）、折叠依存关系（collapsed dependencies）、标明并列关系的折叠依存关系（CC propagated dependencies）等（de Marneffe Manning，2016［2008］）。结合前人的研究方法（Liu，2007，2008，2010；刘海涛，2009）以及本文研究目的，本研究设定斯坦福句法分析器输出的句法关系的形式为基本类型依存关系，如图 8.2。

汉语	英语
nsubj（适用于－2，本法－1）	det（Law－3，The－1）
root（ROOT－0，适用于－2）	amod（Law－3，present－2）
amod（贸易－4，对外－3）	nsubj（applies－4，Law－3）
conj（保护－13，贸易－4）	root（ROOT－0，applies－4）
cc（保护－13，以及－5）	case（trade－7，to－5）
case（贸易－8，与－6）	amod（trade－7，foreign－6）
amod（贸易－8，对外－7）	nmod（applies－4，trade－7）
prep（有关－9，贸易－8）	cc（trade－7，and－8）
relcl（产权－12，有关－9）	det（protection－10，the－9）
mark（有关－9，的－10）	conj（trade－7，protection－10）
nn（产权－12，知识－11）	case（property－14，of－11）
nn（保护－13，产权－12）	amod（property－14，foreign-trade-related－12）
dobj（适用于－2，保护－13）	amod（property－14，intellectual－13）
	nmod（protection－10，property－14）

图 8.2　斯坦福句法分析器标注结果示意图

图 8.2 为由斯坦福句法分析器标注过的汉语源语立法文本以及其对应的英文翻译。其中，括号内部表示的是构成依存关系的两个词及其在句子中的位置序号，前者为支配词，后者为从属词；括号外部前面的字母（缩写）表示的是这两个词所构成的依存关系类型。例如“nsubj（适用于－2，本法－1）”表示在这个依存关系中，支配词是“适用于”在句子中的位置为 2，是句中第二个出现的词，从属词是“本法”在句子中的位置为 1，是句中第一个出现的词，这个依存关系的类型为“nsubj”，即主语依存类型。ROOT 表示根节点，斯坦福句法分析器会为句子定义一个根节点，以便让“适用于－2”也从属于另一个节点，将句中所有词都标记在依存关系中。

斯坦福句法分析器标注约 50 种依存类型（de Marneffe，Dozat，Silveira，et al，2014；de Marneffe & Manning，2016［2008］）。斯坦福句法分析器所设置的不同输出类型，标注体系稍有不同。另外，不同语言的依存类型标注体系稍有不同，如汉语中名词组合修饰语（nn）依存类型，没有同时用于英语依存类型输出的标注体系。英语中的名词组合修饰语以及其他修饰关系，参照通用依存关系（Universal Dependencies）标注原则，标注为名词合成结构“compound”（参见附录五、附录六），如“compound（policy－56，State－55）”。斯坦福句法分析器输出的结果将批量转换至 excel 中，以便进行进一步统计与分析。

依存距离（Dependency Distance，DD）是依存句法中的主要概念，亦是探讨句子复杂程度的重要指标。依存距离表示句子中具有句法关系的两个词——支配词和从属词之间的线性距离（刘海涛，2008），即“一个句子中存在依存关系的两个词之间的词序位置之差”（刘海涛，2009：252）。Ferrer-i-Cancho（2004，2006）、Liu（2007，2008）等探讨了依存距离最小化的倾向。Liu（2008）考察了 20 种语言的依存距离，通过大量真实数据验证了人类语言普遍存在平均依存距离最小化的倾向，认为依存距离可以作为衡量语言理解难度的标准之一。赵怿怡、刘海涛（2014）研究了歧义结构中语义理解的倾向性，发现人脑在句法加工时倾向选择依存距离最小化的句法结构，并且人脑在理解歧义结构、特定句式、语义选择等过程中，都倾向于做出依存距离最小化的选择。在依存句法处理的模型中，依存距离与认知负荷密切相关，依存距离也被认为是句法复杂程度的重要指标（徐春山、梁君英，2015），依存距离最小化是人类驱动语言的普遍特征（Liu，Xu & Liang，2017）。

Eppler（2004）将相邻的单词之间的依存关系计算为 0，统计了英语和德语的平均依存距离（Mean Dependency Distance，MDD），研究结果发现，英语的平均依存距离为 0.49，德语为 0.87。刘海涛（2008）的研究表明汉语的依存距离均值约为 2.84，汉语中的依存关系有 40%～50%是非邻近词依存关系。Liu（2007）认为，句子中依存距离大小与依存距离大小所出现频率的关系符合右截尾的 Zeta 分布（right truncated Zeta）。Wang & Liu（2013）研究了汉英语码转换树库，认为英汉语码转换间的混合依存距离要长于单语依存距离。Jiang & Liu（2015）的研究表明依存距离的分布也符合右截尾 Kemp2 分布（Right truncated Kemp 2）、右截尾 Salvia–Bolinger 分布（Right truncated Salvia–Bolinger）、右截尾 Waring 分布（right truncated Waring），右截尾负二项式分布（Right truncated negative binomial）以及右截尾 Zipf–Alekseev 分布（right truncated modified Zipf–Alekseev），Jiang & Liu（2015）进一步探讨了句长对依存距离的影响，研究结果表明，人类认知依然是限制依存距离的主要因素。鉴于人类语言存在依存距离最小化的倾向，Liu，Xu & Liang（2017）认为现代语言中长难句子中的较短的依存距离依然占有较高的比例，这是由于依存距离最小化在自然语言中所发挥的作用；另一方面，结果显示没有一种语言将所有依存距离降至理论依存距离范围之内，自然语言中仍有小部分长距离依存关系存在，这体现了长距离依存关系受到语言其他因素制约。

依存方向（Dependency Direction）是依存句法中的另一个非常重要的概念。在一个依存关系中，支配成分到从属成分以有向弧连接，表示两个成分间的不对称关系，不同方向的有向弧分别表示支配成分位于从属成分前后的情况，反映了构成依存关系的两个成分在句子中的线性顺序（刘海涛，2008：121）（如图 8.3）。如图 8.3 所示，（a）（b）分别表示支配成分居后的依存关系以及支配成分居前的依存关系，这也反映了依存关系中的两个词在句子中的顺序（刘海涛，2008：121）。

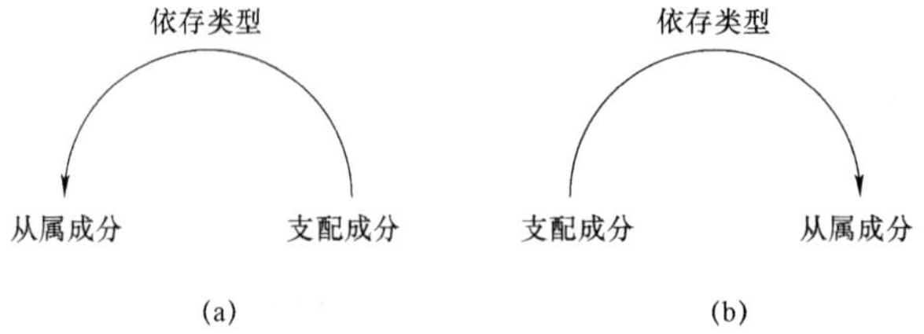

图 8.3 支配词与从属词的结构关系构成

Liu（2010）采用 20 种语言的依存树库为基础，研究了这些语言的词序分布情况，结果显示，依存方向可以作为语言词序类型学分类的有效指标，不同语言可以根据支配词居前或者支配词居后的分布情况，有序地排列在一个连续统上（Liu，2010：1567－1578）。Liu（2010）的研究结果显示所有语言都包括支配词居前和支配词居后的依存关系，只是分布情况存在差异，其研究结果显示，阿拉伯语、丹麦语、保加利亚语、罗马尼亚语支配词居前的依存关系居多，而土耳其语、日语、汉语支配词居后的依存关系居多。

斯坦福句法分析器的具体分析结果如图 8.2 所示。该输出结果可用于依存距离、依存类型和依存方向的统计。在依存关系中 ROOT 节点是独立的，直接支配句子中的谓词，如“root（ROOT－0，适用于－2）”。综合前人对依存关系的分析，为保证研究的可比性，本章研究统计的依存类型不包含 ROOT 节点指向谓词的依存关系。根据 Liu，Hudson & Feng（2009），$W_1 \ldots W_i \ldots W_n$ 为句子中单词串，对于存在依存关系的 W_a 和 W_b 而言，如果 W_a 为支配词而 W_b 为从属词，则两词之间的依存距离为 $a-b$ 如（1）：

$$DD = a - b \qquad (1)$$

根据这种计算方法，相邻词之间的计算距离为 1。这与采用间隔词的计算方法有所不同，当词序 a 大于 b 时，依存距离为正数，而当 a 小于 b 时，依存距离为负数，这种计算方法可以区别依存距离的正值和负值，可以计算出依存方向（Liu，Hudson & Feng，2009：166）。如图 8.2 中依存关系“nsubj（适用于－2，本法－1）”由三部分组成，分别为依存类型“nsubj”、支配词及其句内序号“适用于－2”、从属词及其句内序号“本法－1”。根据刘海涛（2009）以及 Liu，Hudson & Feng（2009）有关依存距离和依存方向的计算方法，该依存关系中依存距离 2－1＝1，结果为正数，属于支配词居后的依存关系。那么图 8.2 中左侧中文例子的依存距离可以计算如下“nsubj(适用于－2，本法－1)”的依存距离为 2－1＝1，“amod(贸易－4，对外－3)”则为 4－3＝1，“conj(产权－12，贸易－4)”为 12－4＝8，“cc（产权－12，以及－5）”为 12－5＝7，“case（贸易－8，与－6）”为 8－6＝2，“amod（贸易－8，对外－7）”为 8－7＝1，“prep（有关－9，贸易－8）”为 9－8＝1，

“relcl(产权－12,有关－9)”为 12－9＝3,“mark(有关－9,的－10)”为 9－10＝－1,“nn(产权－12,知识－11)”为 12－11＝1,“nn(保护－13,产权－12)”为 13－12＝1,“dobj（适用于－2，保护－13）”为 2－13＝－11。在计算平均依存距离（Mean dependency distance，MDD）时，需要涉及另一种计算方法，绝对依存距离（Absolute dependency distance，ADD）的计算。对于存在依存关系的 W_a 和 W_b 而言，绝对依存距离的计算如（2）：

$$ADD = |a - b| \tag{2}$$

一个句子的平均依存距离计算公式如（3）：

$$MDD_{(\text{句子})} = \frac{1}{n-1}\sum_{i=1}^{n-1}|DD_i| \tag{3}$$

在这个公式中，n 表示该句子的总词数，DD_i 指的是该句中第 i 个句法依存关系的依存距离，根据公式（3），上面例子中的依存距离应计算为（1＋1＋8＋7＋2＋1＋1＋3＋1＋1＋1＋11）/12＝3.17。这个公式也可以用于计算更大语言样本的依存距离，如计算由若干个句子组成的语言样本，即计算根据依存句法标注的树库的依存距离，该树库依存距离的计算公式如（4）：

$$MDD_{(\text{样本})} = \frac{1}{n-m}\sum_{i=1}^{n-m}|DD_i| \tag{4}$$

在这个公式中，n 表示所选样本中所有句子的总词数，m 表示所选样本中的总句数，DD_i 表示所选样本中第 i 个依存关系的依存距离（刘海涛，2008；王琳，2013）。而计算语言样本中某一类依存关系的依存距离公式如（5）：

$$MDD_{(\text{依存关系类别})} = \frac{1}{n}\sum_{i=1}^{n}|DD_i| \tag{5}$$

在这个公式中，n 表示所选样本中某一类依存关系总数，DD_i 表示该样本中第 i 个句法依存关系的依存距离（Liu，Hudson & Feng，2009：166－167）。依存距离和依存方向均为依存句法中的重要统计指标，Liu，Hudson & Feng（2009）的计算方法兼顾依存距离与依存方向的考察。本章将以上述方法为基础，从依存距离、依存方向、依存类型角度考察法律翻译文本与汉语源语法律文本、英语原创法律文本之间的差异，探讨法律翻译语言特征变化。

8.2　总体情况

本研究从汉语源语语料库（CHN）、英语翻译语料库（PKU）、英语翻译语料库（WL）以及英语可比语料库（USC）中，每隔五个文件抽取一个文件，共计从各语料库中分别抽取 33 个文件，进行依存句法标注，构建四个抽样依存关系树库，即汉语源语树库（CHN）、英语翻译树库（PKU）、英语翻译树库（WL）以及英语可比树库（USC）。这四个抽样树库在依存关系数量上与以往研究中自建树库（Liu，2008，2009，2010 等）具有一定可比性。其中，汉语源语树库（CHN）、英语翻译树库（PKU）、英语翻译树库（WL）为汉英一对二平行树库，即一个汉语源语文本树库对应两个英语翻译文本依存树库。根据上节所述公式，可计算出各个树库的依存距离以及依存方向分布情况。各树库的基本情况如表 8.1。

表 8.1　汉语源语树库（CHN）、英语翻译树库（PKU）、英语翻译树库（WL）及英语可比树库（USC）依存关系统计

	CHN	PKU	WL	USC	Chi-PUD	Eng-EWT
语言种类	汉语	英语	英语	英语	汉语	英语
语体	法律	法律	法律	法律	新闻等	社交媒体等
语言性质	原创语言	翻译语言	翻译语言	原创语言	原创语言	原创语言
依存关系总数	181 669	252 227	277 004	248 713	17 520	167 709
平均句长	35.390 8	42.919 0	49.282 6	49.926 1	21.415 0	16.175 2
邻近词依存关系比例	40.99%	37.01%	37.69%	36.65%	43.77%	40.40%
平均依存距离	4.815 9	4.005 8	4.154 5	4.357 4	3.233 2	2.772 8
支配词居后依存关系比例	68.98%	59.29%	58.90%	59.97%	66.77%	65.86%

表 8.1 中的汉语新闻参照树库（Chi-PUD）及英语社交媒体参照树库（Eng-EWT）信息分别来源于通用依存关系汉语树库（Chi-PUD）及通用依存关系英语树库（Eng-EWT）的数据，笔者结合 Liu，Hudson & Feng（2009）有关依存距离、依存方向等统计方法，并未统计通用依存关系汉语、英语树库中根（root）依存类型及标点符号（punct）依存类型的数据。Gibson（1998，2000）指出较长的依存关系语言结构增加了语言处理的复杂性。Hawkins（2004）提出了领域最小化理论（Minimize Domain，MiD）（2004：31），该理论认为在产生语言的过程中，人们倾向于采用最小化、最简化的语言形式的连接序列进行交流。Temperley（2007）也在英语书面语中发现了依存距离最小化的证据。Gildea & Temperley（2010）通过比较英语、德语的自然语言和随机语言，发现两种语言

均存在依存距离最小化机制，并且英语依存距离最小化的效应更强。Liu（2008）统计了英语、汉语、德语、丹麦语、阿拉伯语等 20 种语言，这些语言的平均依存距离小于 4，发现人类语言存在平均依存距离最小化的趋势。Wang & Liu（2017）研究了英国国家语料库（British National Corpus，BNC）中的自然科学、文学等 10 种语类的依存距离，研究结果显示，句长对各语类的依存距离存在影响，其影响程度基本相近，句长为 31—40 词的句子依存距离为接近或略高于 3。

本研究发现，由立法文本组建的汉语源语树库（CHN）、英语翻译树库（PKU）、英语翻译树库（WL）以及英语可比树库（USC）的数据显示，法律原创文本（CHN、USC）和法律翻译文本（PKU、WL）的平均依存距离均大于 4，均高于通用依存关系汉语树库及通用依存关系英语树库中的数据。其中，汉语源语树库（CHN）的平均依存距离最大，为 4.815 9；其次为英语可比树库（USC），其平均依存距离为 4.335 1；再次为英语翻译树库（PKU）、英语翻译树库（WL），平均依存距离分别为 4.005 8 和 4.154 5。换言之，无论是翻译文本，还是原创文本，立法文本平均依存距离较高，这从句法验证了立法语言的复杂属性。

依存距离倾向最小化与人类认知机制相关，它也是降低语言理解难度的重要手段之一（陆前、刘海涛，2016：63）。从表 8.1 的数据来看，两个英语翻译树库（PKU、WL）的平均依存距离均低于汉语源语树库（CHN）以及英语可比树库（USC）。笔者初步推测，译者在翻译复杂程度较高的立法语句过程中，大脑调动了依存距离最小化的机制，产出了依存距离较短的法律翻译文本。另一方面，前人文献表明，句长和邻近词依存关系比例也与依存距离相互关联，一般认为，句长越长、邻近词依存关系比例越低，则依存距离越大（Wang & Liu，2013；Jiang & Liu，2015）。如表 8.1 所示，汉语源语树库（CHN）与汉语新闻参照树库（Chi-PUD）相比，平均句长且邻近词依存关系比例低；英语可比树库（USC）与英语新闻参照树库（Eng-EWT）相比，平均句长较长且邻近词依存关系比例较低，体现了语类对依存关系的影响；两个英语翻译树库（PKU、WL）与英语可比树库相比（USC），平均句长较短，但邻近词依存关系比例较高；两个英语翻译树库（PKU、WL）与汉语源语树库（CHN）相比，平均句长较长而邻近词依存关系比例较低。两个英语翻译树库（PKU、WL）之间也存在差异，英语翻译树库（WL）的平均句长、邻近词依存关系比例、依存距离均略高于英语翻译树库（PKU）。以上数据表明，在汉英法律翻译过程中，法律英语翻译文本体现了法律语言的基本属性，但是与汉语源语文本、英语可比文本相比，存在句法特征变异，呈现句法层面的可见性差异；两个翻译文本相比较既呈现共性又存在个性，以下三个小节分别从依存距离、依存方向、依存类型探讨法律翻译句法层面可见性。

8.3 依存距离

上一节表 8.1 中的统计数据表明，两个英语翻译树库（PKU、WL）的平均依存距离分别为 4.005 8（PKU）、4.154 5（WL），均低于汉语源语树库（CHN）（4.815 9）以及英语可比树库（CHN）（4.335 1）。本节将进一步探讨四个树库中的依存距离的分布情况，如表 8.2。

表 8.2　汉语源语树库（CHN）、英语翻译树库（PKU）、英语翻译树库（WL）及英语可比语料库（USC）绝对依存距离描述性统计

	统计数	均值	标准差	标准误	均值的 95%置信区间		极小值	极大值
					下限	上限		
CHN	181 669	4.82	9.568	.022	4.77	4.86	1	248
PKU	252 227	4.01	8.252	.016	3.97	4.04	1	245
WL	277 004	4.15	9.179	.017	4.12	4.19	1	295
USC	248 713	4.36	10.083	.020	4.32	4.40	1	279
总数	959 613	4.29	9.273	.009	4.27	4.31	1	295

表 8.2 显示了数据的整体情况，其中标准差反映了数据的离散情况。英语可比树库（USC）中的绝对依存距离离散程度最高，其次为汉语源语树库（CHN），两个英语翻译树库（PKU、WL）标准差的值最低。为了进一步探讨不同树库的依存距离的差异性，本研究将数据进行对数转换，借助 SPSS 对数据进行单因素方差分析检验。结果表明，四组树库之间的依存距离存在显著性差异（$p<0.001$），事后 Tamhane's T2 以及 Dunnett's T3 检验均表明，汉语源语树库（CHN）与其他三个树库存在显著性差异（$p<0.001$），英语可比树库（USC）与其他三个树库存在显著性差异（$p<0.001$），英语翻译树库（PKU）、英语翻译树库（WL）之间没有显著性差异（$p>0.05$），具体数据参见表 8.3。英语翻译树库（PKU）、英语翻译树库（WL）的平均依存距离均显著低于汉语源语树库（CHN）、英语可比树库（USC），验证了法律翻译在句法层面的可见性。换言之，人类认知加工处理后的法律翻译文本，受到目的语语篇和人类认知的共同作用：一方面，法律翻译文本基本保存了目的语的语类特征；另一方面，与原创语言相比，法律翻译语言的依存距离更小，句子复杂程度降低更容易理解，呈现句法层面的简化趋势。

表 8.3　　汉语源语树库（CHN）、英语翻译树库（PKU）、英语翻译树库（WL）及英语可比语料库（USC）依存距离多重比较结果

	(I) GRP	(J) GRP	均值差（I-J）	标准误	显著性	95%置信区间	
						下限	上限
Tamhane	CHN	PKU	.027 468 2*	.000 977 0	.000	.024 898	.030 039
		WL	.027 835 4*	.000 969 7	.000	.025 284	.030 387
		USC	.022 130 4*	.000 995 8	.000	.019 510	.024 750
	PKU	CHN	−.027 468 2*	.000 977 0	.000	−.030 039	−.024 898
		WL	.000 367 1	.000 811 9	.998	−.001 769	.002 503
		USC	−.005 337 9*	.000 843 0	.000	−.007 556	−.003 120
	WL	CHN	−.027 835 4*	.000 969 7	.000	−.030 387	−.025 284
		PKU	−.000 367 1	.000 811 9	.998	−.002 503	.001 769
		USC	−.005 705 0*	.000 834 5	.000	−.007 901	−.003 509
	USC	CHN	−.022 130 4*	.000 995 8	.000	−.024 750	−.019 510
		PKU	.005 337 9*	.000 843 0	.000	.003 120	.007 556
		WL	.005 705 0*	.000 834 5	.000	.003 509	.007 901
Dunnett T3	CHN	PKU	.027 468 2*	.000 977 0	.000	.025 474	.029 463
		WL	.027 835 4*	.000 969 7	.000	.025 856	.029 815
		USC	.022 130 4*	.000 995 8	.000	.020 090	.024 171
	PKU	CHN	−.027 468 2*	.000 977 0	.000	−.029 463	−.025 474
		WL	.000 367 1	.000 811 9	.998	−.001 459	.002 193
		USC	−.005 337 9*	.000 843 0	.000	−.007 190	−.003 486
	WL	CHN	−.027 835 4*	.000 969 7	.000	−.029 815	−.025 856
		PKU	−.000 367 1	.000 811 9	.998	−.002 193	.001 459
		USC	−.005 705 0*	.000 834 5	.000	−.007 566	−.003 844
	USC	CHN	−.022 130 4*	.000 995 8	.000	−.024 171	−.020 090
		PKU	.005 337 9*	.000 843 0	.000	.003 486	.007 190
		WL	.005 705 0*	.000 834 5	.000	.003 844	.007 566

*.均值差的显著性水平为 0.05。

汉语源语树库（CHN）、英语翻译树库（PKU）、英语翻译树库（WL）及英语可比语料库（USC）的绝对依存距离分布如图 8.4 所示。绝对依存距离等于 1 的为邻近词依存关系分布比例，邻近词依存关系分布比例在各树库中显示比例为最高。汉语源语树库（CHN）中邻近词的比例最高，为 40.99%。两个翻译树库（PKU、WL）及英语可比树库（USC）邻近词依存关系比例分布比较接近，分别为 37.01%（PKU）、37.69%（WL）、36.65%（USC），两个英语翻译树库（PKU、WL）略高于英语可比树库（USC）。汉语源语树库（CHN）中绝对依存距离为 2、3、4 的依存关系百分比低于两个英语翻译树库（PKU、WL）及英语可比树库（USC）；绝对依存距离为 5 时，汉语源语树库（CHN）与两个英语翻译树库（PKU、WL）和英语可比树库（USC）的分布比例基本持平，当绝对依存距离大于 5 时，汉语源语树库（CHN）依存关系分布比例均高于与两个英语翻译树库（PKU、WL）及英语可比树库（USC）。当绝对依存距离大于 20 时，汉语源语树库（CHN）、英语翻译树库（PKU）、英语翻译树库（WL）和英语翻译树库（PKU）以及英语可比树库（USC）依存关系所占比例分别仅为 4.27%、2.80%、3.11%、3.37%，所占比例均低于 5%。

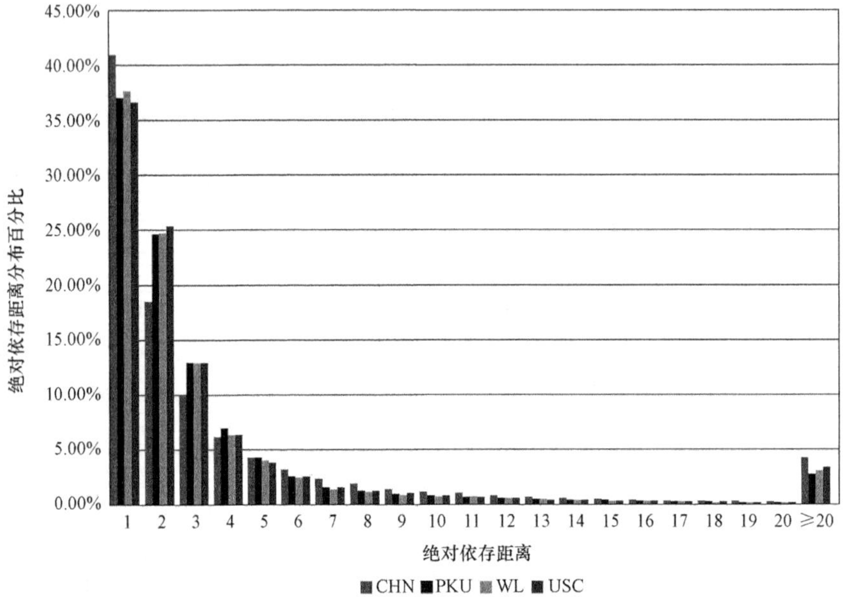

图 8.4 汉语源语树库（CHN）、英语翻译树库（PKU）、英语翻译树库（WL）及英语可比语料库（USC）绝对依存距离分布

英语翻译树库（PKU）、英语翻译树库（WL）及英语可比树库（USC）的各子文件邻近词依存关系比例的分布情况如表 8.4。单因素方差分析表明，三个树库之间依存关系比例分布整体上差异显著，$F(2, 96)=7.996$，$p=0.001$；事后的 LSD 检验表明，英语翻译树库（WL）和英语翻译树库（PKU）之间的邻近词依存关系分布差异显著（$p=0.012$），英语翻译树库（WL）和英语可比树库（USC）之间的邻近词依存关系差异非常显著（$p<0.001$），而英语翻译树库（PKU）与英语可比树库（USC）之间的差异不显著（$p>0.05$）。

表 8.4　英语翻译树库（PKU）、英语翻译树库（WL）及英语可比树库（USC）邻近词依存关系分布比例

树库	邻近词依存关系比例（M±SD）
英语翻译树库（PKU）	0.370 4±0.012 0
英语翻译树库（WL）	0.378 5±0.011 5
英语可比树库（USC）	0.366 4±0.015 6

数据结果进一步验证了两个英语翻译树库（PKU、WL）在句法层面的简化趋势，但也显示英语翻译树库（PKU）、英语翻译树库（WL）之间存在可见性差异。

梁君英、刘海涛（2016）认为语类对邻近词的分布影响较小，而工作记忆作为人认知属性，是制约邻近词依存关系分布的重要因素。如表 8.5 所示，序号 1—4 为本研究中数据，序号 5—10 分别为通用依存关系汉语树库（UD_Chi-GSD）、通用依存关系汉语树库（UD_Chi-PUD）、通用依存关系英语树库（Eng-EWT）、通用依存关系英语树库（UD_Eng-GUM）、通用依存关系英语树库（UD_Eng-ParTUT）以及通用依存关系英语树库（Eng-PUD），其中通用依存关系英语树库（UD_Eng-ParTUT）由意大利都灵大学（University of Turin）多语平行树库转化而来，该平行树库语类包括新闻、法律及 wiki 文章，该树库由于包含法律文本，其邻近词依存关系比例略低于其他通用依存关系英语树库。本研究中，四个树库的邻近词依存关系分布比例均显著低于通用依存关系英语树库中的数据。数据结果反映了法律语类文本的复杂性与特殊性，表明法律语类对邻近词分布比例情况的影响。

表 8.5　不同语类的邻近词依存关系分布比例

序号	树库	语类	邻近词分布比例
1	CHN	法律	40.99%
2	PKU	法律	37.01%
3	WL	法律	37.69%
4	USC	法律	36.65%
5	UD_Chi-GSD	wiki	44.92%
6	UD_Chi-PUD	新闻、wiki	43.77%
7	UD_Eng-EWT	社交媒体等	40.40%
8	UD_Eng-GUM	平衡	40.75%

续表

序号	树库	语类	邻近词分布比例
9	UD_Eng-ParTUT	新闻、法律	38.23%
10	UD_Eng-PUD	新闻、wiki	40.82%

本研究发现，英语翻译树库（PKU、WL）的邻近词依存关系比例高于英语可比树库（USC），这反映了在法律翻译过程中，翻译文本的产出受制于语类规范与人类认知的共同影响，呈现简化趋势。笔者推测，译者在法律翻译过程中受工作记忆与认知影响，在保持法律语篇特征的同时，依然倾向将法律翻译文本的句法复杂程度简化。例［8.1］为汉语源语树库（CHN）中抽取的汉语法条，该法条分别在英语翻译树库（PKU、WL）中的平行译本以及英语可比树库（USC）中英语原创法条，英语原创法条与汉语法条的句长相当。

例［8.1］

CHN：本法 适用于 对外 贸易 以及 与 对外 贸易 有关 的 知识 产权 保护。（《中华人民共和国对外经济贸易法》 第 2 条）

PKU: The present Law applies to foreign trade and the protection of foreign-trade-related intellectual property.

WL: This Law shall be applicable to foreign trade and intellectual property protection related to foreign trade.

USC: The word "commerce" means all commerce which may lawfully be regulated by Congress.

图 8.5 展示了例［8.1］中四个例句的依存关系结构及依存距离（依存距离标注于从属词下），汉语源语例句（CHN）句长为 13 词，平均依存距离为 3.33；英语翻译例句（PKU）句长为 14 词，平均依存距离为 1.92；英语翻译例句（WL）句长为 16 词，平均依存距离为 1.87；英语可比例句（USC）句长为 15 词，平均依存距离为 2.33①。尽管英语翻译例句（PKU、WL）句长较汉语源语例句（CHN）句长有所增加，但其平均依存距离均降低了；英语翻译例句（PKU、WL）句长虽然与英语可比例句（USC）句长相当，但其平均依存距离略低于英语可比文本（USC）。CHN 例句中的邻近词依存关系为 7 个，所占比例为 58.33%，依存距离最大值为 11；PKU 例句中邻近词依存关系为 6 个，所占比例为 46.15%，依存距

① 斯坦福句法分析器将句子中的标点符号计入句长，但不计入依存关系中。

离最大值为 4；WL 例句中邻近词依存关系为 7 个，所占比例为 46.67%，依存距离最大值为 4；USC 例句中邻近词依存关系为 3 个，所占比例为 41.67%，依存距离最大值为 5。Liu（2008）指出人类语言的平均依存距离存在最小化趋势，20 种语言的平均依存距离都小于 4。而本研究中，四个自建树库的平均依存距离为 4.29，这里以依存距离为 4（Cowan，2001，2005）作为分界，考察例句中非邻近词依存关系的分布情况。例［8.1］中，四个例句依存距离分布如图 8.6。

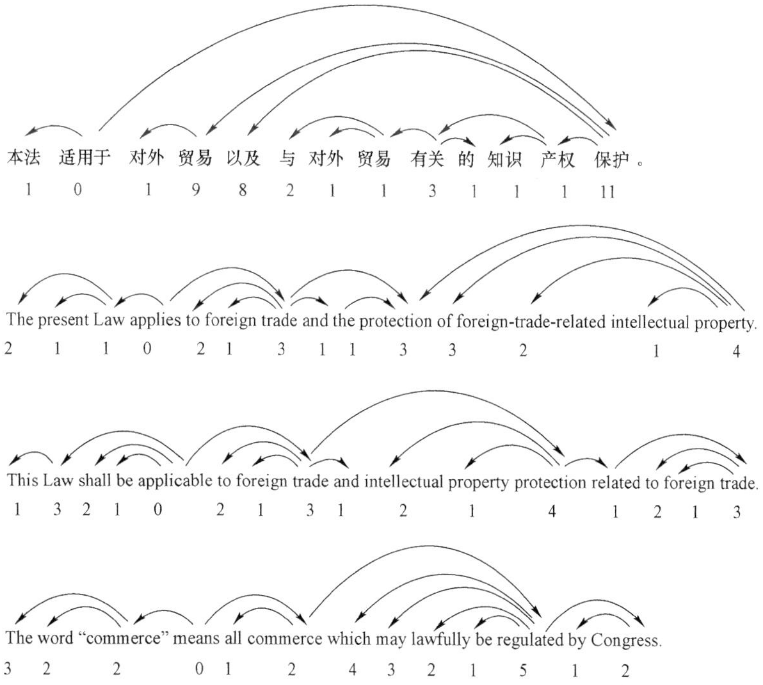

图 8.5　依存关系结构对比图

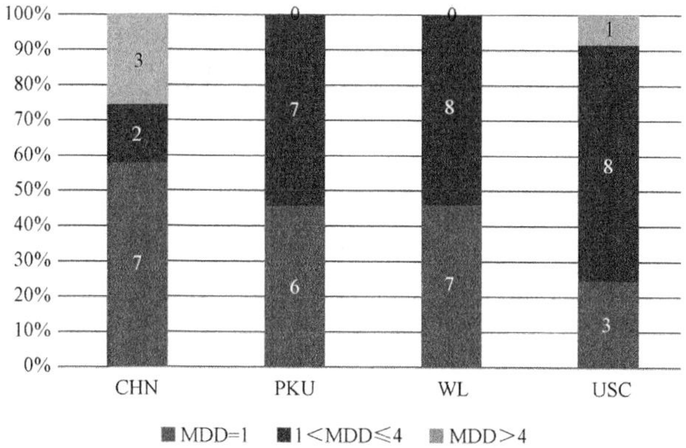

图 8.6　例句依存关系分布比例

如图 8.6 所示，在中英文例句句长整体相当的情况下（13 词≤句长≤16 词），英语翻译例句（PKU、WL）的依存距离主要集中在邻近词依存关系以及短距离依存关系上，较少使用长距离依存关系。从语际角度来看，英语翻译例句（PKU、WL）的邻近词依存关系比例略低于汉语源语例句（CHN），短距离依存关系比例高于汉语源语例句（CHN）。汉语源语例句（CHN）中的长距离依存关系（7、8、11）在翻译过程被简化了。从语内角度来看，英语翻译例句（PKU、WL）的邻近词依存关系比例高于英语可比例句（USC），短距离依存关系比例低于英语可比例句（USC），整体上存在依存距离简化的趋势。这表明了翻译语言的产出受到人类认知机制的制约，其依存距离发生变异，小于源语文本以及目的语可比文本的依存距离。本研究从句法的层面验证了翻译语言的简化趋势。

8.4 依存方向

作为依存语法中的另一重要概念，依存方向对语言类型学具有重要意义，可作为区分语言类型的指标之一（王琳，2013）。那么，翻译过程对依存方向又有何影响呢？汉语源语树库（CHN）、英语翻译树库（PKU）、英语翻译树库（WL）、英语可比语料库（USC）依存方向分布以及各个树库中不同依存方向的平均依存距离情况分别如图 8.7 和图 8.8 所示。

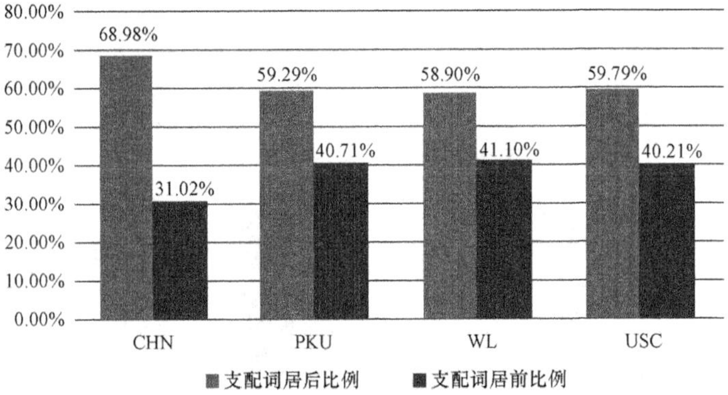

图 8.7 汉语源语树库（CHN）、英语翻译树库（PKU）、英语翻译树库（WL）及英语可比语料库（USC）依存方向分布情况

从依存方向的分布情况来看，汉语源语树库（CHN）的支配词居后的比例为 68.98%，与汉语新闻参照树库（Chi-PUD）（66.77%）的分布情况相当。英语翻译树库（PKU）、英语翻译树库（WL）及英语可比树库（USC）更为接近，分

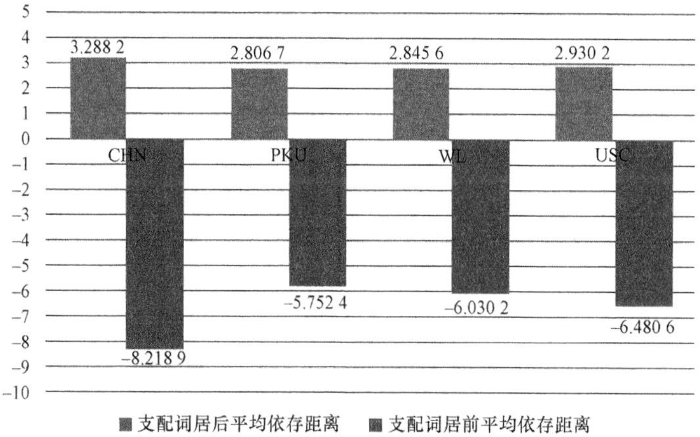

图 8.8　汉语源语树库（CHN）、英语翻译树库（PKU）、英语翻译树库（WL）及英语可比语料库（USC）不同依存方向的平均依存距离

别为 59.29%、58.90%及 59.79%，高于英语社交媒体参照树库（Eng-EWT），这反映了语类特征对英语语言依存方向分布有影响。对英语翻译树库（PKU）、英语翻译树库（WL）与英语可比树库（USC）中支配词居后依存关系分布比例进行方差单因素方差分析，结果表明，不同树库的支配词居后依存关系总体上不显著，F（2，96）=2.374，$p=0.099$。事后的 LSD 表明，英语翻译树库（WL）与英语可比树库（USC）之前的居后依存关系比例存在显著差异（$p<0.05$）。平均数组合对比分析检验表明，英语翻译树库（PKU、WL）和英语可比树库（USC）之间支配词居后平均依存距离差异不显著（$p>0.05$）。这反映了翻译过程对依存方向的影响较弱，统计意义不显著。

不同依存方向的平均依存距离如图 8.8 所示，四个树库中支配词居前依存关系的平均依存距离绝对值，均大于支配词居后依存关系的绝对值。汉语源语树库（CHN）中，支配词居后平均依存距离以及支配词居前平均依存距离的绝对值均大于其他三个树库。英语翻译树库（PKU）及英语翻译树库（WL）的支配词居后平均依存距离以及支配词居前平均依存距离的绝对值分别略小于英语可比树库（USC）。对英语翻译树库（PKU）、英语翻译树库（WL）及英语可比树库（USC）中支配词居后平均依存距离进行方差单因素方差分析，结果表明，三个树库在支配词居后平均依存距离差异显著，F（2，96）=4.131，$p=0.019$。事后的 Tamhane's T2 检验表明，英语翻译树库（WL）和英语可比树库（USC）支配词居后平均依存距离差异显著，$p<0.05$。平均数组合对比分析检验表明，英语翻译树库（PKU、WL）和英语可比树库（USC）之间支配词居后平均依存距离差异显著，$p<0.05$。对三个树库中支配词居前平均依存距离进行方差单因素方差分析，结果表明，三个树库在支配词居前平均依存距离差异显著，F（2，

96）= 16.328，$p<0.001$。事后的 Tamhane's T2 检验表明，英语翻译树库（PKU）和英语可比树库（USC）支配词居前平均依存距离差异显著，$p<0.001$；英语翻译树库（WL）和英语可比树库（USC）支配词居前平均依存距离差异显著，$p<0.001$。本研究结果也同时表明，翻译过程对语言的整体依存方向影响较弱，统计意义不显著，语言类型依然是依存方向的决定因素。

表 8.6、图 8.9 反映了汉语源语树库（CHN）、英语翻译树库（PKU）、英语翻译树库（WL）及英语可比树库（USC）的支配词居后与支配词居前依存关系的整体分布情况。

表 8.6　汉语源语树库（CHN）、英语翻译树库（PKU）、英语翻译树库（WL）及英语可比树库（USC）支配词居前与支配词居后分布基本情况

依存	CHN		PKU		WL		USC	
关系	观察数	百分比	观察数	百分比	观察数	百分比	观察数	百分比
≥11	6 375	3.51%	5 624	2.23%	6 606	2.38%	5 828	2.34%
10	1 127	0.62%	595	0.24%	652	0.24%	636	0.26%
9	1 381	0.76%	688	0.27%	719	0.26%	740	0.30%
8	1 812	1.00%	823	0.33%	934	0.34%	911	0.37%
7	2 469	1.36%	1 029	0.41%	1 111	0.40%	1 141	0.46%
6	3 831	2.11%	1 364	0.54%	1 491	0.54%	1 805	0.73%
5	5 097	2.81%	3 587	1.42%	3 977	1.44%	3 116	1.25%
4	7 546	4.15%	7 169	2.84%	6 505	2.35%	6 208	2.50%
3	13 075	7.20%	15 907	6.31%	16 368	5.91%	14 172	5.70%
2	25 817	14.21%	40 620	16.10%	44 503	16.07%	39 989	16.08%
1	56 851	31.29%	72 149	28.60%	80 280	28.98%	74 341	29.89%
−1	17 661	9.72%	21 202	8.41%	24 133	8.71%	16 815	6.76%
−2	7 808	4.30%	21 514	8.53%	24 151	8.72%	23 247	9.35%
−3	5 058	2.78%	16 957	6.72%	19 569	7.06%	18 203	7.32%
−4	3 691	2.03%	10 540	4.18%	11 323	4.09%	9 700	3.90%
−5	2 684	1.48%	7 338	2.91%	7 310	2.64%	6 540	2.63%
−6	2 096	1.15%	5 048	2.00%	5 306	1.92%	4 661	1.87%
−7	1 974	1.09%	2 899	1.15%	2 766	1.00%	2 800	1.13%
−8	1 694	0.93%	2 331	0.92%	2 418	0.87%	2 270	0.91%
−9	1 227	0.68%	1 765	0.70%	1 805	0.65%	1 839	0.74%
−10	1 050	0.58%	1 407	0.56%	1 476	0.53%	1 399	0.56%
≤−11	11 345	6.24%	11 671	4.63%	13 601	4.91%	12 352	4.97%
总计	181 669		252 227		277 004		248 713	

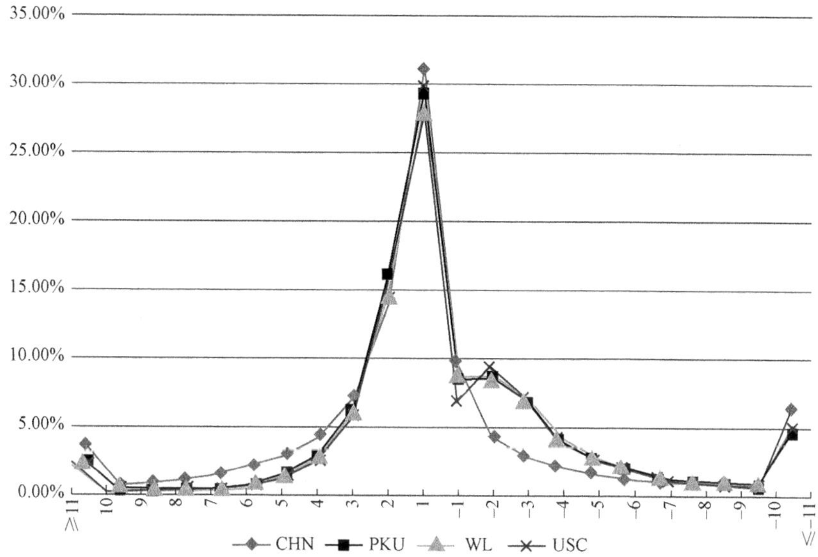

图 8.9 支配词居前与支配词居后分布趋势图

如表 8.6 和图 8.9 所示，四个树库整体分布趋势接近，符合依存距离最小化的趋势，但存在具体差异。对于支配词居后的依存关系而言，四个树库分布趋势基本一致：邻近词依存关系及依存距离为 2 的依存关系占整体分布的比重较高，累计比例分别为 45.50%（CHN）、44.71%（PKU）、45.05%（WL）、45.97%（USC）；依存距离大于 3 时，汉语源语树库（CHN）的分布比例均高于其他三个树库的分布情况；从语际的角度来看；当依存距离大于等于 3 时，汉语源语树库（CHN）中依存关系分布比例大于两个英语翻译树库（PKU、WL）。从语内的角度来看，两个英语翻译树库（PKU、WL）与英语可比树库（USC）的支配词居后的依存关系分布基本重合。对于支配词居前的依存关系而言，其分布趋势存在可见性差异，反映了翻译过程对支配词居前的依存关系的分布情况的影响。汉语源语树库（CHN）的邻近词依存关系（−1）比例（9.72%）高于依存距离为−2 的依存关系比例（4.30%），存在显著性差异（$p<0.001$）；英语翻译树库（PKU、WL）与汉语源语树库（CHN），在邻近词依存关系比例与依存距离为−2 的依存关系比例均存在显著性差异（$p<0.001$）。当依存距离为−2 到−10 时，汉语源语树库（CHN）依存关系分布比例小于英语翻译树库（PKU、WL）、英语可比树库（USC）。英语可比树库（USC）没有完全遵循依存距离最小化的规律，其支配词居前的邻近词依存关系（−1）比例（6.76%）低于依存距离为−2 的依存关系比例（9.35%），存在显著性差异（$p<0.001$）；英语翻译树库（PKU、WL）与英语可比树库（USC）在邻近词依存关系比例与依存距离为−2 的依存

关系的分布上均存在显著性差异（$p<0.001$）。英语翻译树库（PKU）、英语翻译树库（WL）分布趋势基本吻合，邻近词依存关系比例与依存距离为−2 的依存关系比例基本持平，差异不显著（$p>0.05$）。根据支配词居前的依存关系分布的情况，在法律翻译中，支配词居前的依存关系的比例分布反映了法律翻译语言与法律原创语言的差异。

如本章 8.1 节、8.4 节所述，依存方向指的是依存关系的两个依存成分在句子中的线性顺序。根据依存方向的不同，依存类型可以分为支配词居于从属词之前、支配词居于从属词之后两种类型。Liu（2010）对 20 种语言的研究表明，依存方向可以作为区分语序语言类型学的有效手段。Liu（2010）对比了 20 种主语（subject-verb）、宾语（object-verb）、定语（adjective-noun）的依存方向，表明传统语法中的语序类型只是该语言中“占主导性的”（the dominant word order）、“经常使用的”（more frequent in language use）（Dryer，2007，2013）依存方向类型（Liu，2010：1572）。Wang & Liu（2013）分析了英语、汉语以及汉英语码转换树库中的主要依存关系，即主语（subj）、宾语（obj）、定语（atr）、状语（avda）的支配词居前以及支配词居后的依存关系分布，他们研究结果表明，汉英语码转换树库的依存方向的分布不同，产生了词序的变异。通过观察英语翻译树库（PKU、WL）与英语可比树库（USC）中依存方向的分布，这里进一步探讨法律翻译过程是否对依存方向产生影响。英语翻译树库（PKU、WL）中确定词序的依存类型（主语、宾语、定语、状语）的依存方向分布与英语可比树库（USC）存在差异，如图 8.10 和图 8.11。

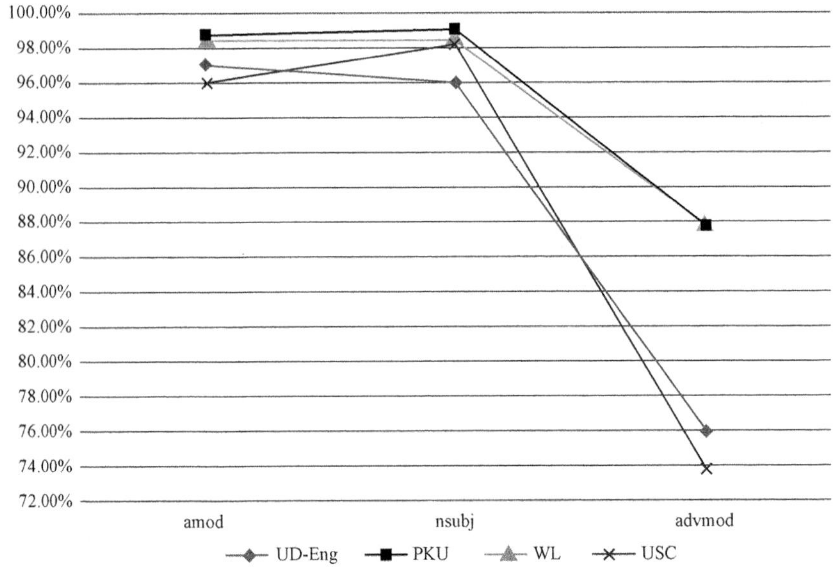

图 8.10 amod、nsubj、advmod 依存类型的支配词居后依存关系分布

如图 8.10 所示，形容词性修饰语（adjective modifier，amod）、名词性主语（nominal subject，nsubj）、副词性修饰语（adverbial modifier，advmod）均为支配词居后的依存类型。在英语翻译树库（PKU）、英语翻译树库（WL）中，该三类支配词居后的比例均高于通用英语依存树库（UD-Eng）以及英语可比树库（USC）。英语翻译树库（PKU）、英语翻译树库（WL）分布比例相近。

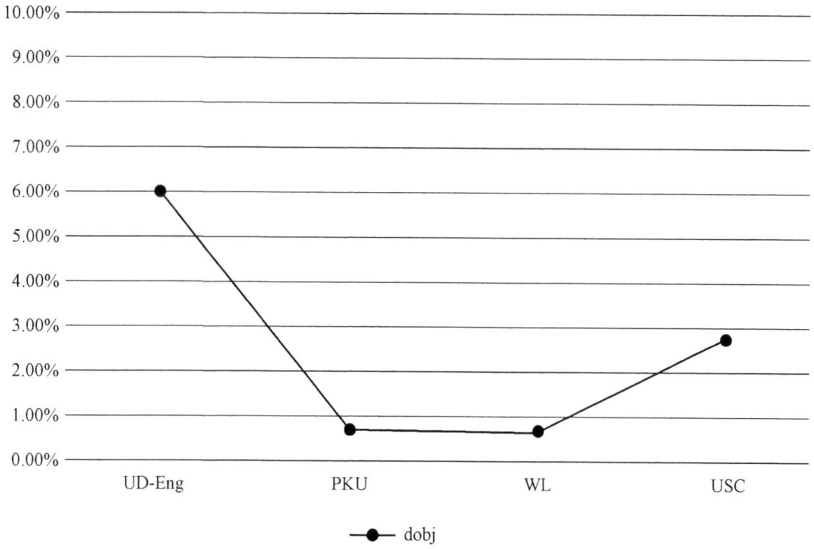

图 8.11　dobj 依存类型支配词居后依存关系分布

如图 8.11 所示，直接宾语（direct object，dobj）为支配词居前的依存类型，英语翻译树库（PKU）、英语翻译树库（WL）中的 dobj 依存类型中支配词居后的比例显著低于英语可比树库（USC）（$p<0.001$）、通用依存关系英语树库（UD-Eng）（$p<0.001$），英语翻译树库（PKU）、英语翻译树库（WL）之间比例分布没有差异。综上所述，本研究认为，占主导地位的、经常使用的依存方向，在翻译文本中则更倾向于使用，所占比例更大。与英语可比树库（USC）相比，英语翻译树库（PKU）、英语翻译树库（WL）在主语（nsubj）、宾语（dobj）、定语（amod）、状语（advmod）的语序上出现显著的范化趋势，两个英语翻译树库（PKU、WL）在句法语序上呈现趋同的翻译可见性。两个英语翻译树库（PKU、WL）之间比例分布相近，没有显著性差异，这反映了两个法律英语翻译团队一致的操作规范。

8.5 依存类型

依存类型表明了句子中词与词的依存句法关系。斯坦福句法分析器（Stanford Parser）中的斯坦福分类依存关系（Stanford typed dependencies）可以标记约 50 种句法关系（de Marneffe & Manning，2016［2008］），这些依存关系标注细化了支配词与从属词之间的二元属性。本章所用的依存类型输出格式为基本依存类型（basic typed dependencies），基本依存类型标注体系除 de Marneffe & Manning（2016［2008］）介绍的依存类型之外，其他依存关系如名词修饰语（nmod）等，也可参见 de Marneffe，Dozat，Silveira，et al（2014）及通用依存关系（Universal Dependencies，UD）。汉语源语树库（CHN）、英语翻译树库（PKU）、英语翻译树库（WL）以及英语可比树库（USC）依存类型分布总体情况如图 8.12、图 8.13、图 8.14，以及图 8.15 所示，图中簇状柱形图为实际观察数，带标记折线图为分布比例。

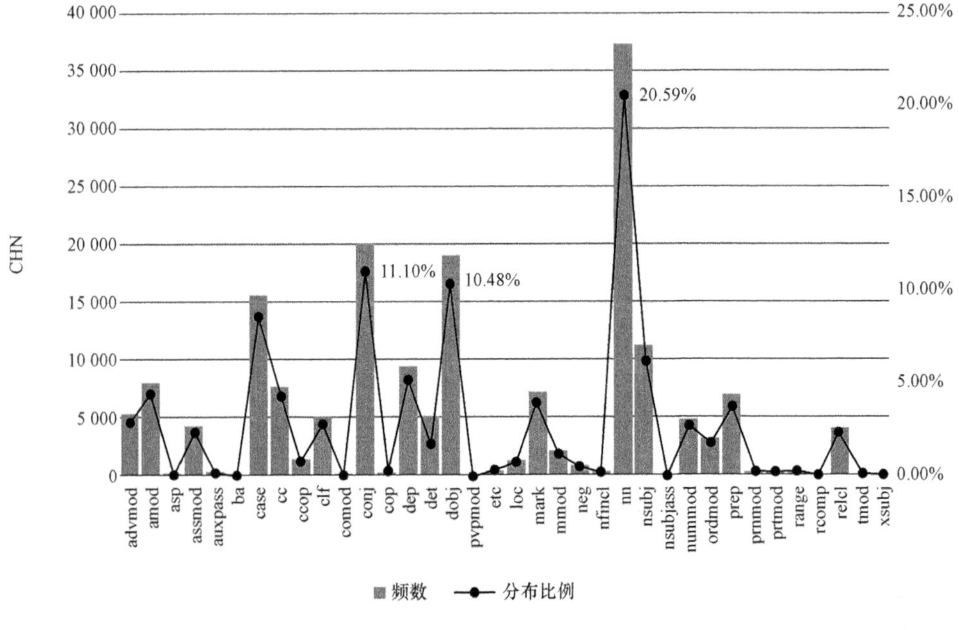

图 8.12 汉语源语树库（CHN）依存关系分布情况

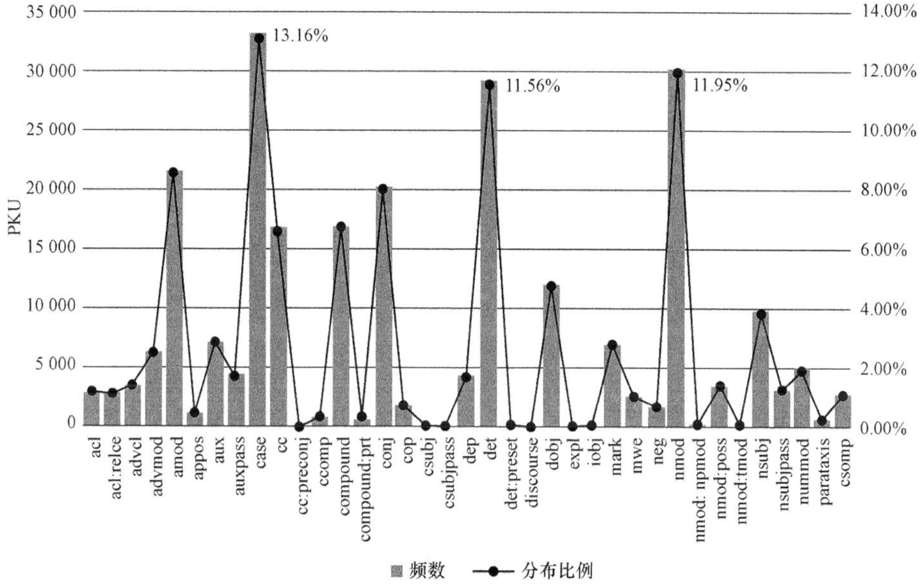

图 8.13　英语翻译树库（PKU）依存关系分布情况

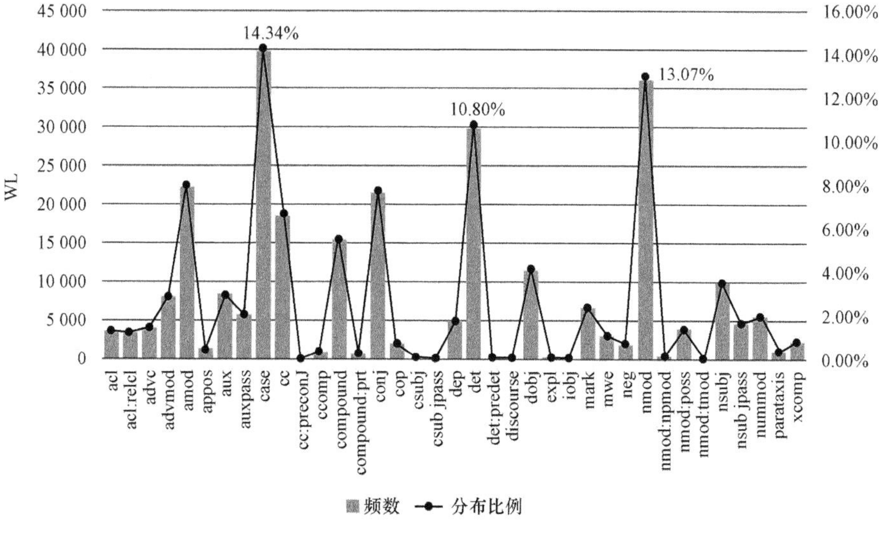

图 8.14　英语翻译树库（WL）依存关系分布情况

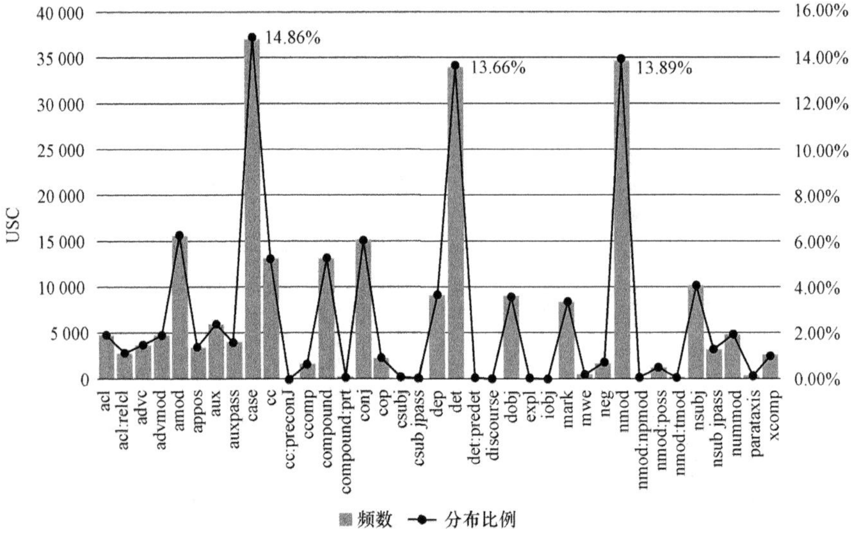

图 8.15　英语可比树库（USC）依存关系分布情况

汉语源语树库（CHN）中有 36 种依存关系，英语翻译/可比树库（PKU、WL、USC）中有 37 种依存关系，汉语源语树库（CHN）与三个英语树库（PKU、WL、USC）之间在依存关系类型分布上均有三种高频依存关系类型，其分布比例均高于 10%。如图 8.12 所示，汉语源语树库（CHN）中分布比例前三位的依存关系依次为名词合成修饰语（noun compound modifier，nn）、并列关系（conjunct，conj）、直接宾语（direct object，dobj）；如图 8.13、图 8.14、图 8.15 所示，英语翻译树库（PKU）、英语翻译树库（WL）、英语可比树库（USC）中分布比例前三位的依存关系依次为格标记（case marking，case）、名词修饰语（nominal modifier，nmod）以及限定词（determiner，det）。进一步对四个树库的分布情况进行相关性验证，结果如表 8.7 所示。

如表 8.7 所示，Kendall's tau-b 等级相关系数检验表明，汉语源语树库（CHN）依存关系分布与英语翻译树库（PKU、WL）、英语可比树库（USC）分布不相关（$p>0.05$），两个英语翻译树库（PKU、WL）与英语可比树库（USC）之间两两显著相关（$p<0.001$）。换言之，语言类型决定了依存类型分布的基本情况，汉语语法与英语语法规则制约着句法特征的基本属性。从数据结果来看，翻译语言的依存类型基本分布没有受到源语句法特征干扰。本研究也发现，尽管英语树库两两成显著性相关，但英语翻译树库（PKU）与英语翻译树库（WL）之间的相关程度更高，$r=0.980$，$p<0.001$，均高于英语翻译树库（WL）、（PKU）之间的与英语可比树库（USC）的相关系数。这表明与原创法律文本相比，英语翻译文本之间的差异更小，凸显了翻译语言共有特征，也间接反映了法律翻译语言的一致性操作规范。

表 8.7　　汉语源语树库（CHN）、英语翻译树库（PKU）、英语翻译树库（WL）及英语可比树库（USC）依存类型分布相关系数

			CHN	PKU	WL	USC
Kendall's tau_b	CHN	相关系数	1.000	.056	.055	.070
		Sig.（双侧）	.	.575	.585	.485
		N	55	55	55	55
	PKU	相关系数	.056	1.000	.980**	.942**
		Sig.（双侧）	.575	.	.000	.000
		N	55	55	55	55
	WL	相关系数	.055	.980**	1.000	.935**
		Sig.（双侧）	.585	.000	.	.000
		N	55	55	55	55
	USC	相关系数	.070	.942**	.935**	1.000
		Sig.（双侧）	.485	.000	.000	.
		N	55	55	55	55

**.在置信度（双测）为 0.01 时，相关性是显著的。

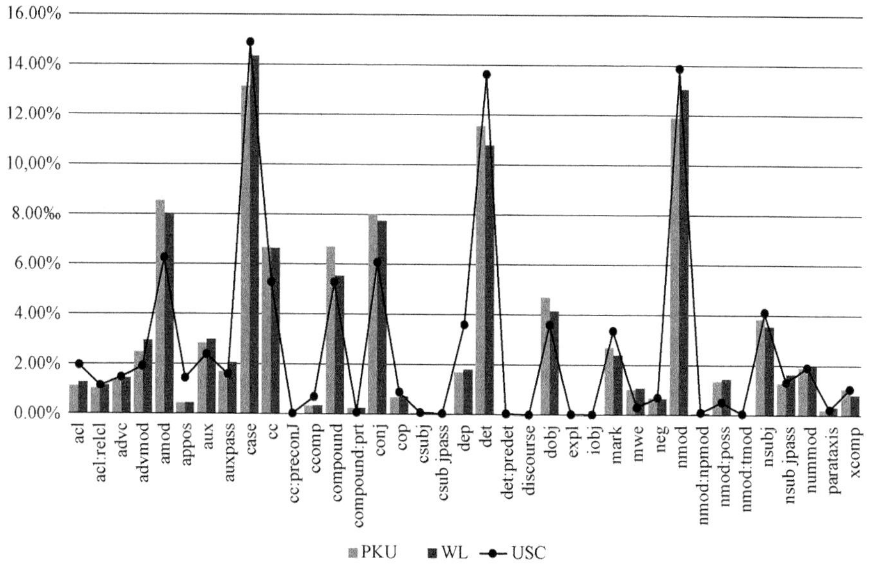

图 8.16　英语翻译树库（PKU）、英语翻译树库（WL）及英语可比树库（USC）依存关系对比

如图 8.16 所示，尽管英语翻译树库（PKU、WL）依存类型分布情况与英语可比树库（USC）相关，英语翻译树库（PKU、WL）与英语可比树库（USC）相比，具体依存类型中呈现不同的分布趋势。英语翻译树库（PKU、WL）中，名词从句修饰语（clausal modifier of noun，acl）、形容词从句修饰语（adverbial clause modifier，advcl）、同位语修饰语（appositional modifier，appos）、格标记（case marking，case）、并列名词的前端修饰语（preconjunct，cc：preconj）、补语从句（clausal complement，ccomp）、系动词（copula，cop）、主语从句（clausal subject，csubj）、未识别的依存关系（dependent，dep）、限定词（determiner，det）、限定词前置修饰语（predeterminer，det：predet）、语篇感叹词（discourse element，discourse）、从句标记语（marker，mark）、否定修饰（negation modifier，neg）、名词修饰语（nominal modifier，nmod）、时间修饰语（temporal modifier，nmod：tmod）以及名词性主语（nominal subject，nsubj）等 17 类依存类别的分布比例，均低于英语可比树库（USC）。而英语翻译树库（PKU、WL）中，副词性修饰语（adverbial modifier，advmod）、形容词性修饰语（adjectival modifier，amod）、助动词（auxiliary，aux）、被动助动词（passive auxiliary，auxpass）、并列词并列（coordination，cc）、名词合成结构（compound）、动词短语搭配（phrasal verb particle，compound：prt）、并列关系（conjunct，conj）、从句被动主语（clausal passive subject，csubjpass）、直接宾语（direct object，dobj）、固定搭配（multi-word expression，mwe）、名词所属修饰语（possessive nominal modifier，nmod：poss）、数词修饰（numeric modifier，nummod）、动词并列关系（parataxis）等 14 类依存关系的分布比例，均高于英语可比树库（USC）。英语翻译树库（PKU、WL）与英语可比树库（USC）依存类型比例差异存在相同的趋势，与原创法律翻译文本相比呈现翻译的可见性。与英语可比树库（USC）相比，英语翻译树库（PKU、WL）中的具体依存类型分布存在显著性差异。本研究尝试从以下几个方面探讨。

首先，与原创文本相比，英语翻译文本呈现的范化趋势。范化是指译者在翻译过程中存在"遵从目的语典型特征的趋势"（Baker，1996：183）。胡开宝（2011）认为范化是指重新安排译文文本语句，使其符合目的语的语言传统规范（2011：95）。本研究发现，英语翻译树库（PKU）中的未识别的依存类型（dep）显著低于英语可比树库（USC）（Log-likelihood 值 = 1 747.01，$p<0.001$），英语翻译语料库（WL）也呈现同样的分布趋势（Log-likelihood 值 = 1 650.38，$p<0.001$）。另一方面，英语翻译树库（PKU）中的固定搭配（mwe）依存类型显著高于英语可比树库（USC）（Log-likelihood 值 = 1 576.36，$p<0.001$），英语翻译语料库（WL）也呈现同样的分布趋势（Log-likelihood 值 = 1 677.87，$p<0.001$）。英语翻译树库（PKU）中的动词短语搭配（compound：prt）依存类型也显著高于英语可比树库

（USC）（Log-likelihood 值 = 149.14，$p<0.001$），英语翻译语料库（WL）也呈现同样的分布趋势（Log-likelihood 值 = 146.93，$p<0.001$）。

其中，与英语可比树库（USC）相比，英语翻译树库（PKU、WL）中未识别依存关系（dep）的 Log-likelihood 值最高，其差距最为显著。由此可见，英语翻译文本倾向于使用简洁、明确而符合目的语语言规范的依存关系。英语翻译树库（PKU、WL）中固定搭配（mwe）依存类型分布比例高于英语可比语料库（USC），呈显著性差异，表明英语翻译文本更加倾向于采用目的语中的习惯用语。英语翻译树库（PKU）、英语翻译树库（WL）与英语可比树库（USC）中具体的依存关系的分布不同：英语可比语树库（USC）中固定搭配依存类型类符 20 例，形符 490 例；而英语翻译树库（PKU）中类符 16 例，形符 2 624 例；英语翻译树库（WL）中类符 16 例，形符 2 930 例。由此可见，英语翻译文本中的固定搭配复现率更高，这也进一步验证了上一章词汇层面的词簇研究结果。英语可比树库（USC）中具体固定搭配“more than”占整体分布的 32.65%，其他序列依存关系分布较为分散；英语翻译树库（PKU、WL）分布情况更为集中，具体固定搭配主要集中在“more than”（PKU = 31.21%；WL = 39.08%）、“less than”（PKU = 27.13%; WL = 28.09%）以及“according to”（PKU = 26.26%; WL = 17.65%）三类固定表达，累计比例分别为 84.60%（PKU）、84.81%（WL）。英语翻译树库（PKU、WL）固定搭配分布情况相近，两者拟合趋势线趋于吻合（如图 8.17）。英语翻译树库（PKU、WL）中“less than”“according to”的分布均显著高于英语可比树库（USC）中的分布情况（$p<0.001$）。英语可比树库（USC）中“as if”“as to”“that is”（下画线为笔者标注）在英语翻译树库（PKU、WL）中没有出现。

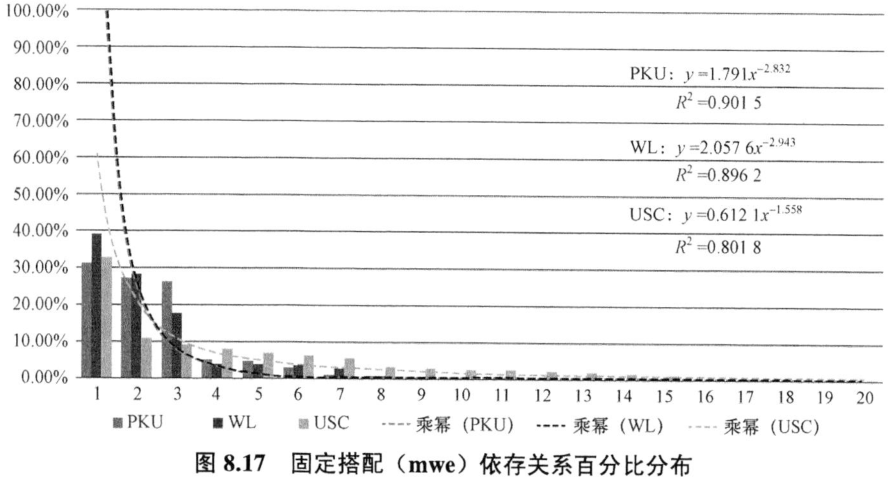

图 8.17　固定搭配（mwe）依存关系百分比分布

同样地，英语翻译树库（PKU、WL）中与动词短语固定搭配（compound：prt）比例高于英语可比树库（USC）。英语翻译树库（PKU）、英语翻译树库（WL）及英语可比树库（USC）中动词短语搭配依存关系分布如表 8.8（黑体、下画线、下画波浪线、下画虚线为笔者标注）。

表 8.8　动词短语搭配（compound：prt）依存关系主要实例

序号	PKU	观察数	WL	观察数	USC	观察数
1	carry out	151	carry out	138	carry out	73
2	set up	77	set up	87	set forth	61
3	work out	40	draw up	35	set aside	14
4	draw up	20	set forth	21	arise out	12
5	make up	20	agree upon	20	pay out	8
6	preside over	15	preside over	18	set out	8
7	put forward	13	seal up	18	sum up	7
8	agree upon	12	lay down	16	point out	4
9	set out	12	put forward	14	make out	3
10	close down	11	make out	10	strike out	3
共计		371		377		193

如表 8.8 所示，英语翻译树库（PKU、WL）中与动词短语固定搭配比例高于英语可比树库（USC），具体动词短语搭配的使用上存在差异。黑体标注为三个树库均出现的动词短语固定搭配，仅为一例；下画波浪线为英语翻译树库（PKU）、英语可比树库（USC）的共现的动词短语搭配，仅为一例；下画虚线为英语翻译树库（WL）、英语可比树库（USC）的共现的动词短语搭配，仅为两例；下画线标注为英语翻译树库（PKU、WL）同时出现的搭配动词短语固定搭配，共计六例。与英语可比树库（USC）相比，英语翻译树库（PKU）、英语可比树库（WL）之间呈现较高的相似性，也体现了两个翻译文本的一致性的操作规范。整体而言，在句法层面上，英语翻译文本更倾向于反复使用目的语文本的常用短语搭配。

其次，英语翻译文本受到了源语干扰的影响。汉英两种语言的复句构成方式也造成英语翻译文本与英语可比文本差异。本研究发现，英语翻译树库（PKU、WL）中，名词的从句修饰语（acl）、同位语修饰语（appos）、补语从句（ccomp）、从句标记语（mark）分布比例显著低于英语可比语料库（USC）；而英语翻译语料库（PKU、WL）中，并列词并列（cc）、并列关系（conj）、动词并列关系（parataxis）的分布比例显著高于英语可比树库（USC）。换言之，两个英语翻译树库（PKU、WL）中的从句比例均低于英语可比树库（USC），并列关系比例高于英语可比树库（USC）。英语翻译树库（PKU、WL）与英语可比树库（USC）之间的差异，受到了汉语源语句法特征的影响，具体而言可以归纳为两个因素。一方面，汉语源语树库（CHN）中并列关系（conj）的分布比例高于英语可比树库（USC），存在显著性差异（Log-likelihood 值 = 3 144.31，$p < 0.001$）。翻译文本要重现源语文本中这些并列依存关系的意义，必然要将源语的逻辑关系体现出来，因此英语翻译文本中的并列关系高于英语可比文本亦在情理之中。另一方面，汉语属于“意合”结构（鲁川，1998；宋志平，2003），复句之间的连接不使用任何关联词语，而是“完全依靠语序以及前后分句的语义制约构成”（屈承熹，1996：18），如“动词形式、主题连贯、小句次序”（屈承熹，1996：18）等连接，而这种构句模式被称为“意合法”（邵静敏，2007：242）。不同于英语，汉语中采用意合法构成的句子缺少小句之间的关联词，因此，在汉英翻译过程中需要译者补充从句引导词，以明晰化一个句子内部小句与小句之间的逻辑关系。汉语语言的“意合法”（parataxis）与英语语言的“形合法”（hypotaxis）是汉英两种语言最主要的句法差异（连淑能，1997：48；孙致礼，2003：73；陈宏薇、李亚丹，2010：39）。当汉语译入英语时也需要根据其语法功能将隐含的语义关系明示化，参见例［8.2］。

例［8.2］

a.（汉语源语）威尼斯却是由一百多个小岛组成的，一条渐宽的曲折的水道，就算是大街，其余许许多多纵横交织的小水道，就算是小巷。三四百座大大小小的桥，将这些小岛上的一簇一簇的楼屋，串联了起来。（冰心《再寄小读者》）

b.（英语译文）...Venice is a port composed of more than 100 small islands cut by a broad winding waterway serving as its avenue and mumerours small crisscross water courses serving as its alleys.And clusters of buildings on the small islands are linked by some 400 bridges of various sizes.（张培基，2012：33，35）

如例［8.2］所示，汉语源语中意合法整合的小句翻译成英语时，主要采用介词、连词明晰化原有的隐含信息。尽管汉语立法语言在规范性、准确性方面表意更加明确（郑全新，1999；吴亚芝、林大津，2004；邹玉华，2012），但是立法语言作为以交际功能而分化的语言变体（陈炯，1995：34），也具有汉语语言的“意合”特征。汉语立法语言也存在大量以“意合法”模式构句的复句，小句与小句之间的关系并没有广泛借助语言形式，明晰隐含的逻辑关系。法律翻译者对源语文本中的“意合法”小句结构又是怎样处理的呢？本研究发现，在英语翻译树库（PKU、WL）中，这种句法上的意合关系并没有同例［8.2］一样，在英语译文中将这种隐含关联关系通过介词、连词，转译为从句等方式完全显化，而是选择保留了源语中的基本句式，通过添加并列关系的方式翻译译文，倾向以基本满足目的语语法规则、相对保守的形式来翻译句子。如例［8.3］（下画线为笔者标注）。

例［8.3］

CHN：国家设立的研究开发机构、高等院校应当加强对科技成果转化的管理、组织和协调，促进科技成果转化队伍建设，优化科技成果转化流程，通过本单位负责技术转移工作的机构或者委托独立的科技成果转化服务机构开展技术转移。（《中华人民共和国促进科技成果转化法》 第 17 条）

PKU: State-maintained research and development institutions and institutions of higher education shall strengthen management, organization and coordination of transformation of scientific and technological achievements, promote the building of teams for the transformation of scientific and technological achievements, optimize the process of transformation of scientific and technological achievements, <u>and</u> transfer technologies through their own institutions in charge of technology transfer or independent service agencies for the transformation of scientific and technological achievements entrusted by them.

WL: R&D institutions and institutions of higher learning established by the State shall strengthen the management, organization and coordination of the transformation of scientific and technological achievements, promote team building for the transformation of scientific and technological achievements, optimize the process for the transformation of scientific and technological achievements, <u>and</u> transfer technology via their own agencies responsible for technology transfer or by entrusting independent service agencies for the transformation of scientific and technological achievements.

例［8.3］为《中华人民共和国促进科技成果转化法》第 17 条部分内容。汉语例句（CHN）中，该法条凭借小句语序和语义整合了四个小句，其对应的两个英语翻译例句（PKU、USC）中英语译文未对语序进行调整，亦未对源语例句的句法关系进行明晰化的处理，仅采用一个“and”（见下画线部分）连接各个小句，从而使译文符合目的语语法规范。而英语可比树库（USC）中长度相当的句子则包含四处从句标记词（见下画线部分），了解句子内部的逻辑关系。换言之，与例［8.2］散文文体翻译中积极显化句法关系的操作不同，例［8.3］的英语译文中主要以并列句的重现源语中的句法关系，保持了源语中复合句的基本形态，倾向于将小句关系处理为并列句。

最后，汉语立法语篇实词分布特征以及汉语立法语言中存在大量的名词复合结构（nn），也影响了翻译文本的依存类型分布情况。英语翻译树库（PKU、WL）中，形容词性修饰语（amod）、副词性修饰语（advmod）、名词所属修饰语（nmod: poss）、直接宾语（dobj）等依存类型的分布显著高于英语可比树库（USC）的分布情况。其中，形容词性修饰语（amod）、副词性修饰语（advmod）、直接宾语（dobj）等依存关系的分布情况与上一章词汇密度的结果分布基本一致，即英语翻译语料库（PKU、WL）中的实词比例高于英语可比语料库（USC）。受限于汉语法律语言特征，与其他文体相比，汉语立法语言中包含大量名词组合结构（nn），这些结构是法律语言中的重要组成部分，分布比例高达 20.59%，英文原创立法文本中并未出现类似的分布特征，英语可比树库（USC）中名词合成结构（compound）依存关系分布比例仅为 5.30%。

8.6　本章小结

本章基于依存语法（Liu，2008，2010；Hudson，2010）利用自建的汉语源语树库（CHN）、英语翻译树库（PKU）、英语翻译树库（WL）及英语可比树库（USC），从依存关系视角探讨法律英语翻译中句法关系变化，探索词以上层面法律翻译可见性。依存关系的分析路径是目前语言学实证研究的重要手段，也可以使我们更加深入地认识真实翻译语料在词以上结构的变化，深入了解翻译语言与原创语言的差异。依存关系标注的翻译树库也为翻译共性、翻译规范等问题研究提供了数据支持，拓展了语料库翻译学的研究范畴。从依存方向、依存距离、依存类型的视角探讨法律翻译的可见性，可为我们分析翻译认知过程提供支持。研究结果表明，英语翻译树库（PKU、WL）与汉语源语树库（PKU）、英语可比树库（USC）在句法层面存在可见性差异。一方面，英语翻译文本的支配词居后、居前依存关系的平均距离均低于汉语源语文本和英语可比文本；另一方面，英语翻译文本的支配词居前的依存关系分布呈现明显的简化现象，翻译文本似乎更为遵循依存距离最小化趋势。

本章研究结果显示，两个英语翻译树库（PKU、WL）与汉语源语树库（CHN）和英语可比树库（USC）相比，在依存距离、依存方向以及依存类型分布上存在差异，体现了翻译可见性。在依存关系层面上，法律英语翻译文本存在以下可见性特征：（1）与法律原创文本相比，法律翻译文本的依存距离显著降低，邻近词依存关系比例显著升高，法律英语翻译文本存在依存距离最小化倾向，呈现显著的简化趋势。（2）与通用英语相比，法律英语翻译文本、法律英语原创文本中的支配词居后依存关系比例升高，但法律翻译文本与原创文本之间的差异不显著，翻译过程对依存方向的影响较弱，仅对支配词居前的邻近词依存关系分布产生影响。（3）法律语类对依存方向分布会产生一定影响，翻译过程对整体依存方向分布没有影响。法律英语翻译文本的依存关系类型分布与法律原创文本存在可见性差异：与原创文本相比，不同法律英语翻译文本的依存关系类型分布呈现相近的变化趋势，而不同法律翻译文本之间的分布特征也存在可见性差异，体现了法律翻译的译者风格。（4）法律英语翻译文本的依存距离受翻译过程影响，呈现更加显著的依存距离最小化趋势，但翻译过程对不同依存关系类型的作用不同。（5）法律英语翻译文本中确定语序的依存关系的依存方向存在范化趋势。

法律翻译文本可见性特征具体表现为以下几个方面。首先，从依存距离来看，法律英语翻译文本的依存距离显著低于汉语源语法律文本及英语原创法律文本，但不同法律英语翻译文本之间没有差异。翻译过程是人脑处理文本的活动，必然受到人类认知的制约。在法律翻译的过程中，译者倾向于降低句子的复杂程度，将难以理解的源语法律文本转化为句法结构较为简单的目的语文本。本研究从依存距离的角度，验证了翻译共性简化的假设，与源语文本、原创文本相比，法律翻译文本呈现更明显的依存距离最小化的现象，由此可见，翻译过程是一个认知的过程（Albir & Alves，2009），这个过程必然会受到语类特征和人类认知的影响，翻译文本始终呈现出依存距离最小化的倾向。本研究同时发现，翻译文本的简化程度依然受到法律语言特征的限制，两个英语翻译树库（PKU、WL）的依存距离依然高于通用语类的自然语言的依存距离。其次，从依存方向来看，语言类型依然是决定依存方向的主要因素，法律语类对依存方向产生一定影响，翻译过程对依存方向的影响较弱。分别观察两种依存方向的邻近词依存关系分布情况，可以看到翻译过程对支配词居后的依存关系影响较弱，但对支配词居前的依存关系产生显著影响，英语可比文本中支配词居前邻近词（依存距离“－1”）依存关系比例为6.76%，低于依存距离“－2”（9.35%）及依存距离“－3”（7.32%）依存关系的比例。法律翻译文本的支配词居前邻近词依存关系与依存距离“－2”依存关系的分布比例相当，支配词居前邻近词依存关系也显著高于英语可比文本，呈现简化趋势。对于具体依存类型的依存方向而言，法律翻译文本中，名词性主语（nsubj）、形容词性修饰语（amod）、副词性修饰语（advmod）的支配词居后（主导依存方向）的比例分布高于法律原创文本，而法律翻译文本中直接宾语（dobj）支配词居前（主导依存方向）的比例高于法律原创文本。这四种依存类型的依存方向是确定语言语序的基本指标（Liu，2010），换言之，在翻译文本中符合传统语序规范的依存方向比例提升，呈现范化趋势。再次，从依存类型来看，法律汉语源语文本的依存关系类型分布与法律英语翻译文本、法律英语原创文本均不相关，英语翻译文本的依存类型分布与法律英语原创文本相关，这表明语言类型是制约某一文本依存类型的主要因素。这体现了不同翻译团队在翻译过程中对具体语言表述形式的不同选择，这表明了法律翻译作为规范性文本翻译，也存在译者风格。

从依存关系的视角考察翻译文本的翻译特征，是本研究对语料库翻译学探索翻译语言特征维度的突破，也为进一步认识翻译共性等概念提供了充分的数据支持。从本章研究结果来看，简化是句法层面所呈现的主要翻译共性，这一点既可以体现在句法的宏观涌现特征上，也可以体现在某一依存类型从属词分布的微观层面。依存距离是依存语法的核心概念之一，受到工作记忆机制的制约，是反映人类认识承载量的指标（梁君英、刘海涛，2016：108－110），翻译过程会受到人的认知容量的影响。法律翻译过程中，译者倾向于将文本的依存距离最小化，这与人类大脑的语言处理机制密不可分。通过对翻译语言的依存距离考察，我们也可以发现翻译共性与语言共性的相关性，即译者偏好在源语文本的基础上产出更加省力的目的语文本。从依存方向上来看，在翻译文本中确定语序的依存类型中符合传统语法规范的、占主导性的依存方向比例更高。总体而言，在符合语类特征的基础上，译者倾向于产出更加简单、更加符合目的语规范的翻译文本。然而，句法层面的数据未见明显支持显化假设的数据。由于显化假设的考察维度更为细微，往往关注对局部语言特征变化、隐含语义明晰方面，难以在句法层面与宏观涌现特征相对应，而且显化也与译者的具体的翻译策略有关。

由此可见，翻译规范与译者风格之间既有区别又有联系，每个译者风格的共性部分构成了某一时期、某一翻译社群的翻译操作规范。通过对两个英语翻译树库（PKU、WL）的比较，可以看到两个翻译团队一致的操作规范。尽管翻译过程中存在依存距离最小化趋势，但两个法律翻译文本都保持了立法文本的语类特征。两个英语翻译树库（PKU、WL）依存距离分布情况未见显著性差异，但英语翻译树库（PKU）的邻近词依存关系比例显著低于英语翻译树库（WL），这反映两个英语翻译树库（PKU、WL）在句子复杂程度上存在差异。与英语可比树库（USC）相比，英语翻译树库（PKU、WL）呈现相同的依存类型分布变异趋势，体现了操作规范一致性，但两个翻译树库之间也存在差异，这尤为体现了法律翻译存在译者风格的客观事实。就翻译规范而言，可以看到两个法律翻译团队对源语文本中“意合法”的句子倾向于采取保守的翻译操作，保留句子构成模式，倾向采取最低限度的明晰化手段，使译文符合目的语语法规则，这与本章例［8.2］中英译散文的翻译操作方式区别较大。Benjamin 于 1923 年在“译者的任务”（the task of the translator）指出“真正的翻译是透明的，不能掩盖或阻挡源文的光辉，而只能通过纯语言来表达，并以此为媒介，得以让源文的光辉毫无阻碍地透过”（2000［1923］：21）。然而，Venuti（1995）指出译文的透明恰恰来源译者的种种努力。但不同译者所尽努力的程度与努力方式的差异也决定了译者风格存在、翻译可见性存在的必然。

综上所述，在依存关系层面，法律英语翻译文本受到翻译过程和法律语类的双重制约，呈现出简化、范化的翻译共性特征，法律英语翻译文本同时也受到汉语源语的制约。宏观涌现的句法特征体现了概率性的法律翻译规范。依存语法和依存树库为我们从语言结构和人类认知角度，研究法律翻译、研究翻译语言提供了理论基础和技术基础。翻译文本在依存距离、依存方向、依存类型等维度存在句法层面的翻译可见性。本章借助依存树库，采用定量的方法观察翻译语言与原创语言的依存关系特征，着眼于翻译可见性的宏观差异，也为语料库翻译学提供了一种研究视角。

第9章

结　　论

本书以真实的法律翻译语料为基础，采用描写的、定量的视角研究法律翻译事实，在建立汉英立法平行语料库及可比语料库基础上，厘清法律翻译语言特征，考察法律翻译可见性，并重新阐释法律翻译规范的内涵。本章作为本书最后一个章节，梳理全书研究脉络，主要进一步探讨以下几个方面：首先，从研究结论出发，探讨对法律翻译原则、翻译共性以及翻译认知过程的理论启示，这三个层面贯穿了法律翻译、语料库翻译学以及人类认知的基本议题；其次，结合研究结论，探讨本研究在理论以及实践层面的意义；最后，就研究中的局限性展开讨论，并对未来相关研究方向提出展望。

9.1　理论启示

本书分别从宏观层面特征、词汇特征及句法特征分析了法律翻译语言的差异，探讨了法律翻译可见性，对法律翻译语言特征进行了较为全面的梳理，研究结果显示，一方面，由两个不同机构提供的两个英语法律翻译文本（PKU、WL）与汉语源语文本、英语可比文本相比，都呈现了相似的语言变化趋势。另一方面，尽管这两个法律翻译文本传达着相同的源语内容，但两个翻译文本之间存在差异，呈现个性化的特征。本章在此基础上，结合语料库翻译学中翻译事实、翻译共性、译者风格及翻译规范等假设的探讨，阐述法律翻译可见性的理论启示。

9.1.1　法律翻译原则与翻译事实

翻译既是一个认知过程，也是跨语言跨文化的社会实践，任何有效的翻译理论都必须包含这两个方面（House，2015：1）。以往法律翻译理论从这两个角度出发，对法律翻译原则进行诸多探讨。鉴于法律语篇特征及法律机制下的交际功能，现有文献从法律翻译的特殊性出发，对法律翻译原则做了诸多归纳。如 Meredith（1979）从立法语言功能性出发，初步探讨法律翻译原则，并对不同法律翻译类型的原则作以区分，要求立法文本翻译“不可修改法律条文”“不可修饰译文”“要准确引用成文法”“译文段落编排要与原文一一对应”等，而司法审判翻译要“尽可能贴近目的语”“减少使用行话”等（1979：56－63）。Harvey（2002）深入探讨了法律翻译的特殊性及复杂性，认为法律语言的功能性、社会制度的关联性、语言的模糊性与可解释性、翻译语言的忠实性等四个方面是法律翻译关注的重点问题，并以此提出了指导法律翻译实践的原则。Šarčević（1997）则全面地阐述了法律翻译的理论框架，结合法律体系的差异性，提出近似对等（near equivalence）、部分对等（partial equivalence）、不对等（non-equivalence）的概念，以期解决法律概念上的空缺问题（1997：238，239）。李克兴（2010）从权威性文本属性出发，提出法律翻译静态对等框架。朱定初（2002）、张法连（2009a，2016）等也提出“严谨性”“精确性”“上下一致”等法律翻译原则。这些原则在法律翻译实践中发挥着重要的指导性作用，但上述法律翻译原则的论述大多基于个别术语实例，倾向于内省式的、规定式的阐发，主要集中在对法律翻译进行定性式的概括。

可以说，目前学界对法律翻译原则、法律翻译对等的探索已经较为成熟，那么实践中的法律翻译又是什么样的情况呢？数据密集型的法律翻译研究可直观反映法律翻译文本的实质特征。本研究也正是从法律翻译事实出发，以描写的视角探讨词汇层面、句法层面的法律翻译语言现象。研究发现，法律翻译事实，即实践中的法律翻译文本，并不能完全遵循以上先行制定的法律翻译原则。琼·布里斯南（Joan Bresnan）的计算语言学学会（Association for Computational Linguistics）终身成就奖的获奖感言发表于《计算语言学》（*Computational Linguistics*）期刊 2016 年第 4 期（刘海涛、林燕妮，2018），文中分别以“花园”“灌木丛”指代传统语言学和实际交流中所产生的语言研究，“花园语言学”指的是语言学家定性概括的、精耕细作的语言，“灌木丛语言学”指的是用于定量概括的、条件性概率特征的海量语言数据（Bresnan，2016：599－617）。在信息时代背景下，翻译研究随着科技的发展也产生了新的变化，技术的革新使得观察大量翻译文本成为可能，基于数据的/数据驱动的方法为翻译研究开辟了新路径。通过第三章法律翻译研究的梳理情况，我们可以了解到，20 世纪 90 年代，系统性探讨法律翻译的研究范式初现成果，学者们将法律翻译置于法律的运行机制下，着力将法律翻译与其他翻译类型区别开来，但与此同时，并没有过多关注翻译学界同时发生的语料库转向。对于法律翻译而言，大量真实的翻译文本同样有助于探索翻译本质，审视现有法律翻译原则。

本书对法律翻译文本的多个层面进行描写，我们可以看到真实的法律翻译文本所呈现的法律翻译是纷繁复杂的灌木丛，而非精挑细选的翻译个案的集合。这突出体现在法律翻译文本（PKU）与法律翻译文本（WL）之间的差异，尽管两个翻译文本译自同一源语文本，旨在传递同一意思，但两者在宏观层面、词汇层面及依存关系层面均呈现不同程度的可见性差异。比如，两个法律翻译文本在形符、类符、平均句长方面均存在差异，法律翻译文本（WL）倾向于使用更多的语言单位来表达相同意思；在实词词类分布上，法律翻译文本（PKU）中的名词、形容词分布显著高于法律翻译文本（WL），而动词、副词分布显著低于法律翻译文本（WL）；法律翻译文本（PKU）出现十次以上的2—7词词簇分布情况显著低于法律翻译文本（WL）。除了两个翻译文本之间的差异，同一翻译文本内部也存在差异，汉语源语文本中的固定表达在翻译文本中呈现概率分布的特征，本书第7章第7.3节以我国立法文本中的四字成语为研究对象，对法律语篇内部的翻译一致性问题进行进一步探讨。四字成语承载了我国丰富的文化内涵，表现为结构稳定、承袭性强，但其结构性、承袭性的特点在译入英文时，并未完全保留。研究结果显示，成语翻译的差异性不仅存在于法律翻译文本（PKU）和法律翻译文本（WL）之间，也存在于同一法律翻译文本内部。我们可以看到，翻译过程中难以将源语中的术语在目的语中凝结成一个对应词时，这个术语的对等翻译将受到目的语语篇牵制，四字成语的对等翻译受制于上下文的影响，呈现不同的具体表达方式。正如 Schroth（1986）所言，意义是在意义的关联之中建立起来的，在法律翻译中没有完全对等，只有意思上的近似。程乐、宫明玉、李俭（2016），Cheng，Gong & Li（2017）依托自建的平行语料库，研究法律术语翻译对等情况，结果表明，法律术语对等翻译存在概率性分布特征。某一特定法律术语从一种语言翻译到另一种语言后，其语言形式不仅与源语文本中术语意义相关联，也跟目的语译文中的其他邻近词语、所处语篇相关联，形成一个动态的自适应的系统。换言之，目的语译文中具体的翻译对等会根据语篇的具体情况，做出适应性的调整。本研究中两个法律翻译文本的差异性，反映法律翻译语言的实际面貌，体现了法律翻译文本“灌木丛”特征，与以往文献中精心修剪过的个别案例存在一定差异。

由此可见，法律翻译语言首先是语言系统，法律翻译文本作为目的语文本有其独立性，带有一般自然语言纷繁杂乱的属性。在整个翻译过程中，也非简单的一对一的符号迁移的集合，这不仅体现在现有文献已经探讨的某一术语、固定表达的对等确定上，也体现在某一法律语言片段在翻译语篇整体的运用上。真实语言最显著的特点是“概率性”，即语言的合法性介于可能与不可能之间，而不是非此即彼的简单二分（刘海涛、林燕妮，2018：73）。换言之，语言的使用规则是呈现概率性分布特征，传统语法内容只能解释部分语言现象，而不能将其他语言现象以正误之分一概而论。同样地，翻译原则也不宜以非对即错二分法概括翻译的实际样貌。以往有关法律翻译原创“精确性”“一致性”探讨，为法律翻译实践奠定了基础，对法律翻译可译性界定、法律翻译术语对等确定、法律翻译教学、法律语言学习都有非常重要的作用。正如语法规则对外语学习者的重要性一样，法律翻译原则可以帮助译者迅速找到法律翻译规律，指导译者和翻译学习者产出符合法律语言交际目的、语用规范的句子。但是，语言是自组织系统（王士元，2006），语言的组织形式与演化进程是由人推动和参与的，实际发生的自然语言不能全然符合规定性的语法规则，那么法律翻译事实也是如此。传统法律翻译原则重视法律效力、法律术语等特殊因素对翻译文本所造成的影响，强调法律翻译区别于其他类型翻译的特殊性。现有法律翻译观对法律翻译特殊性已有深入研究，为法律翻译的研究与发展做出了巨大的贡献，但这不能忽视法律翻译语言作为语言的基本属性。翻译语言首先是由译者驱动的自组织系统，译者在法律翻译中必然发挥着主体性因素，法律翻译语言再形成的过程是受译者或译者团队驱动形成的。因此，以往内省式、规定式的法律翻译原则难以统筹所有的法律翻译语言特征。如果我们将法律翻译原则理解为一种认识法律翻译的手段、一种了解法律翻译的途径，那么我们就可以从翻译事实出发，批判性地看待现有法律翻译研究理论，避免主观的猜测。科学研究的意义在于寻找普遍规律，在于超越现有案例与数据的局限。从数据密集性出发的、描写视角的法律翻译研究可以使我们从一个更加精准、细致的角度来研究法律翻译语言现象，探讨翻译过程。从个体案例中找到普遍的规律和法则或者提出普遍适用的描述性假设，是科学研究的基本目的。从现有数据密集的个案中发现相似点，总结规律，才能有效地预测未来或其他案例，只有这样一个学科才得以发展并完善其自身理论，并与其他的学科建立联系，而翻译学研究亦是如此（Chesterman，2004a）。法律翻译研究，作为翻译学研究领域的一个重要分支，也遵循相同的研究范式，因此我们可以在科学的研究体系内，推动法律翻译研究，从而推进法律翻译教学和实践。

9.1.2 翻译共性与源语干扰

翻译共性是语料库翻译学探讨的核心议题之一，Baker 最早展开对翻译共性的假设和探索，Baker 认为翻译共性“是译文文本具有的典型特征，与翻译过程的本质相联系，而非某一语言系统影响的结果”（Baker，1993：243）。Baker 翻译共性的研究方法主要将翻译文本与目的语可比文本相比较，挖掘两者之间的差异，从而归纳翻译共性。随后的研究中，学者对翻译共性的价值、意义、分类等进行了诸多探讨（Laviosa，1998b，2002；Olohan & Baker，2000；Toury，2004；Chesterman，2004a，2004b；Baleghizadeh & Baleghizadeh，2010；肖忠华，2012；杨晓琳，2017）。翻译共性特征主要被归纳为显化、简化、范化等方面。着眼于翻译共性研究“使得翻译自身的语言特征得以正名”（闫如武，2017：97），学界对“翻译腔”（translationese）的探讨也从贬义转到中性。

对于翻译普遍性的界定主要是从翻译文本与目的语文本的差异出发，不考虑源语文本特征，追本溯源，这是由于 20 世纪 70 年代末，以原文为导向对等概念逐渐让位于目的语系统，传统翻译中源语文本与翻译文本之间的语义观逐渐衰落（王克非，2012：23）。但是“翻译标准和原则的制定，在很大程度上取决于人们对译作与原作之间关系的认识和理解”（许钧，2002：15－21），源语文本是翻译的出发点，考察翻译共性应该将源语干扰纳入考量。学界针对 Baker（1993）模型的局限性对翻译共性的内涵不断修正，如 Chesterman（2004a）进一步区分了源语型共性与目的语型共性，以区别源语文本和翻译文本之间、翻译文本与原创文本之间的关系。但学者们对翻译共性的界定也存在一定质疑。肖忠华（2012）认为“显化”“简化”等检测的指标，在某种程度上比较模糊，某一维度上的显化趋势意味着另一维度上的简化趋势（2012：148）。也就是说，在某一层面上看似简单化的处理，意味着另一个层面的难度增加（戴光荣，2013：75）。Toury（1995）提出了翻译的“干涉原则”，认为源语本身的语言现象，必然会干扰翻译语言的表达方式，无论正面的还是负面的，都必然会造成一定程度的影响（Toury，2012：311－314）。Toury（2012）对源语干扰的原因和程度也进行了一定说明，认为译者经验会影响源语干扰的程度。因此，凡涉及翻译语言特征，特别是某一微观层面的语言现象，始终无法回避源语的影响，如翻译共性的独特项假设（Chesterman，2004a）也正是源语中的表达方式在译语中的直接反映。胡显耀、曾佳（2017）考察了译自多种源语的英语语料库与原创英语语料库的七个典型语言特征。研究表明，印欧语源语英译文本和非印欧语源语的英译文本存在差异，从词汇的宏观统计层面验证了源语对译文文本的干扰。

结合研究结果，笔者认为翻译文本特征可以分为两个方面，一个是翻译共性，即超越语言、超越语类所呈现的共有特征（杨晓琳，2017），一个是源语干扰特征，即受限于特定语言系统、翻译情景的干扰，而这两者都可以归纳为翻译的可见性特征。借鉴前人研究，建立平行语料库及可比语料库，其中平行语料库选取两个翻译文本来进行比较分析，有助于完善对翻译共性、源语干扰等翻译问题的界定。在宏观层面，本书综合前人研究的研究路径，对词汇密度、高频词与罕用词、词类分布、词长、关键词分布、语义趋向等方面进行深入探讨，研究发现，以往研究中部分有关显化、简化的讨论与翻译方向有关。词汇密度（实词密度）一直是验证翻译语言简化的特征指标之一（Laviosa，1998b；Xiao，2010；肖忠华，2012；王克非，2012；李德超、唐芳，2015；胡显耀、曾佳，2017），表现为翻译语言的词汇密度低于目的语可比文本。但本研究中的数据呈现相反的趋势，法律翻译文本（PKU）、法律翻译文本（WL）均显著高于目的语可比文本，没有呈现以往研究中的简化趋势。肖忠华（2012：63）通过比较汉语译文语料库（ZCTC）与汉语母语语料库（LCMC），结果表明在 15 种语体中，汉语译文的词汇密度均低于汉语原创文本的词汇密度，呈现简化趋势。本研究中，法律英语翻译文本（PKU、WL）的词汇密度介于汉语源语文本（CHN）和英语可比文本（USC）之间，英语翻译文本的词汇密度受到汉语源语的干扰。由此可见，词汇密度不足以成为判断翻译共性中的简化假设指标之一。笔者对汉语源语文本（CHN）、英语翻译文本（PKU）、英语翻译文本（WL）以及英语可比文本（USC）的词簇、高频词、罕用词分布研究发现：英语翻译文本（PKU）以及英语翻译文本（WL）的词簇、高频词分布在整体上高于汉语源语文本（CHN）以及英语可比文本（USC），罕用词分布低于英语可比文本（USC），翻译文本整体上呈现简化、集中化的趋势。但由于法律语言本身是高度程式化的语言，法律翻译语言在个别比较维度上会存在一定的差异性，如在高频词分布的情况上看，英语翻译文本（PKU、WL）的 2—3 词词簇分布低于英语可比文本（USC），4—7 词词簇分布高于英语可比文本（USC），并且显著性逐渐加大，这反映出英语翻译文本更加倾向于使用长词词簇。肖忠华（2012）基于汉语原创文本和汉语翻译文本的比较结果显示，汉语翻译文本中的 2—6 词词簇高于原创文本，但差异性逐渐减小，并且汉语翻译文本的词簇分布介于汉语原创文本和英语原创文本之间，肖忠华（2012）认为汉语翻译文本受到了英语源语文本的影响而呈现词簇重复使用频率增高的趋势。而结合本研究数据，我们可以确定翻译语言中词簇使用频率增加，可作为考量翻译语言特征简化的指标之一。但我们需要注意到，尽管翻译文本都出现了语言片段重复使用的倾向，但是由于翻译方向的不同、源语性质不同，其词簇分布显著性呈现了不同的差异性变化，2—3 词词簇分布差异尤为明显。具体表现为，当由英语译入汉语时，汉语翻译文本中 2—3 词词簇分布情况显著高于汉语原创文本且两者差异性最为显著，4—6 词的长词簇分布差异性逐渐减小；当由汉语译入英语时，英语翻译文本中 2—3 词词簇分布情况显著低于英语原创文本，4—7 词的长词簇分布差异性逐渐增加。综上所述，受英语源语干扰，译文更倾向于使用短词词簇；受汉语源语干扰，译文更倾向于使用长词词簇。短词词簇通常又是由功能词构成的词簇，长词词簇兼具功能词和实词，词簇分布的情况也间接反映出了汉语、英语两种语言在词汇密度分布上的差异性，这也反映了评价翻译语言特征具体参考指标之间是相互联系的，不是孤立的，某一语言现象中所呈现出的显著差异也会引起另一个语言现象的变化。

另一方面，笔者以依存距离、依存方向为切入点探讨翻译可见性特征，突破了以往文献囿于词汇统计、固定句式研究的局限性，从句法的宏观特征考察翻译语言特征。对四个树库的比较发现，英语翻译文本（PKU、WL）的依存距离小于汉语源语文本（CHN）和英语可比文本（USC）；与英语可比文本相比（USC），英语翻译文本（PKU、WL）中的邻近词依存关系比例更高。换言之，翻译文本的产出过程受制于人类认知制约，翻译文本与原创文本相比，存在依存距离最小化倾向。语言的产生离不开人类的认知活动，受到人类的认知机制约束，依存距离最小化是人类语言普遍的特征（梁君英、刘海涛，2016）。本研究从依存关系的视角出发，进一步验证了翻译共性中的简化趋势。对英语翻译文本（PKU、WL）主要的依存类型依存方向研究发现，英语翻译文本呈现范化趋势，研究结果表明，翻译文本中更倾向于使用符合常规语序方向的依存方向，英语翻译文本（PKU、WL）中的主语、形容词修饰语、副词修饰语依存类型的支配词居后的比例显著高于目的语可比文本，宾语依存类型支配词居前的比例显著高于目的语可比文本。在翻译过程中，译者更加倾向于产出符合传统意义上语法规范的句子。

其他有关翻译共性的假设，如显化、隐化、独特项等都是与源语、目的语特征关联比较紧密的可见性特征，一方面会受到源语与目的语特征的影响，另一方面也受限于译者具体的翻译策略。这些特征彼此之间相互联系，难以完全割裂，一个检验维度的变化会引起另一个检验维度的变化。例如，根据前人研究结果来看，词汇密度（实词比例）是检验翻译简化的主要维度，本研究显示，这一指标受制于源语与目的语词汇密度以及译者的翻译策略。如英语翻译文本（WL）功能词的使用频率较高，其词汇密度低于英语翻译文本（PKU），英语翻译文本（WL）的词类分布特征也更加接近目的语可比文本。肖忠华（2012）指出代词、连词有将译文内容明晰化的功能，代词、连词等的分布情况可以被认为是探讨翻译语言显化特征之一。肖忠华（2012）指出汉语翻译文本中的连词、代词比例高于汉语原创文本。但本研究显示，连词等的分布比例受制于翻译方向以及译者风格。翻译方向方面，英语翻译文本（PKU）、英语翻译文本（WL）的连词、限定词等明晰信息的词语分布显著低于英语可比文本（USC），鉴于汉英两种语言在语言类型上的差异，本研究认为，该翻译可见差异主要由于源语干扰。翻译策略方面，英语翻译文本（PKU）的代词、连词分布显著低于英语翻译文本（WL）。换言之，两个翻译文本均呈现的差异性在于这两个法律英语翻译文本采取了不同的翻译操作。英语翻译文本（WL）采取了更多明晰化手段，明确源语文本内容的逻辑关系，增强语篇的衔接性，在翻译过程中也投入更多的认知努力。由此可见，显化特征不仅受限于翻译方向，也受限于译者的翻译策略。

结合本书研究结果和前人的研究情况来看，翻译共性主要体现简化、范化两个方面。简化具体表现在词汇上的集中化趋势以及依存关系上的依存距离最小化趋势。这表明翻译过程受限于人脑的认知机制，在双语转化的过程中，倾向以省力的方式输出翻译文本。研究结果表明，翻译文本呈现范化趋势，这一趋势主要体现在依存关系层面，具体表现为确定语序的依存方向。翻译文本中符合传统语法语序的依存方向比例升高，即确定词序的、主导的依存方向比例提升。而以往文献中有关显化等“翻译共性”假设及其检测指标，有待综合考察源语与目的语的语言特征，展开进一步验证。本研究显示，翻译共性与人类认知机制相关，这让我们重新思考翻译共性的实质，将翻译共性与语言实践的基本属性相关联。翻译共性作为翻译语言特征的一个方面，也是我们了解翻译活动的有效工具。

9.1.3 翻译规范、译者风格与认知机制

以往翻译理论中，译文是否忠实于原文是翻译规范的核心内容，也是翻译批评的重要标准，但随着翻译学不断借鉴并汲取其他相关领域的研究方法，翻译批评的标准变得更为多元化（周小玲，2011）。描写翻译学中对翻译规范的定义突破了传统意义上的对等理论。Toury（1995，2012）将翻译规范赋予描述性本质，指出翻译规范并非“完全统一”（monolithic）（Toury，2012：65）。换言之，翻译规范的本质是概率性的、描述性的。翻译规范的适应性也会受到时空限制，其有效性是相对的。本研究认为，翻译规范与译者风格构成一个连续统，连续统两端分别为认可的、普遍的翻译规则和个体的特殊习惯。翻译规则表现为某一翻译群体偏好的翻译习惯，与个体的特殊习惯没有绝对的界限，译者群体的偏好习惯则是具体译者风格的共性特征的集合。将翻译规范赋予描述性的定义，与其构建翻译语言的独立地位是一脉相承的。翻译语言作为目的语语言的子系统之一，具有自然语言的基本属性，首先是自适应的复杂系统，进而才是实现源语系统意义再构建的对应系统。从概率性的视角确立翻译规范的本质属性，是对传统翻译理论的突破，也是翻译理论发展的必然。正如普通语言学的语法规则经历了规定性向描述性的转变，翻译规范也历经了一个由规定性到描述性的转变。以语料库翻译学研究为代表的描写翻译研究也已成为国际翻译学研究的发展趋势之一（胡开宝、韩洋，2017）。

胡开宝、韩洋（2017）研究了国内 2000—2014 年以来翻译学研究趋势，认

为现有研究内容上主要集中于文学翻译研究，非文学翻译研究有待加强，研究路径上描写性译学、实证性译学研究相对滞后，未得到充分关注。本研究正是以法律翻译为研究对象，立足于大量真实的法律翻译语料，探讨翻译规范与译者风格的概率性特征，一定程度上填补了当下非文学翻译研究的空白。基于大量法律翻译事实的研究也突破了以往文献对法律翻译规范的定性探讨。实证的、数据密集型的视角可以更加有效地阐释法律翻译规范的内涵。翻译是认知的活动，翻译语言与自然语言一样，是由人驱动的自组织系统。翻译文本的输出受制于译者认知与社会规范的双重制约：一方面，译文具有人驱动的属性，由于译者的翻译实践处于发展变化之中，由译者产出的译文也处于发展变化之中（Munday，2008：227－228），译文受限于译者认知机制，倾向于输出省力的、带有个体偏好的文本；另一方面，译文的产生也受制于当时社会、文化、语体惯例与规范的制约，译者着力产出受到社会认可的翻译产品。本书研究结果显示，英语翻译文本（PKU）、英语翻译文本（WL）之间既有共性特征，也有个性差异。从语际、语内的对比分析来看，两个翻译文本在整体上显示了相同的变化趋势。在宏观统计层面，两个英语翻译版本在词长分布、标准类型比、词汇密度、高频词与罕用词分布、词类分布方面存在一致性特征，反映了法律翻译宏观统计特征方面的操作规范。依存关系层面，英语翻译文本（PKU、WL）呈现了简化、范化的趋势，体现了翻译的共性特征。两个法律英语翻译文本（PKU、WL）所展现的一致性的处理方式，显示了当下法律翻译规范。另一方面，两个英语翻译文本（PKU、WL）也存在诸多差异，反映了法律翻译等非文学翻译中存在译者风格的客观事实。而对于非文学翻译文本中的译者风格，我们可以将其解释为译者（或译者团队）的偏好。译者风格的差异主要体现在以下几个方面，英语翻译文本（PKU、WL）在具体实词词类分布、功能词词类分布、词簇分布、依存类型分布等方面上存在差异。尽管两个英语翻译文本词汇密度在整体上分布相当，但英语翻译文本（PKU）中的名词、形容词分布显著高于英语翻译文本（WL），而其动词、副词分布显著低于英语翻译文本（USC）。张培基等（1980）、张培基（2009）指出英汉两种语言在词类分布上存在差异，“英语和汉语比较起来，汉语中动词用得比较多”（张培基，2009：44），英语中存在大量由动词派生的名词和具有动作意义的名词以及其他名词，这类英语名词可转译成汉语动词（张培基，2009）。词类转译是翻译的主要操作策略之一，本研究中，两个英语翻译文本所采取的词类转译策略不同：英语翻译文本（WL）倾向于采用动词、副词，而英语翻译文本（PKU）更倾向于采用名词、形容词，具有显著性差异。功能词方面，英语翻译文本（PKU）中介词、否定词、连词显著低于英语翻译文本（WL），而限定词、冠词、不定式等显著高于英语翻译文本（WL）。

连词、代词是判断译文显化特征之一，由此可见，英语翻译文本（WL）采用大量的显化策略，增强了译文的语篇衔接性。词簇方面，英语翻译文本（WL）的词簇分布高于英语翻译文本（PKU），英语翻译文本（WL）语言片段重复性更高，呈现更明显的整齐化趋势。

由此可见，以法律翻译为代表的非文学翻译亦存在译者风格，究其原因，是因为翻译的本质是认知的、由人驱动的。翻译作为信息加工的过程，必然涉及知识的获取与使用。从认知的角度出发，译者需要调动已有的、了解的知识和经验处理翻译，这一过程与记忆系统以及心理机制相关（王湘玲、陈罗霞，2013），对于不了解或者没有充分把握的内容，译者在翻译过程中需借助各种翻译策略，耗费大量认知资源（王湘玲、陈罗霞，2013）。那么按照耗费译者认知资源的程度来看，翻译处理过程主要可以分为两类：一类是译者无须利用大量认知资源的；另一类是译者需利用大量认知资源的（即需要解决的翻译问题）（王柳琪、刘绍龙，2009：22）。译者或译者团队在长期翻译实践中积累总结了双语对应表达结构，在翻译时倾向首先调用这些已经积累的、熟悉的表达结构，当已经积累的表达结构不足以传达源语文本的内容时，就需要消耗认知资源构建新的表达形式。换言之，翻译既是实践的，也是经验的，无论是文学翻译或是非文学翻译，这一由人驱动的过程必然受到认知的局限，而呈现译者风格。

9.2 本研究的突破以及意义

本书认为制约翻译可见性的机制，即影响翻译语言的共性特征、译者风格以及翻译规范的机制，主要可以分为两类因素：一是以社会规范为主的外部因素，一是以认知机制为主的内部因素。外部因素指的是特定时期、特定社会群体对某一特定类型的理想翻译文本的期待。译者或译者团队考察这些外部因素，尽力产出符合期待的译文。内部因素主要是指译者或译者团队自身的认知机制，这包括具体译者、译者团队对翻译规范的理解，也包括人类认知本身对语言转换过程的限制，不同的翻译个体对外部因素的理解不同，基于不同理解所做的翻译实践也因此存在差异。外部因素和内部因素并不是静态的、割裂的，两者是动态的、相互作用的。翻译的本质是一种跨文化交际活动（许钧，2014），为了达成这种交流的目的，译者、译者团队根据现有的规范产出新的翻译语言，而源源不断新产出的翻译语言又不断重构翻译规范：从共时的角度来看，翻译规范与译者风格是动态的整体与部分关系；而从历时的角度来看，翻译规范是不断演化、发展的，由各个译者不断选择、界定的过程。

总体而言，本研究在对现有法律翻译研究现状的梳理的基础上，建立汉英立法平行语料库、可比语料库以及相应的树库，采用数据密集型的方法对法律翻译语言特征进行描述以及分析，阐释法律翻译及翻译过程，探讨翻译共性、翻译规范以及译者风格。本研究的理论意义主要见于两个方面：首先，本研究采用语料库和树库方法研究法律翻译，拓展了法律翻译研究视角，以翻译事实审视翻译原则；本研究提出翻译可见性框架，基于法律翻译事实，探讨语料库翻译学的核心议题。其次，本研究对法律翻译研究进行了全面的梳理，厘清了法律翻译的发展脉络。本研究亦具有重要的实践意义，主要见于两个方面：一是本研究建立了汉语文本对应两部英语文本的英汉立法平行语料库以及英语立法可比语料库，为法律翻译实践提供检索资源；一是对汉英法律翻译语言特征进行了较为详尽的梳理，可为法律翻译教学提供参考。

本研究的理论意义首先体现在理论上的创新和方法上的突破。由于法律语言的特点以及法律翻译的功能，学界对法律翻译的研究区别于其他类型的翻译研究，对法律翻译语言主要从规定性、指摘性的角度出发，探索法律翻译原则，挖掘法律翻译策略，评价法律翻译译文，以往研究成果也主要停留在微观层面，包括术语确定、对等选取、具体句式的翻译策略等。数据密集型的法律翻译研究突破了以往法律翻译的个案研究，基于大量法律翻译事实，我们得以观察、量化法律翻译语言的宏观涌现现象，拓展法律翻译理论。本研究在方法上借鉴描写翻译学及语料库翻译学，但又有所突破。一方面，本研究建立了一个汉语源语语料库对应两个英语翻译语料库的汉英立法平行语料库以及英语立法可比语料库。这样可以基于两部平行的英语翻译文本从语内、语际两个角度，深入探讨翻译共性、翻译规范、译者风格等核心议题。另一方面，本研究在四个子语料库的基础上，建立了依存句法标注的树库，突破了现有语料库翻译学以词汇为基础的统计特征研究维度，实现了从句法层面探索法律翻译特征。依存句法中的依存距离与人类认知机制、工作记忆紧密相关，自然语言存在依存距离最小化趋势（Liu，2007，2008；Liang，Fang，Lv & Liu，2017），翻译语言亦是如此，本研究中立法语言的平均依存距离大于4，反映了立法语言的语类特征。立法语言句式结构复杂，需要调动更多的认知资源理解句子，但法律翻译语言的依存距离显著小于源语文本及可比文本，换言之，人类认知机制在法律翻译的过程中倾向简化法律翻译译文，这是以往法律研究中尚未讨论的内容。本研究结合前人的研究文献，在统筹翻译共性、翻译规范、译者风格基础上提出翻译可见性框架。基于大量真实的法律翻译事实，本书发现，在词汇层面和句法层面法律翻译均存在概率性特征，在语际、语内以及不同翻译文本之间均存在翻译可见性：如汉语法律文本中的固定表达，在不同的英语翻译文本、以及同一翻译文本中同时存在多个译名。概率性的翻译事实表明，法律翻译受制于译者的认知机制，法律翻译具备自然语言的自组织属性。本研究促使学界从法律翻译事实出发，批判性地审视现有法律原则。本研究采用法律翻译数据修正语料库翻译学的部分假设，结合翻译共性的概念及研究中不同层次翻译语言特征，为未来以数据为导向的翻译研究提供借鉴。

其次，本研究对法律翻译的研究与发展进行了较为全面的梳理，为法律翻译的研究路径提出新的展望。纵观法律翻译的发展历史，我们从早期的法律翻译研究中不难发现法律翻译的源起与发展在于交流以及解决交流中产生的问题。从当代研究中我们发现，法律翻译是从横向和纵向两方面扩展的：从横向来看，法律翻译具有跨学科的属性，从比较法学、法解释学、语言学等相关领域吸收借鉴，汲取养分。从纵向来看，法律翻译研究在构建其研究体系中经历了一个从一般到特殊再到一般的过程，而从研究范式来看是依据其他学科发展，不断更新自身研究范式：法律翻译经历了一个从符号研究到文化研究到数据密集型研究的过程。Prieto Ramos（2014a）认为法律翻译在专用语言翻译中能够自成一体，将法律翻译作为翻译学下面中的一个交叉学科，提出“法律翻译学”的概念。然而，一个学科的发展必然与科学体系的发展紧紧相连，大数据时代的到来，让我们可以获取大量法律翻译数据，李国杰（2015：Ⅰ–Ⅱ）认为，数据密集型科学研究已经与理论分析、科学实验、计算模拟相并列，成为科学研究的“第四范式”。在数据时代的背景下，人文与科学的研究范式边界渐渐模糊，要在科学研究中保持生命力，无论“法律翻译研究”还是“法律翻译学”都应不断前进、跟随科学研究变革的步伐。

本研究的实践意义一方面体现在建立的汉英立法平行语料库、可比语料库及树库，为法律翻译实践提供了参考资源。本研究建立的语料库是以一个源语文本语料库对应两个翻译文本的汉英立法平行语料库，同时配套建立英语立法可比语料库，并在此基础上建立依存关系标注的树库。这是第一个多层次标注的、以描写法律翻译语言特征为主要目的的语料库，该语料库的设计允许对其进行完善与扩充，亦可根据不同的研究目的，对内容进行完善、补充及扩展，以形成更具专业性或更具平衡的法律翻译语言语料库。建成的语料库、树库可以应用到我国的中译英法律翻译实践，为提升计算机辅助法律翻译质量、提高法律翻译效度提供支持。这些经验也有助于建设更大规模的非文学翻译语言语料库。另一方面，本研究对法律翻译的语言特征进行了较全面和系统的描写，这些特征可直接用于法律写作、法律翻译教学，促进法律翻译教学模式革新。本研究结果可有助于语言学习者、译者了解人类认知机制对语言输出的影响，提高语言敏感性。如在词语用法方面，译者可根据本研究的词类分布特征结果调整自己的词类转换翻译策略；如在句法层面，译者也可有意识地调用更多的认知资源，输出更符合目的语语体特征但较为复杂的依存关系，如关系从句等。比起传统的、直觉式的比较分析，本研究的描写结果也有助于译者了解翻译语言的整体特征、语言使用的复杂性以及翻译语言中的复现形式，进而促进译者提高自身翻译能力。

9.3 研究局限性及研究展望

本研究采用语料库的方法探索法律翻译事实，评价法律翻译原则，探讨以法律翻译为代表的非文学翻译共性、翻译规范、译者风格，取得了一定成果和进展，为语料库翻译研究提供了新的路径，但同时也存在一定的局限性。首先，研究对象的范围可进一步完善。较以往法律翻译研究，本研究的研究对象范围有所扩大，该数据密集型的方法一定程度上改善了法律翻译以个案分析为主的研究现状，为系统地研究法律翻译语言路径做出了新的尝试。但我们需要注意到，数据密集型研究是建立在对真实语料抽样的基础之上。由于语料库本身的有限性以及本研究所用的语料库的具体规模，抽样的不同会产生具体的语言特征差异。例如，在词汇层面的分析中，本研究发现，英语翻译语料库“shall”“may”等情态助动词并未显著高于英语可比语料库，但在语料库基础上抽样建立的英语翻译树库中的“aux”“auxpass”依存类型高于英语可比树库。另一方面，本研究中建立的英语可比语料库由美国成文法构成，并未囊括其他英美法系国家或地区的立法文本，如英国、加拿大等。其次，语料处理、语料库句法标注过程中涉及的技术问题会使统计数据产生误差。如汉语研究中对于词类的划分存在一定争议，不同的语料库处理汉语的词类划分标准存在一定差异，如方绪军（2000）认为汉语的实词包括数词、量词、名词、动词、形容词、区别词、代词。汉语与英语的词类划分也存在一定差异，但结合英语的词类划分以及前人的研究，本研究在词汇层面进行英汉比较时，仅选取名词、动词、形容词、副词作为实词讨论对象。同样地，汉语、英语的依存关系树库也存在标注体系差异，英语翻译树库、英语可比树库的标注体系，与英语参考树库的标注体系仍稍有不同，如斯坦福句法标注器中没有通用依存关系树库中的“obl”依存类型。虽然本研究尽量协同不同的标注系统，但在具体语言特征数据统计上依然会存在一定差异。再次，本研究建立于汉语立法文本译入英语这一翻译方向的基础上，探讨了法律翻译的可见性差异。本研究在法律翻译的概率性特征、法律翻译语言的语义偏向变化等方面做出了较为详尽的阐述，但主要限于由汉语译入英语方向，正如本章第 9.1 节所述，从本研究与前人的比较结果来看，翻译语言特征会受到源语的干扰，翻译方向也制约着翻译语言特征的变化趋势，影响翻译可见性差异。

由此可见，基于语料库以及树库的法律翻译研究可以拓展的空间还有很多，目前可以从以下几个方面展开。首先，我们可以着眼于语料库的建设，兼顾翻译方向和法律语言类型、扩大标注层次两个方面。立法文本翻译是法律语言的一部分，其他法律文本翻译如裁判文书翻译、商业合同翻译、法学著作翻译等，也扮演着不同的交际功能，构成法律翻译的重要组成部分，后续语料库的建设也可选取这些语料，以充实翻译文本的类型。另外，在研究内容的基础上，后续研究可考虑进行短语句法标注、语义标注、特定术语标注等，以实现双语或多语的平行对等，满足不同层次研究需要。其次，我们可以用不同的研究方法探讨法律翻译。我国的法律发展进程与法律移植密不可分，如《中华人民共和国合同法》吸收《联合国国际货物销售公约》的部分内容（王利明，2013）。我国法律语言本身的发展也受到法律翻译和法律移植影响。再次，本研究对法律翻译规范以及译者风格的研究主要基于文本内部探讨，该议题可以结合业内规范、翻译团队翻译流程展开研究。最后，本研究中采用依存关系标注的语料库，即依存句法树库，突破了以往单一句式的研究视角，从宏观层面探讨法律翻译词以上层面的涌现特征，我们可以进一步探讨依存类型的变化趋势，并结合复杂网络进一步探索翻译语言的可见性差异。

参考文献

ABBE S. Word length distribution in Arabic letters[J]. Journal of quantitative linguistics, 2000, 7(2): 121 – 127.

ABEILLÉ A. Treebanks: building and using parsed corpora[M]. Dordrecht: Kluwer Academic Publishers, 2003.

ALBIR A H, ALVES F. Translation as a cognitive activity[M]//MUNDAY J. The Routledge companion to translation studies. New York: Routledge, 2009: 54 – 73.

ALCARAZ E, HUGHES B. Legal translation explained[M]. Manchester: St. Jerome Publishing, 2002.

ALI S M, HUSSEIN K S. The comparative power of type/token and hapax legomena/type ratios: a corpus-based study of authorial differentiation[J]. Advances in language & literary studies, 2014, 5(3): 112 – 119.

ANDRADES A. Phraseological binomials: a proposal for equivalences in English-Spanish legal translation[J]. Estudios de traducción, 2016, 6: 129 – 145.

ANGELONE E, SHREVE G. Uncertainty management, metacognitive: bundling in problem solving and translation quality[M]//O'BRIEN S. Cognitive explorations of translation. London: Continuum, 2011: 108 – 130.

ANTHONY L. AntConc (Version 3.4.4) [Computer Software] [Z/OL]. Tokyo, Japan: Waseda University, 2014 [2015 – 12 – 15].http: //www.laurenceanthony.net/.

BAAYEN R H. Word frequency distribution[M]. Dordrecht: Kluwer Academic Publishers, 2001.

BAKER M. In other words: a coursebook on translation[M]. London: Routledge, 1992.

BAKER M. Corpus linguistics and translation studies: implications and applications[M]//BAKER M, FRANCIS G, TOGNINI-BONELLI E. Text and technology: in honour of John Sinclair. Philadelphia: John Benjamins Publishing Company, 1993: 233 – 250.

BAKER M. Corpora in translation studies: an overview and some suggestions for future research[J]. Target: International journal of translation studies, 1995, 7(2):

223 – 243.

BAKER M. Corpus-based translation studies: the challenges that lie ahead[M]// SOMERS H. Terminology, LSP and translation: studies in language engineering in honour of Juan C. Sager. Amsterdam: John Benjamins Publishing Company, 1996: 175 – 186.

BAKER M. The role of corpora in investigating the linguistic behaviour of professional translators[J]. International journal of corpus linguistics, 1999, 4(2): 281 – 298.

BAKER M. Towards a methodology for investigating the style of a literary translator[J]. Target: International journal of translation studies, 2000, 12(2): 241 – 266.

BAKER M. Routledge encyclopedia of translation studies[M]. London: Routledge, 2001.

BAKER M. A corpus-based view of similarity and difference in translation[J]. International journal of corpus linguistics, 2004, 9(2): 167 – 193.

BAKER P. Querying keywords: questions of difference, frequency, and sense in keyword analysis[J]. Journal of English linguistics, 2004, 32: 346 – 359.

BALEGHIZADEH S, BALEGHIZADEH S. Explicitation of implicit logical links in Persian-English translation[J]. Translation & interpreting, 2010, 2(2): 57 – 65.

BARBEYRAC J. Droit de la guerre et de la paix[M]. Amsterdam: Pierre De Coup, 1724.

BARONI M. Distributions in text[M]//LÜDELING A, KYTÖ M. Corpus linguistics: an international handbook. Berlin: Mouton de Gruyter, 2009: 803 – 821.

BEAUGRANDE R D, DRESSLER W. Introduction to text linguistics[M]. London: Longman, 2002.

BENJAMIN W. The task of the translator: an introduction to the translation of Baudelaire's Tableaux Parisiens[M]//VENUTI L. The translation studies reader. New York: Routledge, 2000 [1923]: 15 – 25.

BERNARDINI S, FERRARESI A, MILIČEVIĆ M. From EPIC to EPTIC:exploring simplification in interpreting and translation from an intermodal perspective[J]. Target: international journal of translation studies, 2016, 28(1): 61 – 86.

BEDNAREK M. Semantic preference and semantic prosody re-examined[J]. Corpus linguistics and linguistic theory, 2008, 4(2): 119 – 139.

BELL R T. Translation and translating: theory and practice[M]. London: Longman,

1991.

BENTZ C, KIELA D, HILL F, et al. Zipf's law and the grammar of languages: a quantitative study of old and modern English parallel texts[J]. Corpus linguistics and linguistic theory, 2014, 10(2): 175 – 211.

BEST K. Word length in old Icelandic songs and prose texts[J]. Journal of quantitative linguistic, 1996, 3(2): 97 – 105.

BESTUE C. Translating law in the digital age. Translation problems or matters of legal interpretation?[J]. Perspectives: Studies in translatology, 2016, 24(4): 576 – 590.

BHATIA V K. Applied discourse analysis of English legislative writing, a language studies unit research report[M]. Birmingham: University of Aston in Birmingham, 1983.

BHATIA V K, LANGTON N M, LUNG J. Legal discourse: opportunities and threats for corpus linguistics[M]//CONNOR U, UPTON T A. Discourse in the professions: perspectives from corpus linguistics, 2004: 203 – 231.

BIBER D. Variation across speech and writing[M]. Cambridge: University Press, 1991.

BIBER D, CONRAD S, CORTES V. If you look at ...: lexical bundles in university teaching and textbooks[J]. Applied linguistics, 2004, 25(3): 371 – 405.

BIBER D, JOHANSSON S, LEECH G, et al. Longman grammar of spoken and written English[M]. Cambridge: MIT Press, 1999.

BIEL L. Legal terminology in translation practice: dictionaries, googling or discussion forums[J]. SKASE journal of translation and interpretation, 2008, 3(1): 22 – 38.

BIEL L. Corpus-based studies of legal language for translation purposes: methodological and practical potential[C/OL]//HEINE C, ENGBERG J. Reconceptualizing LSP: online proceedings of the XVII European LSP Symposium 2009. Aarhus: Aarhus School of Business–Aarhus University, 2010: 1 – 15. [2017 – 3 – 2]. http: //www.asb.dk/fileadmin/www.asb.dk/isek/ biel.pdf.

BIEL L. The textual fit of translated EU law: a corpus-based study of deontic modality[J]. The translator, 2014, 20(3SI): 332 – 355.

BIEL L, ENGBERG J. Research models and methods in legal translation[J]. Linguistica antverpiensia, new series–themes in translation studies, 2013, 12: 1 – 11.

BLUM-KULKA S. Shifts of cohesion and coherence in translation[M]//HOUSE J,

BLUM-KULKA S. Interlingual and intercultural communication: discourse and cognition in translation and second language acquisition Studies. Tübingen: Gunter Narr Verlag, 1986: 17 – 36.

BOASE-BEIER J. Stylistic approaches to translation[M]. London: Routledge, 2014.

BOCQUET C. Pour une méthode de traduction juridique[M]. Prilly: CB Service, 1994.

BOCQUET C. La traduction juridique. Fondement et methode[M]. Bruxelles: De Boeck, 2008.

BORJA ALBI A. Estrategias, materiales y recursos para la traducción jurídica inglés-español (Strategies, materials and resources for English-Spanish legal translation) [M]. Castellón de la Plana: Edelsa, 2007.

BORJA ALBI A. Corpora for translators in Spain: The CDJ-GITRAD corpus and the GENTT project[M]//ANDERMAN G, ROGERS M. Incorporating corpora:the linguist and the translator. Clevedon: Multilingual Matters, 2008: 243 – 265.

BORJA ALBI A, IZQUIERDO I G, MONTALT V. Research methodology in specialized genres for translation purposes[J]. The interpreter and translator trainer, 2009, 3(1): 57 – 77.

BORJA ALBI A. A genre analysis approach to the study of the translation of court documents[J]. Linguistica antverpiensia, new series–themes in translation studies, 2013, 12: 33 – 53.

BORJA ALBI A, PRIETO RAMOS F. Legal translation in context: professional issues and prospects[M]. Frankfurt am Main: Peter Lang, 2013.

BORJA ALBI A, GARCIA-IZQUIERDO I. Web-based tools and resources for legal translators: the JudGENTT translation-oriented glossaries for criminal courts translators[J]. Onomazein, 2016, 33: 226 – 250.

BOSSEAUX C. How does it feel? point of view in translation. The case of Virginia Woolf into French[M]. Amsterdam: Rodopi, 2007.

BREASTED J H. Ancient records of Egypt: historical documents from the earliest times to the Persian conquest, Vol. III the nineteenth dynasty[M]. Chicago: The University of Chicago Press, 1906.

BRESNAN J. Linguistics: the garden and the bush[J]. Computational linguistics, 2016, 42(4): 599 – 617.

BUYSE K. Prosodic and pragmatic universals in translating clitics: the case of the Spanish translation of French clitics[J]. Belgian journal of linguistics, the study of language and translation, 2007, 21(1): 23 – 36.

CACCHIANI S. On concluders and other discourse markers in the concluding moves of English and Italian historical research articles[M]//ROMERO-TRILLO J. Yearbook of corpus linguistics and pragmatics 2015: current approaches to discourse and translation studies. Heidelberg: Springer, 2015: 243 – 274.

CALZADA PÉREZ M. Transitivity in translating: the interdependence of texture and context[M]. Bern: Peter Lang, 2007.

CAO D. Translating law[M]. New York: Multilingual Matters Ltd., 2007.

CARMEN ÁFRICA VIDAL CLARAMONTE M. Re-presenting the "real": Pierre Bourdieu and legal translation[J]. The translator, 2005, 11(2): 259 – 275.

CASTILLO M T. Massive bilingual corpora and translation memories: the Spanish version of EU legal texts[J]. Revue Francaise de linguistique appliquee, 2009, 14(1): 83 – 92.

CECH R, POPESCU I, ALTMANN G. Word length in Slovak poetry[J]. Glottometrics, 2011, 22: 44 – 56.

CHARROW V R, CRANDALL J A, CHARROW R P. Characteristics and functions of legal language[M]//KITTREDGE R, LEHRBERGER J. Sublanguage: studies of language in restricted semantic domains. Berlin: Walter de Gruyter, 1982: 175 – 190.

CHEN C M. CiteSpace II: detecting and visualizing emerging trends and transient patterns in scientific literature[J]. Journal of the American society for information science and technology, 2006, 57(3): 359 – 377.

CHEN H, LIU H T. A diachronic study of Chinese word length distribution[J]. Glottometrics, 2014, 29: 81 – 94.

CHEN H, LIANG J Y, LIU H T. How does word length evolve in written Chinese?[J]. PLoS ONE, 2015, 10(9): e138567.

CHEN H, LIU H T. How to measure word length in spoken and written Chinese[J]. Journal of quantitative linguistics, 2016, 23(1): 5 – 29.

CHENG L, SIN K K. Terminological equivalence in legal translation: a semiotic approach[J]. Semiotica, 2008, 172(1/4): 33 – 45.

CHENG L, SIN K K. Legal terms across communities: divergence behind convergence in law[M]//WAGNER A, BHATIA V K. Diversity and tolerance in socio-legal contexts: explorations in the semiotics of law. Farnham: Ashgate, 2016: 181 – 189.

CHENG L, GONG M Y, LI J. Conceptualizing cultural discrepancies in legal translation: A case-based study[J]. Semiotica, 2017, 216: 131 – 149.

CHENG L, SIN K K, CHENG W. Legal translation: a sociosemiotic approach[J]. Semiotica, 2014, 201: 17 – 33.

CHENG L, SIN K K, WAGNER A. The Ashgate handbook of legal translation[M]. Surrey: Ashgate, 2014.

CHESTERMAN A. A causal model for translation studies[M]//OLOHAN M. Intercultural faultlines: research models in translation studies I: textual and cognitive aspects. Manchester: St. Jerome, 2000: 15 – 28.

CHESTERMAN A. Beyond the particular[M]//MAURANEN A, KUJAMÄKI P. Translation universals: do they exist? Amsterdam: John Benjamins Publishing Company, 2004a: 33 – 49.

CHESTERMAN A. What is a unique item?[M]//GAMBIER Y, SHLESINGER M. Doubts and directions in translation studies: selected contributions from the EST congress, Lisbon 2004. Amsterdam: John Benjamins Publishing Company, 2004b: 3 – 13.

CHESTERMAN A. Translation universals[M]//GAMBIER Y, VAN DOORSLAER L. Handbook of translation studies, Vol. 2. Amsterdam: John Benjamins Publishing Company, 2011: 175 – 179.

CLIFFORD-VAUGHAN M. Enlightenment and education[J]. The British journal of sociology, 1963, 14(2): 135 – 143.

COURTIN A D. Droit de la guerre et de la paix[M]. Paris: Arnould Seneuze, 1687.

COVACS A. Bilinguisme officiel et double version des lois-Un pis-aller: la traduction. Une solution d'avenir: la corédaction[J]. Meta: journal des traducteurs, 1979, 24(1): 103 – 108.

COWAN N. The magical number 4 in short-term memory: a reconsideration of mental storage capacity[J]. Behavioral and brain sciences, 2001, 24: 87 – 185.

COWAN N. Working memory capacity[M]. New York: Psychology Press, 2005.

DARBELNET J. Réflexions sur le discours juridique[J]. Meta: journal des traducteurs, 1979, 24(1): 26 – 34.

DE MARNEFFE M C, DOZAT T, SILVEIRA N, et al. Universal Stanford dependencies: A cross-linguistic typology[C]//LREC, 2014, 14: 4585 – 4592.

DE MARNEFFE M, MANNING C D. Stanford typed dependencies manual [R/OL]. Stanford University, 2016[2008]. [2017 – 1 – 1]. https://nlp.stanford.edu/software/

dependencies_ manual.pdf.
DE PLAEN J. La terminologie criminologique: un instrument et un symptôme[J]. Meta: journal des traducteurs, 1979, 24(1): 141 – 145.
DENG D, XUE N W. Translation divergences in Chinese-English machine translation: an empirical investigation[J]. Computational linguistics, 2017, 43(3): 521 – 565.
DI SCIULLO A M, WILLIAMS E. On the definition of word[M]. Cambridge: MIT Press, 1987.
DUBUC R. Incidence de la langue juridique sur la langue de la gestion[J]. Meta: journal des traducteurs, 1979, 24(1): 159 – 165.
DRYER, M S. Word order[M]//SHOPEN T. Language typology and syntactic description, Vol. 1 clause structure. 2nd ed. New York: Cambridge University Press, 2007: 61–131.
DRYER, M S. On the six-way word order typology, again[J]. Studies in language, 2013, 37(2), 267–301.
ENGBERG J. Comparative law for translation: the key to successful mediation between legal systems[M]//BORJA ALBI A, PRIETO RAMOS F. Legal translation in context: professional issues and prospects. Frankfurt am Main: Peter Lang, 2013: 9 – 25.
ENGLUND DIMITROVA B. Translation of dialect in fictional prose: Vilhelm Moberg in Russian and English as a case in point[C]//FALK J, MAGNUSSON G, MELCHERS G, et al. Norm, Variation and change in language. Proceedings of the centenary meeting of the Nyfilologiska sällskapet, Nedre Manilla 22 – 23 March 1996. Stockholm: Almqvist and Wiksell, 1997: 49 – 65.
EPPLER E M. The syntax of German-English code-switching[M]. Ph.D. University College London (University of London), 2004.
EVEN-ZOHAR I. The position of translated literature within the literary polysystem[M]//VENUTI L. The translation studies reader. New York: Routledge, 2000 [1978]: 192 – 197.
EVEN-ZOHAR I. Polysystem studies[M]. Durham: Duke University Press, 1990.
FELICI A, PAL P. Predicting translation equivalents and norm formulation: a study on some EU legislative features[J]. Journal of quantitative linguistics, 2012, 19(3): 181 – 204.
FERRER-I-CANCHO R. Euclidean distance between syntactically linked words[J]. Physical review e-statistical, nonlinear, and soft matter physics, 2004, 5(70):

56135.
FERRER-I-CANCHO R. Why do syntactic links not cross?[J] Europhysics letters, 2006, 6(76): 1228 – 1234.
FISHMAN C S. Recordings, transcripts, and translations as evidence[J]. Washington law review, 2006, 81(3): 473 – 523.
FOWLER R. Language in the news: discourse and ideology in the press[M]. London: Routledge, 1991.
FRAWLEY W. Translation: literary, linguistic, and philosophical perspectives[M]. Newark: University of Delaware Press, 1984.
GARCIA-IZQUIERDO I, CONDE T. Investigating specialized translators: corpus and documentary sources[J]. IBERICA, 2012, 23: 131 – 156.
GARNER B A. Black's law dictionary[M]. 9th ed. St. Paul: West, 2009, .
GARZONE G. Legal translation and functionalist approaches: a contradiction in terms?[J]. ASTTI, 2000: 395 – 414.
GÉMAR J C. La traduction juridique et son enseignement: aspects théoriques et pratiques[J]. Meta: journal des traducteurs, 1979, 24(1): 35 – 53.
GÉMAR J C. Fonctions de la traduction juridique en milieu bilingue et langage du droit au Canada[M]//GÉMAR J C. Langage du droit et traduction: essais de jurilinguistique (The language of the law and translation: essays on jurilinguistics). Montreal: Linguatech, 1982: 121 – 137.
GÉMAR J C. Traduire ou l'art d'interpréter. Fonctions, statut et esthétique de la traduction, Tome 1: principes (Translation or the art of interpreting. Functions, status and aesthetics of the translation, Vol. 1: principles)[M]. Québec: Les Presse de l'Université du Québec, 1995a.
GÉMAR J C. Traduire ou l'art d'interpréter. Langue, droit et société: éléments de jurilinguistique, Tome 2: application (Translation or the art of interpreting. Language, law and society: elements of jurilinguistics, Vol. 2: application) [M]. Québec: Les Presse de l'Université du Québec, 1995b.
GÉMAR J C. The cultural load of legal text. Language, culture and experience[J]. Meta: journal des traducteurs, 2002, 47(2): 163 – 176.
GÉMAR J C, KASIRER N. Jurilinguistique: entre langues et droits (Jurilinguistics: between law and language) [M]. Montréal: Editions Thémis, 2005.
GENTZLER E. Contemporary translation theories[M]. 2nd ed. Clevedon: Multilingual Matters, 2001.

GERBAULT J. Localization, translation and sociolinguistic diversity in sub-Saharan Africa: strategies and perspectives[J]. Meta: journal des traducteurs, 2010, 55(4): 817 – 844.

GIBB R, GOOD A. Interpretation, translation and intercultural communication in refugee status determination procedures in the UK and France[J]. Language and intercultural communication, 2014, 14(3SI): 385 – 399.

GIBSON E. Linguistic complexity: locality of syntactic dependencies[J]. Cognition, 1998, 68(1): 1 – 76.

GIBSON E. The dependency locality theory: a distance-based theory of linguistic complexity[M]//MARANTZ W O A, MIYASHITA Y. Image, language, brain. Cambridge: MIT Press, 2000: 95 – 126.

GILDEA D, TEMPERLEY D. Do grammars minimize dependency length?[J]. Cognitive science, 2010, 34(2): 286 – 310.

GLANERT S. Law-in-translation: an assemblage in motion[J]. The translator, 2014, 20(3): 255 – 272.

GOLETIANI L. For translation of deontic modal markers into Ukrainian: a corpus based study based on EU-directives[J]. Zeitschrift fur Slawistik, 2015, 60(2): 269 – 293.

GONG M Y. Legal translation: beyond vagueness and translationese[R]. Presentation at the 6th International Conference on Law, Language and Discourse. August 2, 2016. Haifa, Israel.

GOZDZ-ROSZKOWSKI S. Exploring near-synonymous terms in legal language. A corpus-based, phraseological perspective[J]. Linguistica antverpiensia, new series–themes in translation studies, 2013, 12: 94 – 109.

GRABOWSKI A. On translation universals in selected contemporary Polish literary translations[J]. Studies in Polish linguistics, 2012, 7: 165 – 183.

GRIMAL N. A history of ancient Egypt[M]. Oxford: Blackwell Publishers Ltd, 1992.

GROTJAHN R, ALTMANN G. Modelling the distribution of word length: some methodological problems[M]//KÖHLER R, RIEGER B B. Contributions to quantitative linguistics: proceedings of the 1st International Conference On Quantitative Linguistics. Dordrecht: Kluwer Academic, 1993: 141 – 153.

GUILLOT M. Cross-cultural pragmatics and audiovisual translation[J]. Target: international journal of translation studies, 2016, 28(2): 288 – 301.

HALLIDAY M A K. Lexis as a linguistic level[M]//BAZELL C E, CATFORD J C. In

memory of J. R. Firth. London: Longmans, 1966: 148 – 162.
HALLIDAY M A K, MATTHIESSEN C M I M. An introduction to functional grammar[M]. 3rd ed. New York: Hodder Arnold, 2004.
HANSEN S, TEICH E. Multi-layer analysis of translation corpora: methodological issues and practical implications[C]//CRITEA D, IDE N, MARCU D, POESIO M. Proceedings of EUROLAN 2001 workshop on multi-layer corpus-based analysis. Iasi, Romania, 2001, (45): 44 – 55.
HARVEY M. What's so special about legal translation?[J]. Meta: journal des traducteurs, 2002, 47(2): 177 – 185.
HATIM B, MASON I. Discourse and the translator[M]. London: Longman, 1990.
HATIM B, MASON I. The translator as communicator[M]. London: Routledge, 1997.
HAWKINS J A. Efficiency and complexity in grammars[M]. Oxford: Oxford University Press, 2004.
HELTAI P. Contrastive pragmatics and translation: evaluation, epistemic modality and communicative styles in English and German[J]. Across languages and cultures, 2016, 17(2): 289 – 295.
HERMANS T. Translational norms and correct translations[M]//VAN LEUVEN-ZWART K M, NAAIJKENS T. Translation studies: the state of art:proceedings of the first James S Holmes symposium on translation studies. Amsterdam: Rodopi, 1991: 155 – 170.
HERMANS T. Disciplinary objectives: the shifting grounds of translation studies[M]// NISTAL P F, GOZALO J B. Perpectivas de la traducción ingles-español. Valladolid: ICE, 1995: 9 – 26.
HERMANS T. The translator's voice in translated narrative[J]. Target: international Journal of Translation Studies, 1996, 8(1): 23 – 48.
HERMANS T. Translation in systems: descriptive and system-oriented approaches explained[M]. Manchester: St. Jerome Publishing, 1999.
HERMANS T. The manipulation of literature studies in literary translation[M]. London: Croom Helm Ltd, 2014[1985].
HICKEY L. The pragmatics of translation[M]. Clevedon: Multilingual Matters Ltd, 1998.
HJORT-PEDERSEN M, FABER D. Explicitation and implicitation in legal translation: a process study of trainee translators[J]. Meta: journal des traducteurs, 2010, 55(2): 237 – 250.

HOLMES J S. The name and nature of translation studies[M]//VENUTI L. The translation studies reader. New York: Routledge, 2000 [1972]: 172 – 185.

HOUSE J. Translation quality assessment: a model revisited[M]. Tübingen: Niemeyer, 1997.

HOUSE J. Beyond intervention: universals in translation[J]. Trans-kom, 2008, 1(1): 6 – 19.

HOUSE J. Using translation and parallel text corpora to investigate the influence of global English on textual norms in other languages[M]//KRUGER A, WALLMACH K, MUNDAY J. Corpus-based translation studies: research and applications. London: Continuum International Publishing Group, 2011: 187 – 208.

HOUSE J. Translation quality assessment past and present[M]. London: Routledge, 2015.

HUANG L B. Style in translation: a corpus-based perspective[M]. London: Shanghai Jiao Tong University Press, 2015.

HUDSON R. Language networks: the new word grammar[M]. New York: Oxford University Press, 2007.

HUDSON R. An introduction to word grammar[M]. Cambridge: Cambridge University Press, 2010.

HUNSTON S, FRANCIS G. Pattern grammar: a corpus-driven approach to the lexical grammar of English[M]. Amsterdam: John Benjamins Publishing Company, 2000.

HYLAND K. Academic clusters: text patterning in published and postgraduate writing[J]. International journal of applied linguistics, 2008: 18(1): 41 – 62.

IZQUIERDO I G, BORJA ALBI A. A multidisciplinary approach to specialized writing and translation using a genre based multilingual corpus of specialized texts[J]. LSP and professional communication, 2008, 8(1): 39 – 64.

JAKOBSEN A L. Logging target text production with translog[M]//HANSEN G. Probing the process in translation: Methods and results. Frederiksberg: Samfundslitteratur, 1999: 9 – 20.

JENSEN K T H. Assessing eye-tracking accuracy in translation studies[M]// GÖPFERICH S A, JAKOBSEN A L, MEES I M. Looking at eyes: eye tracking studies of reading and translation processing. Copenhagen: Samfundsliteratur, 2008: 157 – 174.

JI M. Corpus stylistics in translation studies: two modern Chinese translations of Don Quijote[J]. Language and literature, 2009, 18(1): 61－73.

JIANG J Y, LIU H T. The effects of sentence length on dependency distance, dependency direction and the implications? Based on a parallel English Chinese dependency treebank[J]. Language sciences, 2015, 50: 93－104.

JUOLA P. Using the Google N-Gram corpus to measure cultural complexity[J]. Literary and linguistic computing, 2013, 28(4): 668－675.

KAJZER-WIETRZNY M, WHYATT B, STACHOWIAK K. Simplification in inter- and intralingual translation: combining corpus linguistics, key logging and eye-tracking[J]. Poznań studies in contemporary linguistics, 2016, 52(2): 235－267.

KEMPPANEN H. Keywords and ideology in translated history texts: a corpus-based analysis[J]. Across languages and cultures, 2004, 5(1): 89－106.

KENNY D. Creatures of habit? What translators usually do with words?[J]. Meta: journal des traducteurs, 1998, 43(4): 515－523.

KENNY D. Lexis and creativity in translation: a corpus-based study[M]. Manchester: St. Jerome, 2001.

KJÆR A L. New challenges to the theory of legal translation: transnational legal communication and the autonomization of international law[J]. The translator, 2014, 20(3): 430－436.

KLAUDY K, KÁROLY K. Implicitation in translation: empirical evidence for operational asymmetry in translation[J]. Across languages and culture, 2005, 6(1): 13－28.

KNEŽEVIĆ B, BRDAR I. Passive-and passive-like constructions in the translation of a Croatian legislative text into English[J]. Jezikoslovlje, 2010, 11(1): 25－51.

KOSKINEN K. Translating institutions: an ethnographic study of EU translation[M]. Manchester: St. Jerome Publishing, 2008.

KOTZÉ G, VANDEGHINSTE V, MARTENS S, et al. Large aligned treebanks for syntax-based machine translation[J]. Language resources and evaluation, 2017, 51(2): 249－282.

KRIEGER M D G. Terminographie juridique et spécificités textuelles[J]. Meta: journal des traducteurs, 2002, 47(2): 233－243.

KROMER V. Word length model based on one displaced poisson uniform distribution[J]. Glottometrics, 2001, 1: 87－96.

KRUGER A, WALLMACH K, MUNDAY J. Corpus-based translation studies: research and applications[M]. London: Continuum International Publishing Group, 2011.

KUO S H, NAKAMURA M. Translation or transformation?: A case study of language and ideology in the Taiwanese press[J]. Discourse & society, 2005, 16(3): 393 – 417.

KÜNNECKE M. Translation in the EU: language and law in the EU's judicial Labyrinth[J]. Maastricht journal of European and comparative law, 2013, 20(2): 243 – 260.

LANGER M. From legal transplants to legal translations: the globalization of plea bargaining and the Americanization thesis in criminal procedure[J]. Harvard international law journal, 2004, 45(1): 1 – 64.

LAUZIÈRE L. Un vocabulaire juridique bilingue canadien[J]. Meta: journal des traducteurs, 1979, 24(1): 109 – 114.

LAVIOSA S. The English comparable corpus: a resource and a methodology[M]// BOWKER L, CRONIN M, KENNY D, et al. Unity in diversity? Current trends in translation studies, 1998a: 101 – 112.

LAVIOSA S. Core patterns of lexical use in a comparable corpus of English narrative prose[J]. Meta: journal des traducteurs, 1998b, 43(4): 557 – 570.

LAVIOSA S. Corpus-based translation studies: theory, findings, applications[M]. Amsterdam: Rodopi, 2002.

LEE C S. A computational linguistic analysis of translator's style[J]. Interpretation and translation, 2015, 17(3): 119 – 137.

LEGAULT G A. Fonctions et structure du langage juridique[J]. Meta: journal des traducteurs, 1979, 24(1): 18 – 25.

LEUNG J H C. Cross-jurisdiction appropriation of the equal authenticity principle[J]. The journal of legal pluralism and unofficial law, 2013, 45(2): 209 – 226.

LIANG J Y, FANG Y Y, LV Q X, et al. Dependency distance differences across interpreting types: implications for cognitive demand[J]. Frontiers in psychology, 2017, 8: 2123(1 – 10).

LIU H T. Probability distribution of dependency distance[J]. Glottometrics, 2007, 15: 1 – 12.

LIU H T. Dependency distance as a metric of language comprehension difficulty[J]. Journal of cognitive science, 2008, 9(2): 159 – 191.

LIU H T. Probability distribution of dependencies based on a Chinese dependency treebank[J]. Journal of quantitative linguistics, 2009, 16(3): 256–273.

LIU H T. Dependency direction as a means of word-order typology: A method based on dependency treebanks[J]. Lingua, 2010, 120(6): 1567–1578.

LIU H T, Hudson R, Feng Z W. Using a Chinese treebank to measure dependency distance[J]. Corpus linguistics and linguistic theory, 2009, 5(2): 161–175.

LIU H T, XU C S, LIANG J Y. Dependency distance: a new perspective on syntactic patterns in natural languages[J]. Physics of life reviews, 2017, 21: 171–193.

MAHLBERG M. Clusters, key clusters and local textual functions in Dickens[J]. Corpora, 2007, 2(1): 1–31.

MALMKJÆR K. Love thy neighbour: will parallel corpora endear linguists to translators? [J] Meta: journal des traducteurs,1998, 43(4): 534–541.

MALMKJÆR K. What happened to God and the angels: an exercise in translational stylistics?[J]. Target: international journal of translation studies, 2003, 15(1): 37–58.

MARAIS J, NAUDÉ J A. Collocations in popular religious literature: an analysis in corpus-based translation studies[J]. Southern African linguistics and applied language studies, 2007, 25(2): 153–167.

MAURANEN A. Strange strings in translated language: a study on corpora[M]// OLOHAN M. Intercultural faultlines: research models in translation studies, Vol. I textual and cognitive aspects. Manchester: St. Jerome Publishing, 2000: 119–141.

MAURANEN A. Universal tendencies in translation[M]//ROGERS M, ANDERMAN G. Incorporating corpora: the linguist and the translator. Clevedon: Multilingual Matters, 2007: 32–48.

MAY R. The translator in the text: on reading Russian literature in English[M]. Evanston: Northwestern University Press, 1994.

MELLINGER C D. Equal access to the courts in translation: a corpus-driven study on translation shifts in waivers of counsel[J]. Perspectives: studies in translation theory and practice, 2017, 25(2): 308–315.

MEREDITH R C. Some notes on English legal translation[J]. Meta: journal des traducteurs, 1979, 24(1): 54–67.

MONZÓ NEBOT E. Corpus-based activities in legal translator training[J]. Interpreter and translator trainer, 2008, 2(2): 221–252.

MONZÓ NEBOT E. Legal and translational occupations in Spain regulation and specialization in jurisdictional struggles[J]. Translation and interpreting studies, 2009, 4(2): 135 – 154.

MOUNIN G. La linguistique comme science auxiliaire dans les disciplines juridiques[J]. Meta: journal des traducteurs,1979, 24(1): 9 – 17.

MUNDAY J. Style and ideology in translation Latin American writing in English[M]. New York: Routledge, 2008.

MYNÁŘOVÁ J. Lost in translation: an Egyptological perspective on the Egyptian-Hittite treaties[J]. Annals of the Náprstek Museum, 2014, 2(35): 3 – 8.

NARISONG, JIANG J Y, LIU H T. Word length distribution in Mongolian[J]. Journal of quantitative linguistics, 2014, 21(2): 123 – 152.

NEWMARK P. Approaches to translation[M]. Oxford: Pergamon Press, 1981.

NIDA E A. Bible translating: an analysis of principles and procedures, with special reference to aboriginal languages[M]. New York: American Bible Society, 1947.

NIDA E A. Towards a science of translating: with special reference to principles and procedures involved in Bible translating[M]. Leiden: E. J. Brill, 1964.

NIDA E A, TABER C R. The theory and practice of translation[M]. Leiden: E. J. Brill, 1969.

NORD C. Text analysis in translation: theory methodology, and didactic application of a model for translation-oriented text analysis[M]. Amsterdam: Rodopi, 1991.

NORD C. Translating as a purposeful activity: functionalist approaches explained[M]. Manchester: St. Jerome Publishing, 1997.

O'BRIEN S. Eye-tracking and translation memory matches[J]. Perspectives: studies in translatology, 2007, 14(3): 185 – 205.

OLOHAN M. How frequent are the contractions? A study of contracted forms in the translational English corpus[J]. Target: international journal of translation studies, 2003, 15(1): 59 – 89.

OLOHAN M. Introducing corpora in translation studies[M]. London: Routledge, 2004.

OLOHAN M, BAKER M. Reporting that in translated English: evidence for subconscious processes of explicitation?[J]. Across languages and cultures, 2000, 1(2): 141 – 158.

ORDÓÑEZ-LÓPEZ P. The GENTT Corpus:a genre-based approach within specialised translation[C]//MAHLBERG M, GONZÁLEZ-DÍAZ V, SMITH C. Proceedings of the corpus linguistics conference 2009 (CL2009), 2009: 34 – 36.

ØVERÅS L. In search of the third code: an investigation of norms in literary translation[J]. Meta: journal des traducteurs, 1998, 43(4): 571 – 588.

PAIVARINNE M. Translating Grotius's De jure belli ac pacis: Courtin vs Barbeyrac[J]. Translation studies, 2012, 5(1): 33 – 47.

PALMER R R. The national idea in France before the Revolution[J]. Journal of the history of ideas, 1940, 1(1): 95 – 111.

PAN H. Translating conjunctive cohesion in legal documents[J]. Perspectives: studies in translatology, 2014, 22(1): 1 – 20.

PÁPAI V. Explicitation: a universal of translated texts?[M]//MAURANEN A, KUJAMÄKI P. Translation universals: do they exist? Amsterdam: John Benjamins Publishing Company, 2004: 143 – 164.

PARTINGTON A. "Utterly content in each other's company": semantic prosody and semantic preference[J]. International journal of corpus linguistics, 2004, 9(1): 131 – 156.

PIANTADOSI S T, TILY H, GIBSON E. Word lengths are optimized for efficient communication[J]. Proceedings of the national academy of sciences, 2011, 108(9): 3526 – 3529.

POPESCU I, ALTMANN G. Hapax legomena and language typology[J]. Journal of quantitative linguistics, 2008, 15(4): 370 – 378.

PRIETO RAMOS F. Developing legal translation competence: an integrative process-oriented approach[J]. Comparative legilinguistics-international journal for legal communication, 2011, 5: 7 – 21.

PRIETO RAMOS F. Legal translation at the World Trade Organization[M]//BORJA ALBI A, PRIETO RAMOS F. Legal translation in context: professional issues and prospects. Frankfurt am Main: Peter Lang, 2013: 263 – 282.

PRIETO RAMOS F. Legal translation studies as interdiscipline: scope and evolution[J]. Meta: journal des traducteurs, 2014a, 59(2): 260 – 277.

PRIETO RAMOS F. International and supranational law in translation: from multilingual lawmaking to adjudication[J]. The translator, 2014b, 20(3): 313 – 331.

PRIOR A, MACWHINNEY B, KROLL J F. Translation norms for English and Spanish: The role of lexical variables, word class, and L2 proficiency in negotiating translation ambiguity[J]. Behavior research methods, 2007, 39(4):

1029 – 1038.

PYM A. The moving text: localization, translation and distribution[M]. Amsterdam: John Benjamins Publishing Company, 2004

PYM A. Explaining explicitation[M]//KÁROLY K, FÓRIS Á. New trends in translation studies: in honour of Kinga Klaudy. Budapest: Akadémia Kiadó, 2005: 29 – 34.

PYM A. Exploring translation theories[M]. London: Routledge, 2010.

RAMOS PINTO S. Sociolinguistics and translation[M]//GAMBIER Y, VAN DOORSLAER L. Handbook of translation studies, Vol. 3. Amsterdam: John Benjamins Publishing Company, 2012: 156 – 162.

RAYSON P. Matrix: a statistical method and software tool for linguistic analysis through corpus comparison[D]. Lancaster University, 2003.

RAYSON P. From key words to key semantic domains[J]. International journal of corpus linguistics, 2008, 13(4): 519 – 549.

REED D G. Problèmes de la traduction juridique au Québec[J]. Meta: journal des traducteurs, 1979, 24(1): 95 – 102.

ROSSEL V. Toujours les textes du Code Civil Suisse[J]. Schweizerische juristen-zeitung ,1911, 13(7): 201 – 203.

RUSSELL R. The statutes of Quebec: linguistic interference[J]. Meta: journal des traducteurs, 1979, 24(1): 213 – 217.

SALDANHA G. Translator style: methodological considerations[J]. The translator, 2011, 17(1): 25 – 50.

SALDANHA G, O'BRIEN S. Research methodologies in translation studies[M]. Manchester: St Jerome Publishing, 2013.

ŠARČEVIĆ S. Bilingual and multilingual legal dictionaries: new standards for the future[J]. Meta: journal des traducteurs, 1991, 36(4): 615 – 626.

ŠARČEVIĆ S. New approach to legal translation[M]. Cambridge: Kluwer Law International, 1997.

ŠARČEVIĆ S. Legal translation and translation theory: a receiver-oriented approach [C/OL]// La traduction juridique: histoire, théorie(s) et pratique/legal translation: history, theory/ies, practice (Proceedings, Geneva, 17-19 February 2000). Bern :ASTTI,2000:329– 347.[2017 – 12 – 15].http://www.tradulex.com/Actes 2000/sarcevic.pdf.

SARIDAKIS I E. Cross-linguistic semantics of international law: a corpus-informed translation of a Cassese's international law into Greek[J].Linguistica antverpiensia, new series–themes in translation studies, 2013, 12: 197–215.

SCOTT M. PC analysis of key words and key key words[J]. System, 1997, 25: 233–245.

SCOTT M. Comparing corpora and identifying key words, collocations, frequency distributions through the wordsmith tools suite of computer programs[M]// GHASSEDY M, HENRY A, ROSEBERRY R L. Small corpus studies and ELT. Amsterdam: John Benjamins Publishing Company, 2001: 47–67.

SCOTT M. The WordSmith tools (V.4.0) [M]. Oxford: Oxford Univeristy Press, 2004.

SCOTT M. WordSmith tools manual version 7.0 [M]. Stroud: Lexical Analysis Software Ltd, 2016.

SCHÄFFNER C. The concept of norms in translation studies[M]//SCHÄFFNER C. Translation and norms. Clevedon: Mutilingual Matters Ltd, 1999: 1–9.

SCHÄFFNER C, KELLY-HOLMES H. Discourse and ideologies[M]. Clevedon: Multilingual Matters Ltd, 1996.

SCHIAVI G. There is always a teller in a tale[J]. Target: international journal of translation studies, 1996, 8(1): 1–21.

SCHROTH P W. Legal translation[J]. American journal of comparative law, 1986, 34: 47–65.

SHLESINGER M. Corpus-based interpreting studies as an offshoot of corpus-based translation studies[J]. Meta: journal des traducteurs, 1998, 43(4): 486–493.

SIGURD B, EEG-OLOFSSON M, VAN DE WEIJER J. Word length, sentence length and frequency: Zipf revisited[J]. Studia linguistica, 2004, 58(1): 37–52.

SIMON S. Speaking memory: how translation shapes city life[M]. Montreal: McGill-Queen's University Press, 2016.

SINCLAIR J M. Collocation: a progress report[M]//STEELE R, THREADGOLD T. Language topics: essays in honour of Michael Halliday, 1987. Amsterdam: Benjamins Publishing Company, 319–331.

SINCLAIR J M. Corpus, concordance, collocation[M]. Oxford: Oxford University Press, 1991.

SINCLAIR J M. The search for units of meaning[J]. TEXTUS, 1996, 9(1): 75–106.

SINCLAIR J M. Trust the text: language, corpus and discourse[M]. London: Routledge, 2004.

SMALL H. Co-citation in the scientific literature: a new measure of the relationship between publications[J]. Journal of the Association for Information Science and Technology, 1973, 24(4): 265 – 269.

SPARER M. Pour une dimension culturelle de la traduction juridique[J]. Meta: journal des traducteurs, 1979, 24(1): 68 – 94.

STOLZE R. The legal translator's approach to texts[J]. Humanities, 2013, 2(1): 56 – 71.

STUBBS M. Texts, corpora, and problems of interpretation: a response to Widdowson[J]. Applied linguistics, 2001a, 22(2): 149 – 172.

STUBBS M. Words and phrases: corpus studies of lexical semantics[M]. New York: Blackwell Publishers Ltd, 2001b.

STUBBS M. Two quantitative methods of studying phraseology in English[J]. International journal of corpus linguistics, 2002, 7(2): 215 – 244.

STUBBS M. Conrad in the computer: examples of quantitative stylistic methods[J]. Language and literature, 2016, 14(1): 5 – 24.

SUN Y X, CHENG L. Linguistic variation and legal representation in legislative discourse: a corpus-based multi-dimensional study[J]. International journal of legal discourse, 2017, 2(2): 397 – 421.

TEMPERLEY D. Minimization of dependency length in written English[J]. Cognition, 2007, 105(2): 300 – 333.

TEMPLIN M C. Certain language skills in children[M]. Minneapolis: University of Minnesota Press, 1957.

TERRAL F. L'empreinte culturelle des termes juridiques[J]. Meta: journal des traducteurs, 2004, 49(4): 876 – 890.

TIMOTHY O, GERDES K. The status of function words in dependency grammar: a critique of universal dependencies (UD)[J]. Glossa: a journal of general linguistics, 2019, 4(1): 17. 1–28.

TOGNINI-BONELLI E. Corpus linguistics at work[M]. Amsterdam: John Benjamins Publishing Company, 2001.

TOGNINI-BONELLI E. Functionally complete units of meaning across English and Italian: towards a corpus-driven approach[M]//ALTENBERG B, GRANGER S. Lexis in contrast: corpus-based approaches. Amsterdam: John Benjamins Publishing Company, 2002: 73 – 96.

TOURY G. The nature and role of norms in literary translation[M]//VENUTI L. The translation studies reader. New York: Routledge, 2000 [1978]: 198 – 211.

TOURY G. Experimentation in translation studies: achievements, prospects and some pitfalls[C]//TIRKKONEN-CONDIT S. Empirical research in translation and intercultural studies: selected papers of the TRANSIF seminar, Savonlinna, 1988. Tubingen: Gunter Narr Verlag, 1991: 45 – 66.

TOURY G. Descriptive translation studies-and beyond[M]. Amsterdam/Philadelphia: John Benjamins Publishing Company, 1995.

TOURY G. Probabilistic explanations in translation studies: welcome as they are, would they qualify as universals? [M]//MAURANEN A, KUJAMÄKI P. Translation universals: do they exist? Amsterdam: John Benjamins Publishing Company, 2004: 15 – 32.

TOURY G. Descriptive translation studies and beyond[M]. Rev. ed. Amsterdam: John Benjamins Publishing Company, 2012.

TREBITS A. Conjunctive cohesion in English language EU documents: a corpus -based analysis and its implications[J]. English for specific purposes, 2009, 28(3): 199 – 210.

TROSBORG A. Rhetorical strategies in legal language: discourse analysis of statutes and contracts[M]. Tübingen: Gunter Narr Verlag, 1997.

TYMOCZKO M. Computerized corpora and the future of translation studies[J]. Meta: journal des traducteurs, 1998, 43(4): 652 – 660.

URE J. Lexical density and register differentiation[M]//PERREN G, TRIM J L M. Applications of linguistics. London: Cambridge University Press, 1971: 443 – 452.

VAN DIJK T A. Ideology and discourse analysis[J]. Journal of political ideologies, 2006, 11(2): 115 – 140.

VAN HOECKE M. Law as communication[M]. Oxford: Hart Publishing, 2002.

VÁRADI T. NP modification structures in parallel corpora[M]//ROGERS M, ANDERMAN G. Incorporating corpora: the linguist and the translator, 2007: 168 – 186.

VÁZQUEZ Y DEL ÁRBOL E. La traducción inglés-español de testamentos británicos y documentos relacionados: de la teoría a la práctica[M]. Granada: Universidad de Granada, 2008.

VENUTI L. The translator's invisibility: a history of translation[M]. London: Routledge, 1995.

VENUTI, L. The translator's invisibility: a history of translation[M]. 2nd ed.

Abingdon, Oxon: Routledge, 2008.

VESTERAGER A K. Explicitation in legal translation: a study of Spanish-into-Danish translation of judgments[J]. Journal of specialised translation, 2017, 27: 104－123.

WANG L, LIU H T. Syntactic variations in Chinese-English code-switching[J]. Lingua, 2013, 23: 58－73.

WANG Y, LIU H T. The effects of genre on dependency distance and dependency direction[J]. Language sciences, 2017, 59: 135－147.

WAY C. The challenges and opportunities of legal translation and translator training in the 21st century[J]. International journal of communication, 2016, 10: 1009－1029.

WEINSTOCK M. Citation indexes[M]//DEKKER M. Encyclopedia of library and information science, Vol. 5. New York: CRC Press, 1971: 6－40.

WILSON J A. Egyptian and Hittite treaties[M]//PRITCHARD J B. Ancient near Eastern texts related to the Old Testament. 3rd ed. Princeton: Princeton University Press, 1969: 99－201.

WIMMER G, KÖHLER R, GROTJAHN R, et al. Towards a theory of word length distribution[J]. Journal of quantitative linguistics, 1994, (1): 98－106.

XIAO R. How different is translated Chinese from native Chinese? A corpus-based study of translation universals[J]. International journal of corpus linguistics, 2010, 15(1): 5－35.

XIAO R. Word clusters and reformulation markers in Chinese and English: implications for translation universal hypotheses[J]. Languages in contrast, 2011, 1(2): 145－171.

XIAO R, YUE M. Using corpora in translation studies: the state of the art[M]// BAKER P. Contemporary corpus linguistics. London: Continuum, 2009: 237－262.

ZIPF G K. Selected studies of the principle of relative frequency in language[M]. Cambridge: Harvard University Press, 1932.

ZIPF G K. The psycho-biology of language[M]. Cambridge: MIT Press, 1935.

ZIPF G K. Human behavior and the principle of least effort: an introduction to human ecology[M]. Cambridge: Addison-Wesley, 1949.

ZITAWI J I, ABDEL WAHAB M S. Translating and interpreting to win: the foreign language witness testimony dilemma in international arbitration[J]. The

translator, 2014, 20(3): 356－376.
曹井香，黄德根，王伟，等．中英平行短语依存树库构建［J］．大连理工大学学报，2014（1）：91－99．
陈婵．爱丽丝·门罗小说中的词簇特征及其功能分析：一项基于语料库的文体学研究［J］．解放军外国语学院学报．2014（3）：151－159．
陈宏薇，李亚丹．新编汉英翻译教程［M］．上海：上海外语教育出版社, 2010．
陈建生，王琪．《三体》英译本显化特征考察：语料库翻译学研究［J］．外国语言文学，2017（3）：175－186．
陈炯．谈立法语言［J］．语言文字应用，1995（3）：34－37．
陈木逢．法律语言中的“四字语型”探析［J］．逻辑学研究，2001（2）：99－102．
陈毅光．法律词典翻译之我见：兼评《法律小词典》的翻译［J］．语言与翻译，1989（3）：20－23．
陈悦，陈超美，刘则渊，等．CiteSpace 知识图谱的方法论功能［J］．科学研究，2015（2）：242－253．
陈忠诚．从一个实例看法律条文的英译［J］．中国翻译，1986（4）：60－62．
陈忠诚．现行宪法英译的若干问题［J］．外语研究，1988（2）：16－23．
陈中绳．关于法学翻译工作的几点意见［J］．法学，1956（2）：14－15．
陈中绳．法律词语译名漫谈［J］．中国翻译，1983（4）：31－33．
陈中绳．使用《牛津法律大辞典》“须知”［J］．中国图书评论，1989（4）：186－187．
陈中绳．略谈法律英译的现状与对策［J］．外国语（上海外国语学院学报），1993（4）：29－31．
程乐，宫明玉，李俭．社会符号学视角下法律翻译对等研究［J］．浙江大学学报（人文社会科学版），2016（4）：77－90．
崔军民．近代法律新词的发展及其轨迹［J］．河北法学，2010（1）：2－12．
戴光荣．译文源语透过效应研究［M］．上海：上海交通大学出版社，2013．
但汉源．翻译性质与程序的理论认识［J］．语言与翻译，1995（1）：69－75．
邓大鸣，何军．加入 WTO 之后中国涉外经济法律体系和理论的重塑［J］．四川大学学报（哲学社会科学版），2003（3）：124－128．
邓耀臣，冯志伟．词汇长度与词汇频数关系的计量语言学研究［J］．外国语（上海外国语大学学报），2013（3）：29－39．
董万程．论物权与债权关系的发展趋向［J］．中国法学，2004（6）：176－179．
董晓波．我国立法文本规范化英译若干问题探析［J］．外语教学理论与实践，2014（3）：84－90．
董晓波．论英汉法律术语的“对等”翻译［J］．西安外国语大学学报，2015（3）：

108－111.
杜金榜.法律交流原则与法律翻译[J].广东外语外贸大学学报，2005(4)：11－14.
杜金榜，张福，袁亮.中国法律法规英译的问题和解决[J].中国翻译，2004(3)：74－78.
法学研究编后记.《政法译丛》将于明年一月创刊[J].法学研究，1955(5)：55.
法学研究动态栏.《政法译丛》自一九五九年起改刊[J].法学研究，1959(1)：38.
方洁，杨国华.WTO对成员贸易法律制度的透明度要求[J].法学杂志，2001(2)：28－29.
方绪军.现代汉语实词[M].上海：华东师范大学出版社，2000.
冯佳，王克非，刘霞.近二十年国际翻译学研究动态的科学知识图谱分析[J].外语电化教学，2014(1)：11－20.
傅兰雅.江南制造总局翻译西书事略[M]//罗新璋编.翻译论集.北京：商务印书馆，1984[1880]：211－225.
傅伟良.合同法律文件翻译谈：谈《中华人民共和国合同法》的部分译文[J].中国翻译，2002(5)：44－47.
傅伟良.法律文件中的近义和同义词翻译[J].中国翻译，2003(4)：68－71.
何勤华.法科留学生与中国近代法学[J].法学论坛，2004(6)：82－90.
何勤华.法律翻译在中国近代的第一次完整实践：以1864年万国公法的翻译为中心[J].比较法研究，2014(2)：190－200.
衡孝军.从社会符号学翻译法看汉语成语英译过程中的功能对等[J].中国翻译，2003(4)：25－27.
侯毅.欧洲人第一次完整翻译中国法律典籍的尝试：斯当东与大清律例的翻译[J].历史档案，2009(4)：97－104.
胡道华，蒋长刚."自指"与"转指"视角下立法条文"的"字结构的翻译[J].语言与翻译，2016(3)：45－52.
胡开宝.语料库翻译学概论[M].上海：上海交通大学出版社，2011.
胡开宝.语料库翻译学研究导引[M].南京：南京大学出版社，2012.
胡开宝，毛鹏飞.国外语料库翻译学研究述评[J].当代语言学，2012(4)380－395.
胡开宝，陶庆.记者招待会汉英口译句法操作规范研究[J].外语教学与研究，2012(5)：738－750.
胡开宝，韩洋.近15年国内译学研究现状、问题和走向[J].外语教学与研究，2017(2)：296－301.

胡显耀. 语料库翻译研究与翻译普遍性［J］. 上海科技翻译，2004（4）：47－49.
胡显耀. 当代汉语翻译小说规范的语料库研究［D］. 华东师范大学，2006.
胡显耀. 基于语料库的汉语翻译语体特征多维分析［J］. 外语教学与研究，2010（6）：451－458.
胡显耀，曾佳. 对翻译英语中原语干扰的文体统计学分析［J］. 外语教学与研究，2017（4）：595－607.
胡照青. 晚清社会变迁中的法学翻译及其影响［D］. 华东政法大学，2007.
黄昌宁，李玉梅. 从树库的实践看句本位和中心词分析法的生命力［J］. 北京师范大学学报（社会科学版）. 2010（5）：53－58.
黄立波. 基于英汉/汉英平行语料库的翻译共性研究［M］. 上海：复旦大学出版社，2007.
黄立波. 英汉翻译中人称代词主语的显化：基于语料库的考察［J］. 外语教学与研究，2008（6）：454－459.
黄立波. 基于语料库的翻译文体研究［M］. 上海：上海交通大学出版社，2014.
黄立波，王克非. 翻译普遍性研究反思［J］. 中国翻译，2006（5）：36－40.
黄立波，朱志瑜. 语料库翻译学：研究对象与研究方法［J］. 中国外语，2012a（6）：28－36.
黄立波，朱志瑜. 译者风格的语料库考察：以葛浩文英译现当代中国小说为例［J］. 外语研究，2012b（5）：64－71.
黄立波，朱志瑜. 晚清时期关于翻译政策的讨论［J］. 中国翻译，2012c（3）：26－33.
黄巍. 议法律翻译中译者的创造性［J］. 中国翻译，2002（2）：40－42.
蒋婷. 论法律语言平行语料库的构建［J］. 重庆大学学报（社会科学版），2005（4）：94－97.
蒋婷，金雯. 语料库视野下中国立法语言中的情态动词翻译研究［J］. 西南民族大学学报（人文社会科学版），2012（1）：195－199.
蒋婷，杨炳钧. 基于平行语料库的中国立法语篇情态操作语的英译探析［J］. 外国语（上海外国语大学学报），2013（3）：86－93.
金朝武，胡爱平. 试论我国当前法律翻译中存在的问题［J］. 中国翻译，2000（3）：46－51.
康树华. 北大法律系组织力量翻译公害法基础知识［J］. 国外法学，1980（2）：92－93.
柯飞. 翻译中的隐和显［J］. 外语教学与研究，2005（4）：303－307.
李德超，唐芳. 基于类比语料库的英语旅游文本文体特征考察［J］. 中国外语，

2015（4）：88－96.
李德渊．浅谈 ISO 国际认证翻译［J］．中国科技翻译，1999（3）：11－13.
李海琪．难以译出的精彩：从霍译本《红楼梦》的熟语翻译看文化流失［J］．红楼梦学刊，2008（2）：304－323.
李国杰．数据透镜，洞穿科学与人文之美［M］//［美］埃雷兹·艾登，［法］让－巴蒂斯特·米歇尔．可视化未来：数据透视下的人文大趋势．王彤彤，沈华伟，程学旗，译．杭州：浙江人民出版社，2015：I-II.
李杰，陈超美．CiteSpace：科技文本挖掘及可视化［M］．北京：首都经济贸易大学出版社，2016.
李晋，董晓波．地方性法规规章翻译规范化和应对措施：基于江苏省法规规章翻译实践的研究［J］．东南学术，2015（5）：225－233.
李克兴．法律翻译：理论与实践［M］．北京：北京大学出版社，2007.
李克兴．论法律文本的静态对等翻译［J］．外语教学与研究，2010（1）：59－65.
李克兴．英文立法文本写作解密之一："Where－句"与"If－句"的对比研究［J］．中国翻译，2013（2）：88－94.
李克兴．法律条文的英汉翻译：以《英国反恐法》为例［J］．中国翻译，2017（3）：107－112.
李克兴，张新红．法律文本与法律翻译［M］．北京：中国对外翻译出版社，2004.
李世斌．国际贸易合同商务条款的翻译［J］．中国翻译，1988（2）：25－27.
李文阳．浅论法律英语的语言特点及翻译［J］．中国翻译，1994（6）：15－18.
李文中．中国英语新闻报刊中的词簇［J］．中国外语，2007（3）：38－43.
李悦．汉语成语英译商榷：从《围城》英译本谈起［J］．外语教学，2005（5）：76－78.
连淑能．英汉对比研究［M］．北京：高等教育出版社，1993.
梁君英，刘海涛．语言学的交叉学科研究：语言普遍性、人类认知、大数据［J］．浙江大学学报（人文社会科学版），2016（1）：108－118.
梁丽，李丽辉．从法律文本的特殊性探讨法律翻译人才培养新途径［J］．河北法学，2014（8）：181－185.
林宝煊．谈"名从主人"与"约定俗成"［J］．外语学刊（黑龙江大学学报），1998（4）：78－81.
林汝昌．试谈成语翻译：学习《毛泽东选集》英译本成语翻译的一些体会［J］．外语教学与研究，1963（1）：20－24.
林巍．比较法律文化与法律翻译［J］．中国翻译，2006，27（3）：58－63.
廖七一．当代英国翻译理论［M］．武汉：湖北教育出版社，2001.

刘法公. 论实现法律法规术语汉英译名统一的四种方法[J]. 中国翻译，2013（6）：82－86.

刘海涛. 依存语法和机器翻译［J]. 语言文字应用，1997（3）：91－95.

刘海涛. 泰尼埃的结构句法理论［J]. 北华大学学报（社会科学版），2007a（5）：68－77.

刘海涛. 汉语句法网络的复杂性研究［J]. 复杂系统与复杂性科学，2007b（4）：38－44.

刘海涛. 基于依存树库的汉语句法计量研究[J]. 长江学术，2008（3）：120－128.

刘海涛. 依存语法的理论与实践［M]. 北京：科学出版社，2009.

刘海涛，黄伟. 计量语言学的现状、理论与方法［J]. 浙江大学学报（人文社会科学版），2012，42（2）：178－192.

刘海涛，林燕妮. 大数据时代语言研究的方法和趋向[J]. 新疆师范大学学报（哲学社会科学版），2018（1）：72－83.

刘宓庆. 文体与翻译［M]. 北京：中国对外翻译出版公司，1998.

刘晓梅. 当代汉语新词语的词长考察[J]. 吉林师范大学学报（人文社会科学版），2004（4）：71－73.

刘毅. 法学翻译与法律现代化[J]. 北京理工大学学报（社会科学版），2012（5）：117－127.

刘宪权，李振林. 论刑法中法律拟制的设置规则［J]. 中国刑事法律杂志，2013（9）：13－20.

刘泽权，刘超朋，朱虹.《红楼梦》四个英译本的译者风格初探：基于语料库的统计与分析［J]. 中国翻译，2011（1）：60－64.

刘泽权，朱虹.《红楼梦》中的习语及其翻译研究［J]. 外语教学与研究，2008（6）：460－466.

卢静. 基于语料库的译者风格综合研究模式探索：以《聊斋志异》译本为例[J]. 外语电化教学，2013a（2）：53－58.

卢静. 历时与共时视阈下的译者风格研究［D]. 上海外国语大学，2013b.

卢静. 历时视阈下的译者风格研究：语料库辅助下的《聊斋志异》英译本调查［J]. 外国语（上海外国语大学学报），2014（4）：20－31.

鲁川. 汉语的意合网络［J]. 语言文字应用，1998（2）：84－90.

陆前，刘海涛. 依存距离分布有规律吗?［J]. 浙江大学学报（人文社会科学版），2016（4）：63－76.

陆汶逊. 法律词汇翻译切戒望文生义［J]. 上海科技翻译，1998（2）：33－34.

马庆林. 我国政法类院校高级法律翻译人才教育的现状与对策［J]. 中国外语，

2017（4）：21－27.
毛文伟. 日语翻译语言的范化及特化现象研究［J］. 日语学习与研究，2016（1）：111－118.
倪庆饩. 晚清翻译概略［J］. 历史教学，1988（12）：11－14.
牛洁珍，王素英. 法律英语的文体特征与翻译策略［J］. 河北法学，2010（3）：148－150.
彭楚秋，陶友兰. 构建基于语料库的中国"法律术语社区"：以"调解"一词为例［J］. 当代外语研究，2017（1）：42－50.
钱莲生，刘玉杰. 汉语成语英译词典［M］. 哈尔滨：北方文艺出版社，1999.
秦洪武，王克非. 基于对应语料库的英译汉语言特征分析［J］. 外语教学与研究，2009（2）：131－136.
秦平新. 法律英语增强语的语义属性及词语搭配调查：一项基于法律汉英平行语料库的研究［J］. 新疆大学学报（哲学·人文社会科学版），2011（2）：153－156.
邱能生，王青梅. 立法文本的互文性研究［J］. 上海翻译，2016（6）：33－38.
屈承熹. 现代汉语中"句子"的定义及其地位［J］. 世界汉语教学，1996（4）：16－23.
屈文生. 论 Susan Šarčević 的法律翻译观［J］. 外语研究，2009（3）：88－92.
屈文生. 法律翻译研究的视角与思路：对法律翻译若干重要方面的梳理和理性评价［J］. 江西社会科学，2010（2）：246－251.
屈文生. 汉译法律术语的渊源、差异与融合：以大陆及台港澳"四大法域"的立法术语为主要考察对象［J］. 学术界，2011（11）：50－63.
屈文生. 早期英文法律词语的汉译研究：以 19 世纪中叶前后若干传教士著译书为考察对象［J］. 中国翻译，2012a（1）：40－46.
屈文生. 和制汉语法律新名词在近代中国的翻译与传播：以清末民初若干法律辞书收录的词条为例［J］. 学术研究，2012b（11）：122－129.
屈文生. 早期中英条约的翻译问题［J］. 历史研究，2013（6）：86－101.
屈文生.《南京条约》的重译与研究［J］. 中国翻译，2014（3）：41－48.
屈文生.《望厦条约》订立前后中美往来照会及翻译活动研究［J］. 复旦学报（社会科学版），2017（1）：113－126.
屈文生，石伟. 论我国近代法律翻译的几个时期［J］. 上海翻译，2007（4）：58－62.
屈文生，邢彩霞. 法律翻译中的"条""款""项""目"［J］. 中国翻译，2005（2）：63－66.
屈文生，万立. 中国封建法典的英译与英译动机研究［J］. 中国翻译，2019a（1）：51－59.

屈文生，万立．“五四”时期的法律外译及其意义［J］．外国语，2019b（5）：96－103．
曲艳红，娄琦，马成慧．中西法律文化差异及其对法律翻译的影响［J］．法制与经济，2014（8）：27－29．
邵静敏．现代汉语通论：第2版［M］．上海：上海教育出版社，2007．
宋丽珏．立法翻译文本中程式语搭配特征研究［J］．外语学刊，2015（4）：105－109．
宋雷．从“翻译法律”到“法律翻译”：法律翻译主体“适格”论［J］．四川外语学院学报，2007（5）：106－111．
宋艳玲，汤建华．清末时期西方法律翻译成就考析［J］．兰台世界，2015（24）：36－37．
宋志平．英汉语形合与意合对比研究综观［J］．东北师大学报（哲学社会科学版），2003（2）：92－98．
孙鸿仁，杨坚定．“中国法律法规汉英平行语料库（PCCLD）”创建的思路、过程与功能［J］．绍兴文理学院学报，2010（2）：48－51．
孙钰岫，MATULEWSKA A．立法文本的语言及翻译特征：基于可比语料库的研究［J］．浙江工商大学学报，2017，147（6）：25－35．
孙致礼．新编英汉翻译教程［M］．上海：上海外语教育出版社，2003．
谭松，姚新学．中国成语汉英双解大词典［M］．重庆：重庆大学出版社，1993．
谭业升．认知翻译学探索：创造性翻译的认知路径与认知制约［M］．上海：上海外语教育出版社，2012．
陶源．基于俄汉平行语料库的чтобы从句翻译操作规范研究［J］．解放军外国语学院学报，2015（5）：117－125．
屠友祥．索绪尔与惠特尼：观念和符号联想结合的任意而约定俗成的特性［J］．当代语言学，2007（3）：208－217．
万福成，于洪志，吴玺宏，等．面向机器翻译的藏语短语句法研究［J］．计算机工程与应用，2015（13）：211－215．
汪晓莉，李晓倩．基于语料库的莎士比亚戏剧汉译本范化特征研究［J］．外国语（上海外国语大学学报），2016（3）：103－112．
王东海，王丽英．立法规范化、科学化视角下的法律术语分类研究［J］．语言文字应用，2010（3）：108－114．
王慧兰，张克亮．面向机器翻译的句类依存树库构建及应用［J］．中文信息学报，2015（1）：75－81．
王健．沟通两个世界的法律意义：晚清西方法的输入与法律新词初探［M］．北京：中国政法大学出版社，2001．
王克非．英汉/汉英语句对应的语料库考察［J］．外语教学与研究，2003（6）：

410－416.

王克非．语料库翻译学：新研究范式［J］．中国外语，2006（3）：8－9.

王克非．语料库翻译学探索［M］．上海：上海交通大学出版社，2012.

王克非，胡显耀．汉语文学翻译中人称代词的显化和变异［J］．中国外语，2010（4）：16－21.

王克非，黄立波．语料库翻译学十五年［J］．中国外语，2008（6）：9－14.

王利明．《联合国国际货物销售合同公约》与我国合同法的制定和完善［J］．环球法律评论，2013（5）：119－131.

王琳．汉英语码转换的句法变异及认知加工研究［D］．浙江大学，2013.

王柳琪，刘绍龙．翻译信息转换模型的认知心理学研究：基于符号加工范式的思考与构建［J］．中国翻译，2009（6）：20－24.

王祺国．要求专人翻译是少数民族当事人一项重要的诉讼权利［J］．中国民族，1986（2）：27.

王勤．汉语熟语论［M］．济南：山东教育出版社，2006.

王骞．法律英语中的隐喻研究及其汉译［J］．上海翻译，2015（1）：37－41.

王栻．严复集：第一册：诗文（上）［M］．北京：中华书局，1986a.

王栻．严复集：第二册：诗文（下）［M］．北京：中华书局，1986b.

王士元．语言是一个复杂适应系统［J］．清华大学学报，2006（6）：5－13.

王湘玲，陈罗霞．翻译认知过程视角下译者控制加工与自动化加工研究［J］．湖南大学学报（社会科学版），2013（1）：105－108.

王岩，吴丽萍．基于语料库的民航法律英语文体特征研究［J］．北京航空航天大学学报（社会科学版），2010（5）：97－100.

王子颖．法律语篇中 shall 和 may 的翻译对比研究［J］．上海翻译，2013（4）：52－57.

吴苌弘．法律翻译与法律移植：以晚清法律翻译实践为例［J］．上海翻译，2013（4）：21－24.

吴苌弘．法律翻译教学信息化研究：基于语料库和数据库检索系统的实践探索［J］．外语电化教学，2014（6）：18－24.

吴大英．评三本法律杂志：《政法研究》《法学》《政法译丛》［J］．读书，1958a（17）：40－41.

吴大英．1957 年的苏联法学出版工作［J］．法学，1958b（5）：56.

吴亚芝，林大津．法律语言准确性的再认识［J］．福建师范大学学报（哲学社会科学版），2004（2）：99－103.

吴远宁．美国法庭口译员角色之困境［J］．中国翻译，2016（2）：60－65.

向光忠. 成语概说［M］. 武汉：湖北人民出版社，1982.
肖忠华. 英汉翻译中的汉语译文语料库研究［M］. 上海：上海交通大学出版社，2012.
小斯当东，屈文生，靳璐茜. 小斯当东论中国与中国法：小斯当东《大清律例》，译者序（1810 年）［J］. 南京大学法律评论，2015（1）：89－102.
谢耿亮. 法律移植、法律文化与法律发展：澳门法现状的批判［J］. 比较法研究，2009（5）：1－15.
熊德米，陈常青. 法学古文英译的原则问题［J］. 现代法学，2000（5）：101－104.
徐春山，梁君英. 依存距离最小化是人类语言的普遍规律吗?［J］. 浙江大学学报（人文社会科学版），2015（6）：197－199.
许多. 论翻译硕士法律翻译人才培养的困境与对策［J］. 中国外语，2017（4）：14－20.
许多，屈文生. 关于建立法律翻译职业准入制度的若干思考［J］. 外语与外语教学，2014（4）：86－90.
许钧. 试论译作与原作的关系［J］. 外语教学与研究，2002，34（1）：15－21.
许钧. 从翻译出发：翻译与翻译研究［M］. 上海：复旦大学出版社，2014.
薛波. 元照英美法词典［M］. 北京：法律出版社，2003.
闫如武. 翻译的语料库研究范式评析［J］. 西安外国语大学学报，2017（3）：94－98.
杨春富. 关于自治区人民代表大会的翻译工作［J］. 语言与翻译，1995（4）：69－74.
杨红.《三十六计》隐喻的认知与功能翻译剖析［J］. 海南大学学报（人文社会科学版），2010（4）：105－110.
杨惠中. 语料库语言学导论［M］. 上海：上海外语教育出版社，2002.
杨敏，徐文斌. 论合同语篇翻译的“效力对等”标准及应用［J］. 中国外语，2019（2）：18－23.
杨晓琳. 基于语料库的不同语域下英、汉特征译语比较研究：共性与个性的视角［D］. 浙江大学，2017.
杨晓琳，程乐. 英汉翻译不同语域下被动标记形式及语义韵变化中的“Translationese”［J］. 中国翻译，2016（6）：5－12.
杨颖浩. 略论英美法律语言中的求同型近义词［J］. 上海科技翻译，1998（4）：25－28.
杨祖希. 从 Inns of Court 谈起［J］. 中国翻译，1980（5）：16－17.
杨祖希. 法律词汇译名续探［J］. 中国翻译，1982（6）：21－23.
张丹丹，刘泽权. 红楼梦乔利译本是一人所为否?：基于语料库的译者风格考察［J］. 中国外语，2014（1）：85－93.

张法连．法律文体翻译基本原则探究［J］．中国翻译，2009a（5）：72－76．
张法连．法律英语翻译中的文化因素探析［J］．中国翻译，2009b（6）：48－51．
张法连．英美法律术语汉译策略探究［J］．中国翻译，2016（2）：100－104．
张法连．新时代法律英语复合型人才培养机制探究［J］．外语教学，2018（3）：44－47．
张法连．法律翻译中的文化传递［J］．中国翻译，2019（2）：165－171．
张美芳，潘韩婷．法律文本及其翻译中的逻辑连接［J］．当代外语研究，2014（7）：50－55．
张培基．英汉翻译教程：修订本［M］．上海：上海外语教育出版社，2009．
张培基．英译中国现代散文选（四）［M］．上海：上海外语教育出版社，2012．
张培基，于云根，李宗杰，等．英汉翻译教程［M］．上海：上海外语教育出版社，1980．
张平华．揭开集合侵权的面纱：从术语翻译到制度建构的追问［J］．法律科学（西北政法大学学报），2013（6）：106－118．
张学仁．香港法律语文“双语制”刍议［J］．法学评论，1992（1）：63－67．
张增一．江南制造局的译书活动［J］．近代史研究，1996（3）：212－223．
赵长江．《大清律例》英译：中英文化交流史上的首次直接对话［J］．西安外国语大学学报，2012（3）：100－103．
赵德玉．法律语言中“unless”的翻译［J］．中国翻译，1998（3）：47－51．
赵怿怡，刘海涛．歧义结构理解中的依存距离最小化倾向［J］．计算机工程与应用，2014（6）：7－10．
赵军峰．法律翻译功能观解读：沙切维奇教授访谈录［J］．中国翻译，2015（2）：58－61．
赵军峰，张锦．作为机构守门人的法庭口译员角色研究［J］．中国翻译，2011（1）：24－28．
赵子明．诉讼中翻译人员的法律地位［J］．新疆社会科学，1989（5）：76－78．
郑安文．法律英语的指称特点［J］．安徽工业大学学报（社会科学版），2011（2）：74－76．
郑全新．也谈立法中的语言问题［J］．语言文字应用，1999（3）：70－71．
周小玲．基于语料库的译者文体研究［D］．湖南师范大学，2011．
朱波，高虹．法庭口译中的角色冲突：以 Camayd-Freixas“声明”为例［J］．外语与外语教学，2015（5）：75－79．
朱定初．美国法律新词试译［J］．中国翻译，2000（4）：46－52．
朱定初．评复旦大学《法律英语》中的译注：兼谈法律专门术语翻译的基本原则

[J]. 中国翻译，2002（3）：67－72.

朱一凡，胡开宝. “被”字句的语义趋向与语义韵：基于翻译与原创新闻语料库的对比研究［J］. 外国语，2014，37（1）：53－64.

朱志瑜. 导读：求同与存异［M］//SCHÄFFNER C. Translation and norms. 北京：外语教学语言研究出版社，2007：vii-xiii.

邹玉华. 立法语言规范化的语言哲学思考［J］. 中国政法大学学报，2012（1）：67－74.

附录一

汉英立法文本平行语料库法律名目

1.《中华人民共和国专利法》（2008）
2.《中华人民共和国安全生产法》（2014）
3.《中华人民共和国保守国家秘密法》（2010）
4.《中华人民共和国保险法》（2015）
5.《中华人民共和国兵役法》（2011）
6.《中华人民共和国残疾人保障法》（2008）
7.《中华人民共和国测绘法》（2002）
8.《中华人民共和国产品质量法》（2000）
9.《中华人民共和国车船税法》（2011）
10.《中华人民共和国城市房地产管理法》（2007）
11.《中华人民共和国城乡规划法》（2015）
12.《中华人民共和国出境入境管理法》（2012）
13.《中华人民共和国促进科技成果转化法》（2015）
14.《中华人民共和国村民委员会组织法》（2010）
15.《中华人民共和国大气污染防治法》（2015）
16.《中华人民共和国道路交通安全法》（2011）
17.《中华人民共和国地方各级人民代表大会和地方各级人民政府组织法》（2015）
18.《中华人民共和国缔结条约程序法》（1990）
19.《中华人民共和国电子签名法》（2015）
20.《中华人民共和国动物防疫法》（2015）
21.《中华人民共和国对外贸易法》（2004）
22.《中华人民共和国反不正当竞争法》（1993）
23.《中华人民共和国反家庭暴力法》（2015）

24.《中华人民共和国反间谍法》(2014)
25.《中华人民共和国反恐怖主义法》(2015)
26.《中华人民共和国反垄断法》(2007)
27.《中华人民共和国反洗钱法》(2006)
28.《中华人民共和国防沙治沙法》(2001)
29.《中华人民共和国防震减灾法》(2008)
30.《中华人民共和国放射性污染防治法》(2003)
31.《中华人民共和国非物质文化遗产法》(2011)
32.《中华人民共和国妇女权益保障法》(2005)
33.《中华人民共和国港口法》(2015)
34.《中华人民共和国个人所得税法》(1993)
35.《中华人民共和国个人所得税法》(2011)
36.《中华人民共和国各级人民代表大会常务委员会监督法》(2006)
37.《中华人民共和国工会法》(2001)
38.《中华人民共和国公路法》(2004)
39.《中华人民共和国公司法》(2013)
40.《中华人民共和国公务员法》(2005)
41.《中华人民共和国公证法》(2015)
42.《中华人民共和国固体废物污染环境防治法》(2015)
43.《中华人民共和国广告法》(2015)
44.《中华人民共和国国防动员法》(2010)
45.《中华人民共和国国防教育法》(2001)
46.《中华人民共和国国家安全法》(2015)
47.《中华人民共和国国家赔偿法》(2012)
48.《中华人民共和国海岛保护法》(2009)
49.《中华人民共和国海关法》(2013)
50.《中华人民共和国海事诉讼特别程序法》(1999)
51.《中华人民共和国海域使用管理法》(2001)
52.《中华人民共和国航道法》(2014)
53.《中华人民共和国合伙企业法》(2006)
54.《中华人民共和国合同法》(1999)
55.《中华人民共和国护照法》(2006)
56.《中华人民共和国环境保护法》(2014)
57.《中华人民共和国会计法》(1993)

58.《中华人民共和国婚姻法》（2001）
59.《中华人民共和国计量法》（2015）
60.《中华人民共和国价格法》（1997）
61.《中华人民共和国检察官法》（2001）
62.《中华人民共和国建筑法》（2011）
63.《中华人民共和国教育法》（2015）
64.《中华人民共和国节约能源法》（2007）
65.《中华人民共和国进出口商品检验法》（2013）
66.《中华人民共和国禁毒法》（2007）
67.《中华人民共和国精神卫生法》（2012）
68.《中华人民共和国境外非政府组织境内活动管理法》（2016）
69.《中华人民共和国就业促进法》（2015）
70.《中华人民共和国居民身份证法》（2003）
71.《中华人民共和国军人保险法》（2012）
72.《中华人民共和国军事设施保护法》（2014）
73.《中华人民共和国科学技术进步法》（2007）
74.《中华人民共和国科学技术普及法》（2002）
75.《中华人民共和国可再生能源法》（2009）
76.《中华人民共和国劳动法》（1994）
77.《中华人民共和国劳动合同法》（2012）
78.《中华人民共和国劳动争议调解仲裁法》（2007）
79.《中华人民共和国立法法》（2015）
80.《中华人民共和国旅游法》（2013）
81.《中华人民共和国律师法》（2012）
82.《中华人民共和国民办教育促进法》（2013）
83.《中华人民共和国民事诉讼法》（2012）
84.《中华人民共和国民用航空法》（2015）
85.《中华人民共和国农产品质量安全法》（2006）
86.《中华人民共和国农村土地承包法》（2002）
87.《中华人民共和国农村土地承包经营纠纷调解仲裁法》（2009）
88.《中华人民共和国农民专业合作社法》（2006）
89.《中华人民共和国农业机械化促进法》（2004）
90.《中华人民共和国票据法》（2004）
91.《中华人民共和国企业国有资产法》（2008）

92.《中华人民共和国企业破产法》(2006)
93.《中华人民共和国企业所得税法》(2007)
94.《中华人民共和国侵权责任法》(2009)
95.《中华人民共和国清洁生产促进法》(2002)
96.《中华人民共和国清洁生产促进法》(2012)
97.《中华人民共和国人口与计划生育法》(2015)
98.《中华人民共和国人民调解法》(2010)
99.《中华人民共和国人民武装警察法》(2009)
100.《中华人民共和国森林法》(1998)
101.《中华人民共和国商标法》(2001)
102.《中华人民共和国商标法》(2013)
103.《中华人民共和国商业银行法》(1995)
104.《中华人民共和国商业银行法》(2003)
105.《中华人民共和国商业银行法》(2015)
106.《中华人民共和国涉外民事关系法律适用法》(2010)
107.《中华人民共和国社会保险法》(2010)
108.《中华人民共和国深海海底区域资源勘探开发法》(2016)
109.《中华人民共和国审计法》(2006)
110.《中华人民共和国石油天然气管道保护法》(2010)
111.《中华人民共和国食品安全法》(2009)
112.《中华人民共和国食品安全法》(2015)
113.《中华人民共和国水法》(2002)
114.《中华人民共和国水土保持法》(2010)
115.《中华人民共和国水污染防治法》(2008)
116.《中华人民共和国税收征收管理法》(1992)
117.《中华人民共和国税收征收管理法》(2015)
118.《中华人民共和国台湾同胞投资保护法》(1994)
119.《中华人民共和国特种设备安全法》(2013)
120.《中华人民共和国统计法》(2009)
121.《中华人民共和国突发事件应对法》(2007)
122.《中华人民共和国土地管理法》(1998)
123.《中华人民共和国土地管理法》(2004)
124.《中华人民共和国外国中央银行财产司法强制措施豁免法》(2005)
125.《中华人民共和国外资企业法》(2000)

126.《中华人民共和国未成年人保护法》（2006）
127.《中华人民共和国文物保护法》（2002）
128.《中华人民共和国文物保护法》（2015）
129.《中华人民共和国物权法》（2007）
130.《中华人民共和国宪法》（2004）
131.《中华人民共和国消防法》（1998）
132.《中华人民共和国消防法》（2008）
133.《中华人民共和国消费者权益保护法》（2013）
134.《中华人民共和国信托法》（2001）
135.《中华人民共和国刑法》（1997）
136.《中华人民共和国刑事诉讼法》（2012）
137.《中华人民共和国行政复议法》（1999）
138.《中华人民共和国行政强制法》（2011）
139.《中华人民共和国行政诉讼法》（2014）
140.《中华人民共和国行政许可法》（2003）
141.《中华人民共和国畜牧法》（2015）
142.《中华人民共和国循环经济促进法》（2008）
143.《中华人民共和国烟草专卖法》（2013）
144.《中华人民共和国烟草专卖法》（2015）
145.《中华人民共和国药品管理法》（2015）
146.《中华人民共和国义务教育法》（2006）
147.《中华人民共和国义务教育法》（2015）
148.《中华人民共和国银行业监督管理法》（2006）
149.《中华人民共和国邮政法》（2015）
150.《中华人民共和国渔业法》（2013）
151.《中华人民共和国预防未成年人犯罪法》（1999）
152.《中华人民共和国预算法》（2014）
153.《中华人民共和国招标投标法》（1999）
154.《中华人民共和国政府采购法》（2014）
155.《中华人民共和国证券法》（2014）
156.《中华人民共和国证券投资基金法》（2015）
157.《中华人民共和国职业病防治法》（2011）
158.《中华人民共和国执业医师法》（1998）
159.《中华人民共和国治安管理处罚法》（2012）

160.《中华人民共和国中国人民银行法》（1995）
161.《中华人民共和国中国人民银行法》（2003）
162.《中华人民共和国中外合资经营企业法》（2001）
163.《中华人民共和国中外合作经营企业法》（2000）
164.《中华人民共和国中小企业促进法》（2002）
165.《中华人民共和国种子法》（2015）
166.《中华人民共和国著作权法》（2010）

附录二

英语立法可比语料库美国成文法名目

1. Constitution of the United States
2. Federal Rules of Appellate Procedure
3. Federal Rules of Civil Procedure for the United States District Courts
4. Federal Rules of Criminal Procedure for the United States District Courts
5. Federal Rules of Evidence
6. USC T10 Armed Forces Chapter 2
7. USC T10 Armed Forces Chapter 4
8. USC T12 Banks and Banking Chapter 12
9. USC T12 Banks and Banking Chapter 14
10. USC T15 Commerce and Trade Chapter 1
11. USC T15 Commerce and Trade Chapter 22
12. USC T15 Commerce and Trade Chapter 96
13. USC T17 Copyrights
14. USC T18 Crimes and Criminal Procedure Chapter 10
15. USC T18 Crimes and Criminal Procedure Chapter 11A
16. USC T18 Crimes and Criminal Procedure Chapter 11B
17. USC T18 Crimes and Criminal Procedure Chapter 17A
18. USC T18 Crimes and criminal Procedure Chapter 2
19. USC T18 Crimes and Criminal Procedure Chapter 21
20. USC T18 Crimes and Criminal Procedure Chapter 25
21. USC T18 Crimes and Criminal Procedure Chapter 26C
22. USC T18 Crimes and Criminal Procedure Chapter 27
23. USC T18 Crimes and Criminal Procedure Chapter 29
24. USC T18 Crimes and Criminal Procedure Chapter 31

25. USC T18 Crimes and Criminal Procedure Chapter 33
26. USC T18 Crimes and Criminal Procedure Chapter 35
27. USC T18 Crimes and Criminal Procedure Chapter 37
28. USC T18 Crimes and Criminal Procedure Chapter 39
29. USC T18 Crimes and Criminal Procedure Chapter 40
30. USC T18 Crimes and Criminal Procedure Chapter 41
31. USC T18 Crimes and Criminal Procedure Chapter 42
32. USC T18 Crimes and Criminal Procedure Chapter 43
33. USC T18 Crimes and Criminal Procedure Chapter 44
34. USC T18 Crimes and Criminal Procedure Chapter 45
35. USC T18 Crimes and Criminal Procedure Chapter 46
36. USC T18 Crimes and Criminal Procedure Chapter 47
37. USC T18 Crimes and Criminal Procedure Chapter 49
38. USC T18 Crimes and Criminal Procedure Chapter 50
39. USC T18 Crimes and criminal Procedure Chapter 1
40. USC T18 Crimes and Criminal Procedure Chapter 11
41. USC T18 Crimes and Criminal Procedure Chapter 12
42. USC T18 Crimes and Criminal Procedure Chapter 13
43. USC T18 Crimes and Criminal Procedure Chapter 15
44. USC T18 Crimes and Criminal Procedure Chapter 17
45. USC T18 Crimes and Criminal Procedure Chapter 18C
46. USC T18 Crimes and Criminal Procedure Chapter 19
47. USC T18 Crimes and Criminal Procedure Chapter 23
48. USC T18 Crimes and Criminal Procedure Chapter 3A
49. USC T18 Crimes and Criminal Procedure Chapter 5A
50. USC T18 Crimes and Criminal Procedure Chapter 7A
51. USC T18 Crimes and Criminal Procedure Chapter 9B
52. USC T18 Crimes and Criminal Procedure Part III
53. USC T21 Food and Drugs Chapter 1
54. USC T21 Food and Drugs Chapter 2
55. USC T21 Food and Drugs Chapter 3
56. USC T21 Food and Drugs Chapter 4
57. USC T21 Food and Drugs Chapter 5
58. USC T21 Food and Drugs Chapter 6

59. USC T21 Food and Drugs Chapter 7
60. USC T21 Food and Drugs Chapter 8
61. USC T21 Food and Drugs Chapter 9
62. USC T21 Food and Drugs Chapter 10
63. USC T21 Food and Drugs Chapter 11
64. USC T21 Food and Drugs Chapter 13
65. USC T29 Labor Chapter 1
66. USC T29 Labor Chapter 2
67. USC T29 Labor Chapter 3
68. USC T29 Labor Chapter 4
69. USC T29 Labor Chapter 5
70. USC T29 Labor Chapter 6
71. USC T29 Labor Chapter 7
72. USC T29 Labor Chapter 8
73. USC T29 Labor Chapter 9
74. USC T29 Labor Chapter 10
75. USC T29 Labor Chapter 11
76. USC T29 Labor Chapter 12
77. USC T31 Money and Finance Chapter 31
78. USC T31 Money and Finance Chapter 32
79. USC T31 Money and Finance Chapter 33
80. USC T31 Money and Finance Chapter 34
81. USC T31 Money and Finance Chapter 35
82. USC T31 Money and Finance Chapter 36
83. USC T31 Money and Finance Chapter 37
84. USC T31 Money and Finance Chapter 38
85. USC T7 Agriculture Chapter 1 Commodity Exchanges
86. USC T9 Arbitration

附录三

北京大学《现代汉语语料库加工规范——词语切分与词性标注》

附码[①]	名称	附码诠释
Ag	形语素	形容词性语素。形容词代码为 a，语素代码 g 前面置以 A。
a	形容词	取英语形容词 adjective 的第 1 个字母。
ad	副形词	直接作状语的形容词。形容词代码 a 和副词代码 d 并在一起。
an	名形词	具有名词功能的形容词。形容词代码 a 和名词代码 n 并在一起。
b	区别词	取汉字“别”的声母。
c	连词	取英语连词 conjunction 的第 1 个字母。
Dg	副语素	副词性语素。副词代码为 d，语素代码 g 前面置以 D。
d	副词	取 adverb 的第 2 个字母，因其第 1 个字母已用于形容词。
e	叹词	取英语叹词 exclamation 的第 1 个字母。
f	方位词	取汉字“方”。
g	语素	绝大多数语素都能作为合成词的“词根”，取汉字“根”的声母。
h	前接成分	取英语 head 的第 1 个字母。
i	成语	取英语成语 idiom 的第 1 个字母。
j	简称略语	取汉字“简”的声母。
k	后接成分	
l	习用语	习用语尚未成为成语，有点“临时性”，取“临”的声母。
m	数词	取英语 numeral 的第 3 个字母，n，u 已有他用。
Ng	名语素	名词性语素。名词代码为 n，语素代码 g 前面置以 N。

① http://sighan.cs.uchicago.edu/bakeoff2005/data/pku_spec.pdf.

续表

附码	名称	附码诠释
n	名词	取英语名词 noun 的第 1 个字母。
nr	人名	名词代码 n 和“人（ren）”的声母并在一起。
ns	地名	名词代码 n 和处所词代码 s 并在一起。
nt	机构团体	“团”的声母为 t，名词代码 n 和 t 并在一起。
nz	其他专名	“专”的声母的第 1 个字母为 z，名词代码 n 和 z 并在一起。
o	拟声词	取英语拟声词 onomatopoeia 的第 1 个字母。
p	介词	取英语介词 prepositional 的第 1 个字母。
q	量词	取英语 quantity 的第 1 个字母。
r	代词	取英语代词 pronoun 的第 2 个字母，因 p 已用于介词。
s	处所词	取英语 space 的第 1 个字母。
Tg	时语素	时间词性语素。时间词代码为 t，在语素的代码 g 前面置以 T。
t	时间词	取英语 time 的第 1 个字母。
u	助词	取英语助词 auxiliary。
Vg	动语素	动词性语素。动词代码为 v。在语素的代码 g 前面置以 V。
v	动词	取英语动词 verb 的第一个字母。
vd	副动词	直接作状语的动词。动词和副词的代码并在一起。
vn	名动词	指具有名词功能的动词。动词和名词的代码并在一起。
w	标点符号	
x	非语素字	非语素字只是一个符号，字母 x 通常用于代表未知数、符号。
y	语气词	取汉字“语”的声母。
z	状态词	取汉字“状”的声母的前一个字母。

附录四

CLAWS7（C7）词类标注集（CLAWS7 POS Tagset）

附码[①]	附码诠释
APPGE	possessive pronoun, pre-nominal (e.g. my, your, our)
AT	article (e.g. the, no)
AT1	singular article (e.g. a, an, every)
BCL	before-clause marker (e.g. in order (that),in order (to))
CC	coordinating conjunction (e.g. and, or)
CCB	adversative coordinating conjunction (but)
CS	subordinating conjunction (e.g. if, because, unless, so, for)
CSA	as (as conjunction)
CSN	than (as conjunction)
CST	that (as conjunction)
CSW	whether (as conjunction)
DA	after-determiner or post-determiner capable of pronominal function (e.g. such, former, same)
DA1	singular after-determiner (e.g. little, much)
DA2	plural after-determiner (e.g. few, several, many)
DAR	comparative after-determiner (e.g. more, less, fewer)

① http://ucrel.lancs.ac.uk/claws7tags.html.

续表

附码	附码诠释
DAT	superlative after-determiner (e.g. most, least, fewest)
DB	before determiner or pre-determiner capable of pronominal function (all, half)
DB2	plural before-determiner (both)
DD	determiner (capable of pronominal function) (e.g any, some)
DD1	singular determiner (e.g. this, that, another)
DD2	plural determiner (these,those)
DDQ	wh-determiner (which, what)
DDQGE	wh-determiner, genitive (whose)
DDQV	wh-ever determiner, (whichever, whatever)
EX	existential there
FO	formula
FU	unclassified word
FW	foreign word
GE	germanic genitive marker - (' or's)
IF	for (as preposition)
II	general preposition
IO	of (as preposition)
IW	with, without (as prepositions)
JJ	general adjective
JJR	general comparative adjective (e.g. older, better, stronger)
JJT	general superlative adjective (e.g. oldest, best, strongest)
JK	catenative adjective (able in be able to, willing in be willing to)
MC	cardinal number,neutral for number (two, three..)
MC1	singular cardinal number (one)
MC2	plural cardinal number (e.g. sixes, sevens)

续表

附码	附码诠释
MCGE	genitive cardinal number, neutral for number (two's, 100's)
MCMC	hyphenated number (40-50, 1770-1827)
MD	ordinal number (e.g. first, second, next, last)
MF	fraction,neutral for number (e.g. quarters, two-thirds)
ND1	singular noun of direction (e.g. north, southeast)
NN	common noun, neutral for number (e.g. sheep, cod, headquarters)
NN1	singular common noun (e.g. book, girl)
NN2	plural common noun (e.g. books, girls)
NNA	following noun of title (e.g. M.A.)
NNB	preceding noun of title (e.g. Mr., Prof.)
NNL1	singular locative noun (e.g. Island, Street)
NNL2	plural locative noun (e.g. Islands, Streets)
NNO	numeral noun, neutral for number (e.g. dozen, hundred)
NNO2	numeral noun, plural (e.g. hundreds, thousands)
NNT1	temporal noun, singular (e.g. day, week, year)
NNT2	temporal noun, plural (e.g. days, weeks, years)
NNU	unit of measurement, neutral for number (e.g. in, cc)
NNU1	singular unit of measurement (e.g. inch, centimetre)
NNU2	plural unit of measurement (e.g. ins., feet)
NP	proper noun, neutral for number (e.g. IBM, Andes)
NP1	singular proper noun (e.g. London, Jane, Frederick)
NP2	plural proper noun (e.g. Browns, Reagans, Koreas)
NPD1	singular weekday noun (e.g. Sunday)
NPD2	plural weekday noun (e.g. Sundays)
NPM1	singular month noun (e.g. October)
NPM2	plural month noun (e.g. Octobers)

续表

附码	附码诠释
PN	indefinite pronoun, neutral for number (none)
PN1	indefinite pronoun, singular (e.g. anyone, everything, nobody, one)
PNQO	objective wh-pronoun (whom)
PNQS	subjective wh-pronoun (who)
PNQV	wh-ever pronoun (whoever)
PNX1	reflexive indefinite pronoun (oneself)
PPGE	nominal possessive personal pronoun (e.g. mine, yours)
PPH1	3rd person sing. neuter personal pronoun (it)
PPHO1	3rd person sing. objective personal pronoun (him, her)
PPHO2	3rd person plural objective personal pronoun (them)
PPHS1	3rd person sing. subjective personal pronoun (he, she)
PPHS2	3rd person plural subjective personal pronoun (they)
PPIO1	1st person sing. objective personal pronoun (me)
PPIO2	1st person plural objective personal pronoun (us)
PPIS1	1st person sing. subjective personal pronoun (I)
PPIS2	1st person plural subjective personal pronoun (we)
PPX1	singular reflexive personal pronoun (e.g. yourself, itself)
PPX2	plural reflexive personal pronoun (e.g. yourselves, themselves)
PPY	2nd person personal pronoun (you)
RA	adverb, after nominal head (e.g. else, galore)
REX	adverb introducing appositional constructions (namely, e.g.)
RG	degree adverb (very, so, too)
RGQ	wh- degree adverb (how)
RGQV	wh-ever degree adverb (however)
RGR	comparative degree adverb (more, less)
RGT	superlative degree adverb (most, least)

续表

附码	附码诠释
RL	locative adverb (e.g. alongside, forward)
RP	prep. adverb, particle (e.g about, in)
RPK	prep. adv., catenative (about in be about to)
RR	general adverb
RRQ	wh- general adverb (where, when, why, how)
RRQV	wh-ever general adverb (wherever, whenever)
RRR	comparative general adverb (e.g. better, longer)
RRT	superlative general adverb (e.g. best, longest)
RT	quasi-nominal adverb of time (e.g. now, tomorrow)
TO	infinitive marker (to)
UH	interjection (e.g. oh, yes, um)
VB0	be, base form (finite i.e. imperative, subjunctive)
VBDR	were
VBDZ	was
VBG	being
VBI	be, infinitive (To be or not... It will be ..)
VBM	am
VBN	been
VBR	are
VBZ	is
VD0	do, base form (finite)
VDD	did
VDG	doing
VDI	do, infinitive (I may do... To do...)
VDN	done
VDZ	does

续表

附码	附码诠释
VH0	have, base form (finite)
VHD	had (past tense)
VHG	having
VHI	have, infinitive
VHN	had (past participle)
VHZ	has
VM	modal auxiliary (can, will, would, etc.)
VMK	modal catenative (ought, used)
VV0	base form of lexical verb (e.g. give, work)
VVD	past tense of lexical verb (e.g. gave, worked)
VVG	-ing participle of lexical verb (e.g. giving, working)
VVGK	-ing participle catenative (going in be going to)
VVI	infinitive (e.g. to give... It will work...)
VVN	past participle of lexical verb (e.g. given, worked)
VVNK	past participle catenative (e.g. bound in be bound to)
VVZ	-s form of lexical verb (e.g. gives, works)
XX	not, n't
ZZ1	singular letter of the alphabet (e.g. A,b)
ZZ2	plural letter of the alphabet (e.g. A's, b's)

附录五

斯坦福汉语依存关系标注集

附码①	附码诠释
advmod	adverbial modifier
amod	adjectival modifier
asp	aspect marker
assmod	associative modifier
auxpass	passive auxiliary
ba	“ba” construction
case	case marking
cc	coordinating conjunction
ccomp	clausal complement
clf	classifier modifier
comod	coordinated verb compound modifier
conj	conjunct
cop	copular
dep	unspecified dependency
det	determiner
dobj	direct object
dvpmod	a “XP+DEV( )” phrase that modifies VP

① CHANG P C, TSENG H, JURAFSKY D, et al. Discriminative reordering with Chinese grammatical relations features[C]//Proceedings of the Third Workshop on Syntax and Structure in Statistical Translation (SSST-3) at NAACL HLT 2009. 2009: 51-59.

续表

附码	附码诠释
etc	etc modifier
loc	localizer
mark	marker
mmod	modal verb modifier
neg	negative modifie
nfincl	non-finite clause
nn	noun compound modifier
nsubj	nominal subject
nsubjpass	nominal passive subject
nummod	number modifier
ordmod	ordinal number modifier
prep	prepositional modifier
prnmod	parenthetical modifier
prtmod	particles
range	dative object that is a quantifier phrase
rcomp	resultative complement
relcl	relative clause modifier
tmod	temporal modifier
xsubj	open clausal complement

附录六

通用依存关系标注集

附码[①]	附码诠释
acl	clausal modifier of noun (adjectival clause)
advcl	adverbial clause modifier
advmod	adverbial modifier
amod	adjectival modifier
appos	appositional modifier
aux	auxiliary
case	case marking
cc	coordinating conjunction
ccomp	clausal complement
clf	classifier
compound	compound
conj	conjunct
cop	copula
csubj	clausal subject
dep	unspecified dependency
det	determiner
discourse	discourse element

① https://universaldependencies.org/u/dep/index.html.

续表

附码	附码诠释
dislocated	dislocated elements
expl	expletive
fixed	fixed multiword expression
flat	flat multiword expression
goeswith	goes with
iobj	indirect object
list	list
mark	marker
nmod	nominal modifier
nsubj	nominal subject
nummod	numeric modifier
obj	object
obl	oblique nominal
orphan	orphan
parataxis	parataxis
punct	punctuation
reparandum	overridden disfluency
root	root
vocative	vocative
xcomp	open clausal complement

附录七

英语翻译语料库（PKU）与英语可比语料库（USC）前100正关键词、后100负关键词列表

Rank	Key word	Freq. in PKU	%	Freq. in USC	RC.%	Log_L	Log_R	P
1	article	14 199	1.29	586	0.04	18 554.35	4.90	0.000
2	people	7 546	0.69	32		11 735.52	8.18	0.000
3	administrative	5 556	0.51	379	0.03	6 549.42	4.17	0.000
4	relevant	3 897	0.35	249	0.02	4 667.41	4.27	0.000
5	council	3 100	0.28	45		4 557.40	6.41	0.000
6	according	2 924	0.27	60		4 176.75	5.91	0.000
7	law	6 777	0.62	1 874	0.14	4 063.50	2.15	0.000
8	where	4 172	0.38	633	0.05	3 703.96	3.02	0.000
9	s	8 961	0.82	3 546	0.26	3 684.56	1.64	0.000
10	level	2 932	0.27	228	0.02	3 339.00	3.98	0.000
11	state	7 146	0.65	2 877	0.21	2 873.33	1.61	0.000
12	yuan	1 748	0.16	0		2 805.52	139.70	0.000
13	departments	2 074	0.19	85		2 713.31	4.91	0.000
14	land	1 955	0.18	70		2 612.37	5.10	0.000
15	organ	1 477	0.13	6		2 299.61	8.24	0.000
16	china	1 483	0.13	10		2 272.04	7.51	0.000
17	governments	1 604	0.15	39		2 251.94	5.66	0.000
18	county	1 567	0.14	69		2 025.13	4.81	0.000
19	department	3 538	0.32	1 070	0.08	1 956.47	2.03	0.000

续表

Rank	Key word	Freq. in PKU	%	Freq. in USC	RC.%	Log_L	Log_R	P
20	above	1 492	0.14	68		1 916.44	4.76	0.000
21	their	2 641	0.24	605	0.04	1 835.99	2.43	0.000
22	measures	1 518	0.14	105		1 783.18	4.15	0.000
23	cultural	1 094	0.10	10		1 653.76	7.07	0.000
24	construction	1 571	0.14	162	0.01	1 637.84	3.58	0.000
25	supervision	1 400	0.13	119		1 553.96	3.86	0.000
26	autonomous	938	0.09	0		1 505.48	138.81	0.000
27	relics	911	0.08	5		1 406.01	7.81	0.000
28	illegal	1 081	0.10	46		1 405.32	4.85	0.000
29	enterprises	970	0.09	25		1 353.01	5.58	0.000
30	provisions	3 097	0.28	1 172	0.09	1 346.41	1.70	0.000
31	republic	873	0.08	5		1 345.45	7.75	0.000
32	water	1 102	0.10	73		1 308.47	4.22	0.000
33	fine	1 348	0.12	177	0.01	1 279.02	3.23	0.000
34	enterprise	1 065	0.10	73		1 253.91	4.17	0.000
35	up	1 047	0.10	91		1 154.35	3.82	0.000
36	social	1 029	0.09	85		1 151.85	3.90	0.000
37	central	862	0.08	39		1 108.67	4.77	0.000
38	safety	1 988	0.18	597	0.04	1 106.69	2.04	0.000
39	directly	1 608	0.15	378	0.03	1 097.14	2.39	0.000
40	insurance	1 554	0.14	353	0.03	1 086.83	2.44	0.000
41	accordance	2 304	0.21	871	0.06	1 002.92	1.70	0.000
42	production	1 334	0.12	277	0.02	991.71	2.57	0.000
43	organs	603	0.05	2		943.34	8.54	0.000
44	right	1 811	0.16	588	0.04	933.91	1.92	0.000
45	environmental	703	0.06	27		929.38	5.00	0.000
46	sentenced	706	0.06	34		897.68	4.68	0.000
47	institutions	1 028	0.09	165	0.01	887.26	2.94	0.000
48	planning	775	0.07	62		875.57	3.94	0.000

续表

Rank	Key word	Freq. in PKU	%	Freq. in USC	RC.%	Log_L	Log_R	P
49	serious	1 104	0.10	208	0.02	871.95	2.71	0.000
50	legal	1 258	0.11	290	0.02	870.61	2.42	0.000
51	criminal	1 510	0.14	439	0.03	866.13	2.08	0.000
52	trademark	929	0.08	128		862.96	3.16	0.000
53	protection	1 593	0.14	496	0.04	856.60	1.98	0.000
54	education	1 012	0.09	177	0.01	834.23	2.82	0.000
55	charge	1 025	0.09	184	0.01	832.66	2.78	0.000
56	areas	809	0.07	91		817.12	3.45	0.000
57	regions	562	0.05	10		813.14	6.11	0.000
58	pollution	491	0.04	3		755.01	7.65	0.000
59	tax	1 084	0.10	249	0.02	752.11	2.42	0.000
60	local	1 538	0.14	529	0.04	746.32	1.84	0.000
61	control	1 425	0.13	460	0.03	739.20	1.93	0.000
62	fire	656	0.06	53		739.05	3.93	0.000
63	fund	1 047	0.10	246	0.02	714.63	2.39	0.000
64	work	1 917	0.17	827	0.06	701.37	1.51	0.000
65	competent	636	0.06	56		698.43	3.81	0.000
66	concerned	647	0.06	64		684.28	3.64	0.000
67	liabilities	645	0.06	66		674.26	3.59	0.000
68	fails	950	0.09	212	0.02	672.76	2.46	0.000
69	corresponding	530	0.05	28		661.81	4.54	0.000
70	region	526	0.05	27		660.62	4.58	0.000
71	standing	623	0.06	63		653.94	3.61	0.000
72	quality	814	0.07	157	0.01	633.90	2.67	0.000
73	prevention	737	0.07	124		620.54	2.87	0.000
74	levels	633	0.06	77		620.09	3.34	0.000
75	circumstances	1 136	0.10	349	0.03	618.84	2.00	0.000
76	organize	465	0.04	18		613.98	4.99	0.000
77	occupational	435	0.04	11		608.07	5.61	0.000

续表

Rank	Key word	Freq. in PKU	%	Freq. in USC	RC.%	Log_L	Log_R	P
78	personnel	1 009	0.09	280	0.02	603.15	2.15	0.000
79	formulated	403	0.04	6		591.37	6.37	0.000
80	illegally	415	0.04	9		589.62	5.83	0.000
81	rights	1 372	0.12	535	0.04	574.77	1.66	0.000
82	wise	377	0.03	3		573.62	7.27	0.000
83	villagers	354	0.03	0		568.17	137.40	0.000
84	provinces	351	0.03	0		563.35	137.39	0.000
85	procuratorate	351	0.03	0		563.35	137.39	0.000
86	rural	517	0.05	49		554.63	3.70	0.000
87	responsible	1 024	0.09	318	0.02	552.04	1.99	0.000
88	crime	808	0.07	194	0.01	542.73	2.36	0.000
89	impose	609	0.06	92		541.83	3.03	0.000
90	municipalities	353	0.03	3		535.50	7.18	0.000
91	respective	471	0.04	37		534.86	3.97	0.000
92	organizations	803	0.07	195	0.01	534.78	2.34	0.000
93	accident	378	0.03	9		531.90	5.69	0.000
94	chinese	348	0.03	3		527.56	7.16	0.000
95	less	1 431	0.13	621	0.05	519.14	1.50	0.000
96	project	517	0.05	61		512.65	3.38	0.000
97	punishment	551	0.05	76		511.58	3.16	0.000
98	authorities	618	0.06	111		501.88	2.78	0.000
99	laws	1 199	0.11	471	0.03	497.63	1.65	0.000
100	traffic	397	0.04	21		495.61	4.54	0.000
2033	transmission	23		465	0.03	−404.46	−4.04	0.000
2034	advisory	4		373	0.03	−405.66	−6.24	0.000
2035	only	192	0.02	954	0.07	−406.73	−2.01	0.000
2036	fee	161	0.01	879	0.06	−407.29	−2.15	0.000
2037	requirement	34		515	0.04	−411.99	−3.62	0.000
2038	nothing	9		408	0.03	−412.78	−5.20	0.000

续表

Rank	Key word	Freq. in PKU	%	Freq. in USC	RC.%	Log_L	Log_R	P
2039	sections	14		434	0.03	−413.97	−4.65	0.000
2040	manufacturer	23		476	0.04	−416.49	−4.07	0.000
2041	made	798	0.07	2 214	0.16	−430.77	−1.17	0.000
2042	facility	79		691	0.05	−439.15	−2.83	0.000
2043	proposed	35		551	0.04	−446.29	−3.68	0.000
2044	trustee	98		758	0.06	−449.57	−2.65	0.000
2045	connection	30		538	0.04	−453.08	−3.86	0.000
2046	opportunity	6		435	0.03	−463.44	−5.88	0.000
2047	purposes	300	0.03	1 294	0.10	−478.54	−1.81	0.000
2048	review	264	0.02	1 224	0.09	−488.11	−1.91	0.000
2049	product	410	0.04	1 552	0.11	−492.24	−1.62	0.000
2050	intended	8		475	0.04	−496.22	−5.59	0.000
2051	information	995	0.09	2 690	0.20	−497.13	−1.13	0.000
2052	royalty	18		529	0.04	−499.66	−4.58	0.000
2053	official	89		793	0.06	−508.91	−2.86	0.000
2054	futures	4		470	0.03	−519.17	−6.58	0.000
2055	code	23		573	0.04	−523.49	−4.34	0.000
2056	determination	52		687	0.05	−524.15	−3.42	0.000
2057	applicable	158	0.01	1 011	0.07	−529.82	−2.38	0.000
2058	required	475	0.04	1 747	0.13	−533.82	−1.58	0.000
2059	copyright	137	0.01	963	0.07	−538.11	−2.51	0.000
2060	unless	230	0.02	1 207	0.09	−540.60	−2.09	0.000
2061	except	346	0.03	1 481	0.11	−543.12	−1.80	0.000
2062	of	49 776	4.53	70 272	5.19	−550.21	−0.20	0.000
2063	interest	255	0.02	1 288	0.10	−557.49	−2.04	0.000
2064	action	450	0.04	1 750	0.13	−574.09	−1.66	0.000
2065	concern	17		603	0.04	−588.55	−4.85	0.000
2066	corporation	13		587	0.04	−593.56	−5.20	0.000

续表

Rank	Key word	Freq. in PKU	%	Freq. in USC	RC.%	Log_L	Log_R	P
2067	provided	616	0.06	2 135	0.16	−601.47	−1.49	0.000
2068	offense	16		610	0.05	−602.15	−4.95	0.000
2069	motion	12		591	0.04	−604.29	−5.32	0.000
2070	extent	67		817	0.06	−604.61	−3.31	0.000
2071	petition	83		897	0.07	−631.33	−3.13	0.000
2072	hearing	88		914	0.07	−632.00	−3.08	0.000
2073	authorized	151	0.01	1 135	0.08	−661.65	−2.61	0.000
2074	loan	60		868	0.06	−683.83	−3.55	0.000
2075	concerns	6		629	0.05	−689.74	−6.41	0.000
2076	an	4 715	0.43	9 238	0.68	−703.14	−0.67	0.000
2077	statement	91		996	0.07	−704.89	−3.15	0.000
2078	determines	9		683	0.05	−730.61	−5.95	0.000
2079	c	26		810	0.06	−773.31	−4.66	0.000
2080	claim	172	0.02	1 321	0.10	−780.18	−2.64	0.000
2081	later	35		860	0.06	−783.35	−4.32	0.000
2082	defined	31		859	0.06	−802.20	−4.49	0.000
2083	available	39		909	0.07	−818.30	−4.24	0.000
2084	clause	36		898	0.07	−820.64	−4.34	0.000
2085	agency	511	0.05	2 215	0.16	−823.52	−1.82	0.000
2086	administrator	104		1 175	0.09	−842.93	−3.20	0.000
2087	proceeding	8		778	0.06	−848.70	−6.30	0.000
2088	district	69		1 091	0.08	−884.88	−3.68	0.000
2089	savings	19		876	0.06	−888.23	−5.23	0.000
2090	is	6 292	0.57	12 232	0.90	−903.67	−0.66	0.000
2091	would	17		882	0.07	−907.55	−5.40	0.000
2092	association	174	0.02	1 473	0.11	−919.80	−2.78	0.000
2093	date	486	0.04	2 305	0.17	−940.09	−1.95	0.000
2094	paragraph	970	0.09	3 419	0.25	−986.27	−1.52	0.000

续表

Rank	Key word	Freq. in PKU	%	Freq. in USC	RC.%	Log_L	Log_R	P
2095	pursuant	198	0.02	1 615	0.12	−987.83	−2.73	0.000
2096	attorney	27		1 012	0.07	−996.38	−4.93	0.000
2097	appropriate	146	0.01	1 470	0.11	−1 002.02	−3.03	0.000
2098	commission	273	0.02	1 849	0.14	−1 008.03	−2.46	0.000
2099	a	19 790	1.80	32 389	2.39	−1 015.82	−0.41	0.000
2100	which	2 375	0.22	6 132	0.45	−1 028.53	−1.07	0.000
2101	fiscal	89		1 314	0.10	−1 042.31	−3.58	0.000
2102	person	1 698	0.15	5 041	0.37	−1 111.77	−1.27	0.000
2103	each	374	0.03	2 234	0.17	−1 112.60	−2.28	0.000
2104	respect	214	0.02	1 836	0.14	−1 154.83	−2.80	0.000
2105	notice	237	0.02	1 908	0.14	−1 158.39	−2.71	0.000
2106	year	337	0.03	2 243	0.17	−1 208.37	−2.43	0.000
2107	otherwise	15		1 144	0.08	−1 224.27	−5.95	0.000
2108	officer	17		1 192	0.09	−1 266.03	−5.83	0.000
2109	in	16 453	1.50	28 737	2.12	−1 315.08	−0.50	0.000
2110	described	80		1 584	0.12	−1 370.37	−4.01	0.000
2111	device	23		1 326	0.10	−1 380.86	−5.55	0.000
2112	debtor	187	0.02	2 005	0.15	−1 406.27	−3.12	0.000
2113	small	162	0.01	1 948	0.14	−1 433.63	−3.29	0.000
2114	was	71		1 684	0.12	−1 521.96	−4.27	0.000
2115	including	130	0.01	2 017	0.15	−1 626.13	−3.66	0.000
2116	program	25		1 561	0.12	−1 639.32	−5.66	0.000
2117	subparagraph	11		1 768	0.13	−1 986.29	−7.03	0.000
2118	drug	341	0.03	3 097	0.23	−2 007.23	−2.88	0.000
2119	act	469	0.04	3 515	0.26	−2 045.41	−2.61	0.000
2120	rule	40		2 041	0.15	−2 095.94	−5.37	0.000
2121	any	6 760	0.61	15 887	1.17	−2 131.68	−0.93	0.000
2122	or	24 752	2.25	45 847	3.39	−2 776.25	−0.59	0.000

续表

Rank	Key word	Freq. in PKU	%	Freq. in USC	RC.%	Log_L	Log_R	P
2123	that	3 270	0.30	12 446	0.92	−3 974.89	−1.63	0.000
2124	this	3 107	0.28	12 767	0.94	−4 471.91	−1.74	0.000
2125	united	13		3 950	0.29	−4 543.43	−7.95	0.000
2126	#	27 354	2.49	55 113	4.07	−4 647.13	−0.71	0.000
2127	states	22		4 207	0.31	−4 762.90	−7.28	0.000
2128	title	37		4 379	0.32	−4 839.22	−6.59	0.000
2129	under	3 447	0.31	14 045	1.04	−4 871.73	−1.73	0.000
2130	secretary	18		6 041	0.45	−6 967.26	−8.09	0.000
2131	section	622	0.06	10 241	0.76	−8 410.89	−3.74	0.000
2132	such	1 757	0.16	17 364	1.28	−11 732.87	−3.00	0.000

附录八

英语翻译语料库（WL）与英语可比语料库（USC）前 100 正关键词、后 100 负关键词列表

Rank	Key word	Freq. in WL	%	Freq. in USC	RC.%	Log_L	Log_R	P
1	article	14 323	1.24	586	0.043 301	18 032.61	4.84	0.000
2	people	7 950	0.69	32		11 973.57	8.19	0.000
3	administrative	4 595	0.40	379	0.028 005	4 925.97	3.83	0.000
4	relevant	4 197	0.36	249	0.018 399	4 908.09	4.31	0.000
5	council	3 104	0.27	45		4 406.17	6.34	0.000
6	law	7 229	0.63	1 874	0.138 475	4 283.22	2.18	0.000
7	where	4 763	0.41	633	0.046 774	4 278.04	3.14	0.000
8	s	8 918	0.77	3 546	0.262 023	3 337.63	1.56	0.000
9	departments	2 442	0.21	85		3 154.87	5.08	0.000
10	level	2 804	0.24	228	0.016 847	3 018.84	3.85	0.000
11	their	3 676	0.32	605	0.044 705	2 968.60	2.84	0.000
12	china	1 824	0.16	10		2 721.94	7.74	0.000
13	according	2 051	0.18	60		2 714.83	5.33	0.000
14	accordance	3 983	0.35	871	0.064 36	2 693.01	2.43	0.000
15	governments	1 937	0.17	39		2 674.00	5.87	0.000
16	state	7 141	0.62	2 877	0.212 589	2 624.75	1.54	0.000
17	land	1 875	0.16	70		2 396.38	4.98	0.000
18	measures	1 728	0.15	105		2 009.58	4.27	0.000
19	county	1 517	0.13	69		1 874.27	4.69	0.000

续表

Rank	Key word	Freq. in WL	%	Freq. in USC	RC.%	Log_L	Log_R	P
20	cultural	1 237	0.11	10		1 817.70	7.18	0.000
21	department	3 534	0.31	1 070	0.079 065	1 816.33	1.96	0.000
22	provisions	3 656	0.32	1 172	0.086 602	1 772.16	1.87	0.000
23	above	1 440	0.12	68		1 766.62	4.64	0.000
24	organ	1 155	0.10	6		1 726.67	7.82	0.000
25	yuan	1 110	0.10	0		1 724.51	138.98	0.000
26	republic	1 085	0.09	5		1 628.01	7.99	0.000
27	charge	1 630	0.14	184	0.013 596	1 568.28	3.38	0.000
28	supervision	1 455	0.13	119		1 563.76	3.84	0.000
29	construction	1 552	0.13	162	0.011 971	1 538.28	3.49	0.000
30	autonomous	936	0.08	0		1 454.18	138.73	0.000
31	sentenced	1 037	0.09	34		1 351.48	5.16	0.000
32	relics	889	0.08	5		1 325.49	7.71	0.000
33	concerned	1 063	0.09	64		1 238.88	4.29	0.000
34	enterprises	925	0.08	25		1 236.68	5.44	0.000
35	organs	802	0.07	2		1 220.48	8.88	0.000
36	criminal	1 879	0.16	439	0.032 439	1 210.04	2.33	0.000
37	central	943	0.08	39		1 185.04	4.83	0.000
38	water	1 036	0.09	73		1 161.16	4.06	0.000
39	rmb	746	0.06	0		1 159.00	138.41	0.000
40	up	1 052	0.09	91		1 111.39	3.76	0.000
41	directly	1 677	0.15	378	0.027 931	1 109.29	2.38	0.000
42	production	1 477	0.13	277	0.020 468	1 105.69	2.65	0.000
43	illegal	897	0.08	46		1 082.66	4.52	0.000
44	institutions	1 208	0.10	165	0.012 192	1 071.50	3.10	0.000
45	regions	747	0.06	10		1 066.47	6.46	0.000
46	competent	909	0.08	56		1 053.70	4.25	0.000
47	enterprise	912	0.08	73		986.46	3.88	0.000
48	fixed	1 100	0.10	155	0.011 453	961.55	3.06	0.000

续表

Rank	Key word	Freq. in WL	%	Freq. in USC	RC.%	Log_L	Log_R	P
49	they	1 270	0.11	235	0.017 365	958.58	2.67	0.000
50	safety	1 898	0.16	597	0.044 114	938.47	1.90	0.000
51	units	801	0.07	48		934.55	4.29	0.000
52	areas	907	0.08	91		911.92	3.55	0.000
53	insurance	1 454	0.13	353	0.026 084	908.90	2.27	0.000
54	social	887	0.08	85		906.19	3.62	0.000
55	unit	1 092	0.09	175	0.012 931	894.63	2.87	0.000
56	gains	607	0.05	8		867.53	6.48	0.000
57	formulated	581	0.05	6		843.10	6.83	0.000
58	environmental	652	0.06	27		819.17	4.83	0.000
59	laws	1 570	0.14	471	0.034 803	814.29	1.97	0.000
60	tax	1 169	0.10	249	0.018 399	805.16	2.46	0.000
61	control	1 542	0.13	460	0.033 991	804.20	1.98	0.000
62	serious	1 085	0.09	208	0.015 37	801.21	2.62	0.000
63	less	1 778	0.15	621	0.045 887	783.56	1.75	0.000
64	education	1 004	0.09	177	0.013 079	779.96	2.74	0.000
65	right	1 703	0.15	588	0.043 449	760.57	1.77	0.000
66	circumstances	1 304	0.11	349	0.025 788	751.76	2.13	0.000
67	commits	584	0.05	23		739.97	4.90	0.000
68	levels	738	0.06	77		731.59	3.49	0.000
69	pollution	485	0.04	3		720.67	7.57	0.000
70	fire	662	0.06	53		716.00	3.87	0.000
71	local	1 556	0.14	529	0.039 089	707.29	1.79	0.000
72	provinces	443	0.04	0		688.25	137.66	0.000
73	protection	1 480	0.13	496	0.036 651	683.64	1.81	0.000
74	organizations	957	0.08	195	0.014 409	679.34	2.53	0.000
75	legal	1 129	0.10	290	0.021 429	674.12	2.19	0.000
76	standing	644	0.06	63		653.27	3.59	0.000
77	imprisonment	1 080	0.09	277	0.020 468	645.67	2.20	0.000

续表

Rank	Key word	Freq. in WL	%	Freq. in USC	RC.%	Log_L	Log_R	P
78	liability	1 043	0.09	257	0.018 99	644.33	2.25	0.000
79	he	1 686	0.15	667	0.049 286	635.36	1.57	0.000
80	losses	560	0.05	38		633.85	4.11	0.000
81	municipalities	427	0.04	3		631.32	7.39	0.000
82	corresponding	522	0.05	28		624.18	4.45	0.000
83	them	898	0.08	190	0.014 04	621.38	2.47	0.000
84	fine	870	0.08	177	0.013 079	618.21	2.53	0.000
85	investigated	436	0.04	8		607.11	6.00	0.000
86	detention	553	0.05	44		599.20	3.88	0.000
87	fails	910	0.08	212	0.015 665	587.30	2.33	0.000
88	fund	958	0.08	246	0.018 178	572.16	2.19	0.000
89	quality	789	0.07	157	0.011 601	568.90	2.56	0.000
90	authorities	686	0.06	111		559.12	2.86	0.000
91	waste	484	0.04	31		555.81	4.20	0.000
92	over	1 040	0.09	306	0.022 611	549.69	2.00	0.000
93	occupational	410	0.04	11		548.64	5.45	0.000
94	project	557	0.05	61		542.23	3.42	0.000
95	said	853	0.07	206	0.015 222	535.43	2.28	0.000
96	rights	1 379	0.12	535	0.039 532	533.42	1.60	0.000
97	three	821	0.07	190	0.014 04	532.53	2.34	0.000
98	etc	504	0.04	44		530.91	3.75	0.000
99	higher	558	0.05	65		530.20	3.33	0.000
100	accident	388	0.03	9		527.93	5.66	0.000
2060	manufacturer	31		476	0.035 173	−401.22	−3.71	0.000
2061	sections	20		434	0.032 069	−401.72	−4.21	0.000
2062	whether	192	0.02	916	0.067 686	−405.01	−2.02	0.000
2063	prescribe	9		388	0.028 67	−406.00	−5.20	0.000
2064	will	180	0.02	898	0.066 355	−413.41	−2.09	0.000
2065	transmission	24		465	0.034 36	−418.63	−4.04	0.000

续表

Rank	Key word	Freq. in WL	%	Freq. in USC	RC.%	Log_L	Log_R	P
2066	interest	353	0.03	1 288	0.095 174	−426.33	−1.64	0.000
2067	nothing	9		408	0.030 148	−429.75	−5.27	0.000
2068	court	1 865	0.16	3 872	0.286 112	−431.42	−0.82	0.000
2069	information	1 128	0.10	2 690	0.198 771	−431.59	−1.02	0.000
2070	filed	116	0.01	767	0.056 676	−438.14	−2.49	0.000
2071	general	877	0.08	2 280	0.168 475	−440.56	−1.15	0.000
2072	provision	87		693	0.051 208	−443.31	−2.76	0.000
2073	respect	625	0.05	1 836	0.135 667	−443.74	−1.32	0.000
2074	unless	294	0.03	1 207	0.089 188	−458.81	−1.81	0.000
2075	reasonable	152	0.01	882	0.065 173	−459.35	−2.30	0.000
2076	pursuant	486	0.04	1 615	0.119 336	−471.86	−1.50	0.000
2077	loan	136	0.01	868	0.064 139	−484.14	−2.44	0.000
2078	requirement	22		515	0.038 055	−484.94	−4.32	0.000
2079	official	107		793	0.058 597	−486.66	−2.66	0.000
2080	required	533	0.05	1 747	0.129 09	−500.50	−1.48	0.000
2081	opportunity	3		435	0.032 143	−504.65	−6.95	0.000
2082	of	52 550	4.56	70 272	5.192 575	−508.98	−0.19	0.000
2083	trustee	86		758	0.056 011	−511.65	−2.91	0.000
2084	code	26		573	0.042 34	−532.28	−4.23	0.000
2085	review	261	0.02	1 224	0.090 444	−532.59	−2.00	0.000
2086	labeling	7		501	0.037 02	−554.17	−5.93	0.000
2087	enactment	3		485	0.035 838	−565.60	−7.10	0.000
2088	notwithstanding	10		534	0.039 459	−573.63	−5.51	0.000
2089	defined	99		859	0.063 474	−575.20	−2.89	0.000
2090	motion	18		591	0.043 67	−593.78	−4.81	0.000
2091	authorized	193	0.02	1 135	0.083 868	−597.07	−2.32	0.000
2092	copyright	127	0.01	963	0.071 158	−599.00	−2.69	0.000
2093	hearing	104		914	0.067 538	−616.05	−2.90	0.000

续表

Rank	Key word	Freq. in WL	%	Freq. in USC	RC.%	Log_L	Log_R	P
2094	determination	36		687	0.050 764	−616.07	−4.02	0.000
2095	product	363	0.03	1 552	0.114 681	−616.10	−1.86	0.000
2096	royalty	3		529	0.039 089	−619.28	−7.23	0.000
2097	concern	13		603	0.044 557	−636.99	−5.30	0.000
2098	provided	632	0.05	2 135	0.157 761	−638.33	−1.52	0.000
2099	statement	123	0.01	996	0.073 597	−642.94	−2.79	0.000
2100	date	716	0.06	2 305	0.170 322	−643.28	−1.45	0.000
2101	extent	65		817	0.060 37	−643.34	−3.42	0.000
2102	available	81		909	0.067 168	−684.93	−3.26	0.000
2103	claim	220	0.02	1 321	0.097 612	−705.66	−2.35	0.000
2104	concerns	6		629	0.046 478	−716.30	−6.48	0.000
2105	facility	15		691	0.051 06	−729.32	−5.29	0.000
2106	fee	60		879	0.064 952	−729.92	−3.64	0.000
2107	association	258	0.02	1 473	0.108 844	−757.73	−2.28	0.000
2108	except	260	0.02	1 481	0.109 435	−760.50	−2.28	0.000
2109	determines	6		683	0.050 469	−781.84	−6.60	0.000
2110	paragraph	1 202	0.10	3 419	0.252 639	−781.98	−1.28	0.000
2111	appropriate	229	0.02	1 470	0.108 622	−823.16	−2.45	0.000
2112	proceeding	16		778	0.057 488	−826.65	−5.37	0.000
2113	regulation	79		1 062	0.078 474	−856.72	−3.52	0.000
2114	administrator	113		1 175	0.086 824	−857.29	−3.15	0.000
2115	petition	34		897	0.066 282	−866.02	−4.49	0.000
2116	savings	29		876	0.064 73	−867.58	−4.68	0.000
2117	clause	31		898	0.066 355	−882.64	−4.62	0.000
2118	person	2 022	0.18	5 041	0.372 492	−892.93	−1.09	0.000
2119	later	17		860	0.063 548	−918.10	−5.43	0.000
2120	employee	80		1 153	0.085 198	−952.34	−3.62	0.000
2121	district	61		1 091	0.080 617	−961.58	−3.93	0.000

续表

Rank	Key word	Freq. in WL	%	Freq. in USC	RC.%	Log_L	Log_R	P
2122	which	2 596	0.23	6 132	0.453 109	−962.16	−1.01	0.000
2123	would	14		882	0.065 173	−964.05	−5.75	0.000
2124	as	4 654	0.40	9 495	0.701 609	−1 002.96	−0.80	0.000
2125	agency	443	0.04	2 215	0.163 672	−1 021.72	−2.09	0.000
2126	is	6 426	0.56	12 232	0.903 853	−1 023.68	−0.70	0.000
2127	officer	70		1 192	0.088 08	−1 036.26	−3.86	0.000
2128	action	227	0.02	1 750	0.129 312	−1 098.98	−2.71	0.000
2129	attorney	14		1 012	0.074 779	−1 120.38	−5.94	0.000
2130	debtor	291	0.03	2 005	0.148 154	−1 176.42	−2.55	0.000
2131	commission	228	0.02	1 849	0.136 627	−1 194.54	−2.79	0.000
2132	fiscal	58		1 314	0.097 095	−1 228.33	−4.27	0.000
2133	each	337	0.03	2 234	0.165 076	−1 278.32	−2.50	0.000
2134	year	330	0.03	2 243	0.165 741	−1 304.63	−2.53	0.000
2135	an	4 021	0.35	9 238	0.682 619	−1 355.75	−0.97	0.000
2136	drug	647	0.06	3 097	0.228 845	−1 373.55	−2.03	0.000
2137	notice	181	0.02	1 908	0.140 987	−1 400.39	−3.17	0.000
2138	small	151	0.01	1 948	0.143 943	−1 548.62	−3.46	0.000
2139	device	6		1 326	0.097 981	−1 566.01	−7.56	0.000
2140	including	164	0.01	2 017	0.149 041	−1 575.43	−3.39	0.000
2141	program	42		1 561	0.115 346	−1 599.43	−4.98	0.000
2142	was	67		1 684	0.124 435	−1 609.93	−4.42	0.000
2143	described	13		1 584	0.117 046	−1 820.54	−6.70	0.000
2144	subparagraph	42		1 768	0.130 642	−1 844.10	−5.16	0.000
2145	act	588	0.05	3 515	0.259 732	−1 871.58	−2.35	0.000
2146	that	5 001	0.43	12 446	0.919 666	−2 196.29	−1.08	0.000
2147	rule	31		2 041	0.150 815	−2 240.39	−5.81	0.000
2148	a	17 407	1.51	32 389	2.393 305	−2 489.98	−0.66	0.000
2149	or	24 686	2.14	45 847	3.387 75	−3 499.31	−0.66	0.000

续表

Rank	Key word	Freq. in WL	%	Freq. in USC	RC.%	Log_L	Log_R	P
2150	under	4 492	0.39	14 045	1.037 82	−3 751.24	−1.41	0.000
2151	this	3 386	0.29	12 767	0.943 386	−4 400.54	−1.68	0.000
2152	united	10		3 950	0.291 875	−4 741.93	−8.39	0.000
2153	states	23		4 207	0.310 866	−4 932.58	−7.28	0.000
2154	title	35		4 379	0.323 575	−5 040.53	−6.74	0.000
2155	#	27 712	2.41	55 113	4.072 438	−5 365.63	−0.76	0.000
2156	secretary	18		6 041	0.446 385	−7 224.43	−8.16	0.000
2157	any	2 950	0.26	15 887	1.173 93	−7 803.80	−2.20	0.000
2158	such	3 298	0.29	17 364	1.283 07	−8 371.85	−2.16	0.000
2159	section	646	0.06	10 241	0.756 733	−8 717.32	−3.75	0.000

附录九

英语翻译语料库（PKU）与英语翻译语料库（WL）前 100 正关键词、后 100 负关键词列表

Rank	Key word	Freq. in PKU	%	Freq. in WL	RC.%	Log_L	Log_R	P
1	wise	377	0.03	0		540.58	137.49	0.000
2	wastes	316	0.03	54		217.91	2.62	0.000
3	pharmaceutical	267	0.02	36		210.16	2.96	0.000
4	present	470	0.04	145	0.01	196.43	1.76	0.000
5	PBC	131	0.01	0		187.84	135.97	0.000
6	disorders	147	0.01	3		185.39	5.68	0.000
7	insurant	119	0.01	0		170.63	135.83	0.000
8	regulation	323	0.03	79		170.58	2.10	0.000
9	recordation	115	0.01	0		164.90	135.78	0.000
10	secrecy	106		0		151.99	135.66	0.000
11	counterterrorism	104		0		149.13	135.63	0.000
12	waterway	153	0.01	13		145.63	3.62	0.000
13	stockbreeding	97		0		139.09	135.53	0.000
14	obligor	96		0		137.65	135.52	0.000
15	ICH	94		0		134.79	135.49	0.000
16	employee	287	0.03	80		133.84	1.91	0.000
17	revival	91		0		130.48	135.44	0.000
18	rehab	90		0		129.05	135.42	0.000
19	trader	87		0		124.75	135.37	0.000

续表

Rank	Key word	Freq. in PKU	%	Freq. in WL	RC.%	Log_L	Log_R	P
20	island	103		3		124.41	5.17	0.000
21	CAA	86		0		123.31	135.36	0.000
22	activity	147	0.01	18		121.18	3.10	0.000
23	correct	229	0.02	56		120.96	2.10	0.000
24	labourers	83		0		119.01	135.31	0.000
25	bylaw	82		0		117.58	135.29	0.000
26	archival	82		0		117.58	135.29	0.000
27	labour	163	0.01	26		117.16	2.72	0.000
28	practicing	173	0.02	31		115.75	2.55	0.000
29	properties	278	0.03	88		112.77	1.73	0.000
30	taxes	241	0.02	67		112.69	1.91	0.000
31	districted	75		0		107.54	135.16	0.000
32	exclusively	175	0.02	36		106.37	2.35	0.000
33	prison	213	0.02	56		105.24	2.00	0.000
34	violator	252	0.02	79		103.39	1.74	0.000
35	convict	72		0		103.24	135.10	0.000
36	t	90		4		101.33	4.56	0.000
37	developed	142	0.01	23		101.15	2.69	0.000
38	tenderee	66		0		94.64	134.98	0.000
39	PRC	66		0		94.64	134.98	0.000
40	circumstance	153	0.01	31		94.04	2.37	0.000
41	purchaser	72		1		94.01	6.24	0.000
42	stipulations	209	0.02	62		91.26	1.82	0.000
43	transcripts	70		1		91.20	6.20	0.000
44	narcotics	68		1		88.39	6.16	0.000
45	unmovable	60		0		86.03	134.84	0.000
46	NGOs	58		0		83.17	134.79	0.000
47	movable	96		11		81.51	3.19	0.000
48	desert	71		3		80.72	4.63	0.000

续表

Rank	Key word	Freq. in PKU	%	Freq. in WL	RC.%	Log_L	Log_R	P
49	whereas	69		3		78.02	4.59	0.000
50	pharmaceuticals	127	0.01	26		77.47	2.36	0.000
51	patient	134	0.01	31		74.24	2.18	0.000
52	NGO	49		0		70.26	134.55	0.000
53	provider	107		20		69.61	2.49	0.000
54	corrective	53		1		67.38	5.80	0.000
55	driving	109		22		67.19	2.38	0.000
56	nationals	84		11		67.08	3.00	0.000
57	incomes	136	0.01	36		66.76	1.99	0.000
58	bylaws	45		0		64.53	134.42	0.000
59	venture	124	0.01	32		62.36	2.02	0.000
60	dietary	43		0		61.66	134.36	0.000
61	identification	136	0.01	39		61.59	1.87	0.000
62	recordings	61		5		58.75	3.68	0.000
63	led	71		9		57.59	3.05	0.000
64	impoundment	40		0		57.36	134.25	0.000
65	described	80		13		56.88	2.69	0.000
66	sought	65		7		56.65	3.28	0.000
67	statistic	56		4		56.27	3.88	0.000
68	traders	45		1		56.23	5.56	0.000
69	auctions	39		0		55.92	134.22	0.000
70	consuming	55		4		54.97	3.85	0.000
71	fewer	51		3		53.98	4.16	0.000
72	trustor	46		2		52.01	4.59	0.000
73	tenderers	36		0		51.62	134.10	0.000
74	facility	79		15		50.85	2.46	0.000
75	aforesaid	115	0.01	35		48.81	1.78	0.000
76	compromising	34		0		48.75	134.02	0.000
77	incarceration	33		0		47.32	133.98	0.000

续表

Rank	Key word	Freq. in PKU	%	Freq. in WL	RC.%	Log_L	Log_R	P
78	waterways	45		3		46.10	3.97	0.000
79	expenditure	127	0.01	44		46.04	1.60	0.000
80	procurements	56		8		42.79	2.88	0.000
81	measure	105		34		41.45	1.69	0.000
82	involuntary	27		0		38.72	133.69	0.000
83	b	27		0		38.72	133.69	0.000
84	offered	98		32		38.30	1.68	0.000
85	pledger	26		0		37.28	133.63	0.000
86	c	26		0		37.28	133.63	0.000
87	tenderer	26		0		37.28	133.63	0.000
88	formation	62		13		37.15	2.32	0.000
89	impounded	38		3		37.04	3.73	0.000
90	cargoes	79		22		36.88	1.91	0.000
91	justice	67		16		36.13	2.13	0.000
92	disqualification	40		4		35.91	3.39	0.000
93	schedules	25		0		35.85	133.58	0.000
94	constructions	25		0		35.85	133.58	0.000
95	aseismatic	25		0		35.85	133.58	0.000
96	split	45		6		35.62	2.97	0.000
97	decrees	30		1		35.52	4.97	0.000
98	transforming	42		5		35.07	3.14	0.000
99	confinement	42		5		35.07	3.14	0.000
100	illicit	39		5		34.67	3.14	0.000
269	immovable	7		61		−46.68	−3.06	0.000
270	sentenced	706	0.06	1 037	0.09	−48.63	−0.49	0.000
271	products	767	0.07	1 115	0.10	−49.39	−0.47	0.000
272	read	21		97		−49.55	−2.14	0.000
273	servicemen	63		176	0.02	−50.44	−1.41	0.000
274	conformity	75		197	0.02	−51.13	−1.33	0.000

续表

Rank	Key word	Freq. in PKU	%	Freq. in WL	RC.%	Log_L	Log_R	P
275	validation	4		56		−51.37	−3.74	0.000
276	instruction	8		68		−51.43	−3.02	0.000
277	mean	18		93		−52.01	−2.30	0.000
278	huge	21		100		−52.41	−2.18	0.000
279	staff	263	0.02	476	0.04	−52.66	−0.79	0.000
280	bid	186	0.02	369	0.03	−53.18	−0.92	0.000
281	privately	35		130	0.01	−53.83	−1.83	0.000
282	but	1 153	0.10	1 607	0.14	−55.19	−0.41	0.000
283	given	457	0.04	741	0.06	−55.27	−0.63	0.000
284	granting	62		181	0.02	−55.40	−1.48	0.000
285	ones	34		131	0.01	−56.40	−1.88	0.000
286	limits	109		260	0.02	−56.74	−1.19	0.000
287	efforts	37		138	0.01	−57.40	−1.83	0.000
288	regard	81		216	0.02	−57.49	−1.35	0.000
289	pricing	30		125	0.01	−58.18	−1.99	0.000
290	verification	129	0.01	295	0.03	−59.19	−1.13	0.000
291	particulars	9		78		−59.54	−3.05	0.000
292	guarding	7		73		−60.37	−3.31	0.000
293	proceedings	45		158	0.01	−61.43	−1.74	0.000
294	addiction	3		61		−61.81	−4.28	0.000
295	execution	219	0.02	434	0.04	−62.37	−0.92	0.000
296	medicine	67		199	0.02	−62.44	−1.50	0.000
297	promptly	67		200	0.02	−63.20	−1.51	0.000
298	workers	168	0.02	361	0.03	−63.28	−1.04	0.000
299	subjected	18		107		−66.13	−2.50	0.000
300	navigation	97		255	0.02	−66.28	−1.33	0.000
301	not	5 844	0.53	7 077	0.61	−66.98	−0.21	0.000
302	surveillance	69		213	0.02	−70.50	−1.56	0.000

续表

Rank	Key word	Freq. in PKU	%	Freq. in WL	RC.%	Log_L	Log_R	P
303	commits	313	0.03	584	0.05	−70.91	−0.83	0.000
304	unlawful	49		178	0.02	−71.93	−1.79	0.000
305	ad	8		86		−71.97	−3.36	0.000
306	hereof	15		106		−72.84	−2.75	0.000
307	clearly	58		197	0.02	−73.66	−1.70	0.000
308	intangible	16		110		−74.41	−2.71	0.000
309	movables	4		75		−74.56	−4.16	0.000
310	sanctions	111	0.01	290	0.03	−74.59	−1.32	0.000
311	he	1 159	0.11	1 686	0.15	−74.97	−0.47	0.000
312	permission	161	0.01	370	0.03	−74.99	−1.13	0.000
313	heritage	19		119	0.01	−76.08	−2.58	0.000
314	terrorism	24		132	0.01	−77.32	−2.39	0.000
315	grave	23		131	0.01	−78.65	−2.44	0.000
316	litem	5		82		−78.76	−3.97	0.000
317	imprisonment	668	0.06	1 080	0.09	−79.61	−0.63	0.000
318	promulgated	47		184	0.02	−80.53	−1.90	0.000
319	drug	341	0.03	647	0.06	−82.50	−0.86	0.000
320	herein	26		142	0.01	−82.76	−2.38	0.000
321	concerned	647	0.06	1 063	0.09	−83.60	−0.65	0.000
322	husbandry	15		119	0.01	−87.00	−2.92	0.000
323	waste	222	0.02	484	0.04	−87.66	−1.06	0.000
324	than	3 272	0.30	4 276	0.37	−90.88	−0.32	0.000
325	note	25		149	0.01	−92.25	−2.51	0.000
326	under	3 447	0.31	4 492	0.39	−93.18	−0.31	0.000
327	worker	53		215	0.02	−97.51	−1.95	0.000
328	thus	126	0.01	348	0.03	−97.97	−1.40	0.000
329	investigated	175	0.02	436	0.04	−103.22	−1.25	0.000
330	channels	52		220	0.02	−103.89	−2.01	0.000

续表

Rank	Key word	Freq. in PKU	%	Freq. in WL	RC.%	Log_L	Log_R	P
331	gains	285	0.03	607	0.05	−104.25	−1.02	0.000
332	they	764	0.07	1 270	0.11	−104.53	−0.67	0.000
333	immovables	3		95		−104.76	−4.92	0.000
334	also	301	0.03	640	0.06	−109.49	−1.02	0.000
335	juveniles	8		119	0.01	−111.19	−3.83	0.000
336	pursuant	198	0.02	486	0.04	−111.96	−1.23	0.000
337	charge	1 025	0.09	1 630	0.14	−112.09	−0.60	0.000
338	narcotic	24		168	0.01	−114.82	−2.74	0.000
339	laborers	4		110		−118.46	−4.71	0.000
340	foreigners	22		171	0.01	−123.71	−2.89	0.000
341	earnings	4		115		−124.81	−4.78	0.000
342	their	2 641	0.24	3 676	0.32	−125.15	−0.41	0.000
343	need	128	0.01	388	0.03	−125.26	−1.53	0.000
344	targeted	5		120	0.01	−125.96	−4.52	0.000
345	responsibility	283	0.03	646	0.06	−129.13	−1.12	0.000
346	another	249	0.02	606	0.05	−137.41	−1.22	0.000
347	thereon	35		221	0.02	−142.01	−2.59	0.000
348	disorder	13		162	0.01	−143.08	−3.57	0.000
349	persons	1 106	0.10	1 822	0.16	−144.81	−0.65	0.000
350	units	367	0.03	801	0.07	−145.42	−1.06	0.000
351	fixed	566	0.05	1 100	0.10	−150.02	−0.89	0.000
352	respect	214	0.02	625	0.05	−191.41	−1.48	0.000
353	offshore	6		187	0.02	−205.68	−4.89	0.000
354	employing	32		276	0.02	−210.20	−3.04	0.000
355	with	6 751	0.61	8 945	0.78	−213.15	−0.34	0.000
356	fined	426	0.04	1 033	0.09	−232.63	−1.21	0.000
357	regulations	1 393	0.13	2 469	0.21	−255.30	−0.76	0.000
358	for	13 829	1.26	17 566	1.52	−287.43	−0.28	0.000

续表

Rank	Key word	Freq. in PKU	%	Freq. in WL	RC.%	Log_L	Log_R	P
359	that	3 270	0.30	5 001	0.43	−288.10	−0.55	0.000
360	specified	371	0.03	1 043	0.09	−301.79	−1.42	0.000
361	are	2 985	0.27	4 685	0.41	−304.20	−0.58	0.000
362	rmb	197	0.02	746	0.06	−315.38	−1.85	0.000
363	said	221	0.02	853	0.07	−367.91	−1.88	0.000
364	accordance	2 304	0.21	3 983	0.35	−378.37	−0.72	0.000
365	such	1 757	0.16	3 298	0.29	−407.63	−0.84	0.000
366	otherwise	15		389	0.03	−414.45	−4.63	0.000
367	in	16 453	1.50	21 388	1.86	−434.19	−0.31	0.000
368	unit	228	0.02	1 092	0.09	−575.10	−2.19	0.000

附录十

英语翻译语料库（PKU）及英语翻译语料库（WL）成语翻译对等分布

序号	汉语成语	语义色彩	总频数	英语翻译语料库（PKU）	译例数	英语翻译语料库（WL）	译例数	中国成语汉英双解大词典（1993）/汉语成语英译词典（1999）
1	徇私舞弊	消极	110	to practice favoritism	11	to engage in malpractices for personal gain	29	to play favoritism and commit irregularities
2	玩忽职守	消极	99	to neglect their duties	19	to neglect his duty	21	/[①]
3	弄虚作假	消极	37	to practice fraud	8	to practice fraud	10	to practice fraud/to resort to deception
4	因地制宜	积极	22	in light of the local conditions（to adjust measures to local conditions）[②]	4	in light of local conditions	4	to take measures suited to local conditions
5	秉公执法	积极	17	to enforce the law impartially	4	impartial in enforcing laws	4	/
6	统筹兼顾	积极	10	overall consideration	2	overall consideration be given to	2	to make overall plans and take all factors into consideration
7	实事求是	积极	6	to seek truth from facts	2	to seek truth from facts	4	to seek truth from facts

① 斜线表示两部成语词典中，均未收集该成语翻译。

② 翻译实例中包含括号举例两个翻译实例的，表示这两个使用频率均为最高。

续表

序号	汉语成语	语义色彩	总频数	英语翻译语料库（PKU）	译例数	英语翻译语料库（WL）	译例数	中国成语汉英双解大词典（1993）/汉语成语英译词典（1999）
8	通风报信	消极	6	to divulge the secret information	2	to divulge information	2	to divulge the secret information
9	敲诈勒索	消极	5	to extort by blackmail	2	by blackmail	2	to practice blackmail
10	招摇撞骗	消极	5	to cheat and bluff（to commit any fraudulent act）	2	to go about and deceive people	3	to swindle and bluff
11	独立自主	积极	4	independently	2	independently	2	（to maintain）independence and（to keep the）initiative
12	公平交易	积极	4	fair trading	2	fair deal	2	to trade justly/fair deal
13	厉行节约	积极	4	very frugal	1①	to practice strict economy	3	to practice strict economy
14	屡教不改	消极	4	to refuse to mend their ways despite of repeated admonition	2	to refuse to stop doing so after repeated criticisms	2	to refuse to to mend one's ways despite repeated admonition
15	勤俭节约	积极	4	thrift and economy	2	to practice economy and thrift	2	/
16	封山育林	中性	3	be sealed off for cultivation purposes	1	closing of hillsides for afforestation	1	/
17	化整为零	消极	3	to dismember	1	to break up into parts a project	1	to break up the whole into parts
18	全心全意	积极	3	wholeheartedly	2	wholeheartedly	3	wholeheartedly
19	造谣惑众	消极	3	to fabricate rumors to mislead people	2	to fabricate rumors to mislead others	2	to spread rumors to confuse the people

① 当翻译频数使用频率最高均为 1 的，选取检索结果中第一次出现的翻译实例。

续表

序号	汉语成语	语义色彩	总频数	英语翻译语料库（PKU）	译例数	英语翻译语料库（WL）	译例数	中国成语汉英双解大词典（1993）/汉语成语英译词典（1999）
20	自力更生	积极	3	self-reliance	1	self-reliance	2	to overcome difficultes or to fulfull tasks by relying on one's own efforts
21	残缺不全	消极	2	incomplete	2	incomplete	2	incomplete
22	乘人之危	消极	2	exploitation	1	to take advantage of its difficulties	1	to take advantage of other's difficulties/trouble
23	粗制滥造	消极	2	crudely manufactured	2	roughly and poorly manufactured	1	to manufacture in a rough and slipshod way
24	德才兼备	积极	2	to have both political integrity and professional competence	1	with both political integrity and professional competence	1	to have both ability and integrity
25	国计民生	中性	2	national economy	1	the national economy and the people's wellbeing	1	the national economy and the people's livelihood
26	艰苦奋斗	积极	2	to work hard	1	hard work	1	to work hard under difficult conditions
27	救死扶伤	积极	2	to heal the wounded and rescue the dying	2	to heal the wounded and rescue the dying	2	to heal the wounded and rescue the dying
28	据为己有	消极	2	to appropriate	1	to take possession of	1	to take forcible possession of
29	力所能及	中性	2	to the best of their abilities	2	within their capacity	1	to the full extent of one's capability
30	量力而行	中性	2	according to their abilities	1	to act within their capabilities	1	to act according to one's ability
31	偷工减料	消极	2	to cheat on work and materials	1	to cheat on workmanship or material	1	to do shoddy work and use inferior material

续表

序号	汉语成语	语义色彩	总频数	英语翻译语料库（PKU）	译例数	英语翻译语料库（WL）	译例数	中国成语汉英双解大词典（1993）/汉语成语英译词典（1999）
32	为人师表	积极	2	worthy of the name of the teacher	2	to play an exemplary role for other persons	2	worthy of the name of a teacher
33	徇情枉法	消极	2	to bend the law for the benefit of relatives or friends	2	to bend the law for selfish ends or twisting the law for a favor	2	/
34	因材施教	积极	2	to teach students on the basis of their aptitude	2	to teach students in accordance with their aptitude	2	to teach students according to their aptitude
35	营私舞弊	消极	2	engagement in malpractices for selfish ends	1	to malpractice	1	to engage in fraud for selfish ends
36	戴罪立功	积极	1	to redeem themselves by good service	1	to atone for his crime by performing meritorious deeds	1	to atone for one's crimes by（doing）good deeds
37	当家作主	积极	1	as the master of the country	1	as masters of the country	1	to be the master in one's own house
38	翻天覆地	中性	1	earthshaking	1	earthshaking	1	earth-shaking（changes）
39	奋不顾身	积极	1	to defy personal danger	1	disregarding personal safety	1	to dash ahead regardless of one's safety
40	奉公守法	积极	1	to abide by the law	1	law-abiding	1	to respect justice and abide by the laws
41	各尽所能	中性	1	from each according to his ability	1	from each according to his ability	1	from each according to his ability
42	各司其职	中性	1	under their own powers	1	to attend to their own duties	1	/

续表

序号	汉语成语	语义色彩	总频数	英语翻译语料库（PKU）	译例数	英语翻译语料库（WL）	译例数	中国成语汉英双解大词典（1993）/汉语成语英译词典（1999）
43	光辉灿烂	积极	1	grandeur	1	grandeur	1	to shine with great splendor
44	和睦相处	积极	1	to live in harmony	1	to live in harmony	1	to live together in peace
45	假公济私	消极	1	in the name of conducting official business	1	to use his public office for private ends	1	to promote one's private interests under the guise of serving the public
46	艰难险阻	消极	1	difficulties and hardships	1	difficulties and hardships	1	hardships and dangers
47	量入为出	中性	1	to decide expenditure based on revenues	1	to keep expenditures within the limits of revenues	1	to plan one's expenditure in the light of one's income
48	临阵脱逃	消极	1	to flee from battle	1	to desert from the battlefield	1	to run away when going into battle
49	前仆后继	积极	1	successive	1	successive	1	to take up the position of the fallen and rise to fight
50	任人唯贤	积极	1	to make appointment on merit	1	to appoint people on their merits	1	to appoint people on their merit
51	舍己救人	积极	1	to risk his life to save others	1	at the risk of losing his own life	1	to risk one's life for another
52	贪生怕死	消极	1	to care for nothing but their own lives	1	to care for nothing but saving his skin on the battlefield	1	to live dishonorably for fear of death
53	贪赃枉法	消极	1	to take bribes and bend the law	1	to take a bribe and bend the law	1	to take bribes and break/bend the law
54	囤积居奇	消极	1	to forestall	1	to hoard and corner	1	to store up goods to make a good bargain

续表

序号	汉语成语	语义色彩	总频数	英语翻译语料库（PKU）	译例数	英语翻译语料库（WL）	译例数	中国成语汉英双解大词典（1993）/汉语成语英译词典（1999）
55	违法乱纪	消极	1	to commit acts in violation of law or discipline	1	to commit acts in violation of law or discipline	1	to break the law and violate discipline
56	有伤风化	消极	1	to corrupt public morals	1	offensive to public morals	1	an offence against decency
57	自强不息	积极	1	unyielding	1	self-improvement and self-reliance	1	to make unceasing/unremitting efforts to improve oneself

附录十一

英语翻译语料库（PKU）、英语翻译语料库（WL）中“徇私舞弊”翻译实例

序号	PKU 翻译实例	频数
1	practice favoritism and malpractice	8
2	practices favoritism or makes falsification	6
3	practice favoritism	5
4	favoritism and malpractice	4
5	practices favoritism	4
6	practices favoritism, or makes falsification	3
7	seeking private benefits	3
8	commit fraudulence for selfish purposes	2
9	engages in malpractice for personal gains	2
10	malpractice for gaining private interests	2
11	playing favoritism and committing irregularities	2
12	practice favoritism and make falsehood	2
13	practice of favoritism	2
14	practices favoritism for personal gain	2
15	practices favoritism for personal gains	2
16	practicing favoritism	2
17	seek private benefits through wrongful means	2
18	the practice of favoritism	2
19	commit malpractices for personal gains	1
20	commits fraudulence for selfish purposes	1

续表

序号	PKU 翻译实例	频数
21	commits irregularities for the benefit of his relatives or friends	1
22	commits malpractice for personal gain	1
23	deception to seek personal gains	1
24	engage in irregular practices due to favoritism	1
25	engaging in malpractice for selfish ends	1
26	engaging in malpractices for selfish purposes	1
27	favoritism, malpractice	1
28	fraud for personal gains	1
29	fraudulent	1
30	indulge in malpractices for selfish gains	1
31	make falsification for favoritism or personal gain	1
32	makes falsehood for personal gains	1
33	makes falsification, or practices favoritism	1
34	malpractice for personal ends	1
35	malpractice for private gains	1
36	malpractices for gaining private interests	1
37	malpractices for personal gain	1
38	misconduct to seek private interests	1
39	misconducting for private gains	1
40	play favoritism	1
41	play favoritism and commit irregularities	1
42	practice favoritism and commit irregularities	1
43	practice favoritism for personal gains	1
44	practice favoritism or make falsification	1
45	practice favoritism or make falsifications	1
46	practice favoritism, make falsification	1
47	practice favouritism, commit malpractice	1
48	practice fraud for the benefit of relatives or friends	1

续表

序号	PKU 翻译实例	频数
49	practices favoritism for himself or his relative	1
50	practices favoritism for personal gains, or makes falsification in a manner	1
51	practices favoritism for personal interests	1
52	practices favoritism or makes falsehood in performing his secrecy administrative functions	1
53	practices favoritism or makes falsifications	1
54	practices favoritism, makes falsification	1
55	practices fraud for private benefits	1
56	practicing favoritism or resorting to deception	1
57	practicing favoritism and engaging in malpractice	1
58	practicing favoritism for personal interests	1
59	practicing favoritism or fraud	1
60	practicing favoritism or making falsification for personal gains	1
61	Practicing frauds for personal gains	1
62	practicing fraudulence for personal interests	1
63	practise favouritism for personal gains	1
64	practises favoritism	1
65	practising favoritism and irregularities	1
66	resort to deception for personal gains	1
67	resorts to frauds for personal ends	1
68	resorts to irregularities for favoritism	1
69	seek any private benefits therefrom	1
70	seeking private interests	1
71	seeks private benefits	1
72	sought personal gains	1
73	takes advantage of his power to seek unlawful benefits for himself or any of his relatives	1

序号	WL 翻译实例	频数
1	engaging in malpractices for personal gain	13
2	engages in malpractices for personal gain	12
3	practices favoritism or commits irregularities	6
4	engage in malpractices for personal gain	5
5	practice favoritism for personal gains	5
6	engages in malpractice for personal gain	4
7	conduct malpractice for personal gain	2
8	conduct malpractice for private ends	2
9	conducts malpractices for personal ends	2
10	engage in malpractice for personal gains	2
11	engaged in malpractices for personal benefits	2
12	engages in malpractices for personal gains	2
13	engages in malpractices for selfish ends	2
14	plays favoritism and commits irregularities	2
15	practice favoritism for personal gain	2
16	practice favoritism or commit irregularities	2
17	practices favoritism or other irregularities	2
18	practices favoritism, or commits irregularities	2
19	practicing favouritism for personal gains	2
20	seek personal interests and commit malpractice	2
21	commit illegalities for personal gains	1
22	commit illegality for personal gains	1
23	commits malpractices for personal gain	1
24	committing irregularities	1
25	conduct malpractices for selfish ends	1
26	conducts malpractices for personal gain	1
27	done malpractice for personal benefits	1
28	engage in malpractice for personal gain	1
29	engage in malpractices for private gain	1
30	engagement in irregularities for personal gain	1

续表

序号	WL 翻译实例	频数
31	engages in malpractice for personal benefits	1
32	engages in malpractice for personal gains	1
33	engages in malpractice for selfish ends	1
34	engages in malpractices for private gain	1
35	engages in misconduct to seek private gains	1
36	engaging in malpractices	1
37	engaging in malpractices for private gains	1
38	engaging in malpractices for selfish purposes	1
39	favoritism for personal gains	1
40	favoritism or embezzlement	1
41	indulge in malpractices for selfish ends	1
42	involving engagement in malpractices for personal gain	1
43	malpractice for personal ends	1
44	N/A	1
45	play favoritism and commit irregularities	1
46	plays favoritism or commits irregularities	1
47	practiced favoritism for personal gains	1
48	practices favoritism and commits irregularities	1
49	practices favoritism for personal gains	1
50	practices favouritism or irregularities	1
51	practices misconducts for personal gains	1
52	practicing favoritism and committing irregularities	1
53	practicing favoritism for personal gains	1
54	practicing favoritism or committing irregularities	1
55	practise favouritism and commit malpractice	1
56	practise favouritism and embezzlement	1
57	practises irregularities for selfish ends	1

当代外国语言文学学术文库

1. 言语幽默的语言学思考
——着重考察公众演说幽默 （黄　豪 著）
2. 基于学习任务的二语习得实证研究 （周卫京 著）
3. 语域变异与语境关系的多纬度分析 （武姜生 著）
4. 灾难性地震与方言变化
——唐山个案研究 （谷小娟 著）
5. 中国语境中的英语报章变革动词研究 （高　超 著）
6. 对话中的道德建构
——十八世纪英国小说中的对话性 （胡振明 著）
7. 重建策略下的小说创作：
爱丽斯·默多克小说的伦理学研究 （马惠琴 著）
8. 商务英语的理论与实践研究 （张佐成 著）
9. 跨文化商务交流中的关系管理
——中方商务代表团访英案例分析 （邢建玉 著）
10. 跨文化成功交际研究 （朱晓姝 著）
11. 跨文化语言社会化进程中跨文化交际能力的培养 （史兴松 著）
12. 多元化文化与市场信息交流行为 （曹德春 著）
13. 空算子移位结构的最简方案研究
——英汉比较视野 （张智鹏 著）
14. 国际商务管理沟通的跨文化研究 （姚孝军 著）
15. 基于虚拟环境的英语口语教学研究：
理论与实践 （张海森 著）
16. 帝国意识与吉卜林的文学写作 （李秀清 著）
17. 驻外商务人士跨文化适应研究 （史兴松 著）
18. 内聚力发展与跨文化协同：（中德）跨文化团队研究 （于景涛 著）

19. 语篇与口语水平

——语篇标记在二语口语产生中的角色 （魏　明 著）

20. 工商管理教材汉译策略研究 （项　东 著）

21. 隐喻与话语 （孙　亚 著）

22. 认知心理视域下的英语课堂反馈研究 （杨颖莉 著）

23. 厄德里克小说中的千面人物研究 （李　靓 著）

24. 制衡·融合·阻抗——学衡派翻译研究 （王雪明 著）

25. 广告话语与中国社会的变迁 （冯捷蕴 著）

26. 中国平面广告的批评隐喻研究 （江　春 著）

27. 大学英语教师课堂角色探析

——课堂话语研究的视角 （王　艳 著）

28. 大众莎士比亚在中国（1993—2008） （李　军 著）

29. 出航

—— 玛丽·麦卡锡的女性成长小说研究 （李贺青 著）

30. 英语学习与自我认同

——大学英语“不成功学习者”个案研究 （李玉霞 著）

31. 本地化项目管理 （崔启亮 著）

32. 研究生英语论文开篇章节写作对比体裁分析研究 （靳光洒 著）

33. 中国网络教育环境下的语音聊天室和课程论坛的社会临场感研究 （吴立高 著）

34. 《国富论》在中国的重译 （肖海燕 著）

35. 商务翻译多维研究 （徐　珺 等著）

36. 商务英语跨学科研究 （徐　珺 等著）

37. 话语与企业危机传播：一种文化视角 （赵丹彤 著）

38. 基于语料库的法律翻译可见性研究 （宫明玉 著）